山西文化与旅游

主 编 王雪娟 李宋丹

電子工業出版社·

Publishing House of Electronics Industry

北京·BEIJING

内 容 简 介

本书系统梳理了山西的自然地理条件以及从古至今的历史文化脉络，从远古时期的文明曙光，到各个历史时期的重大事件、重要人物和文化成就，作者都进行了详尽的介绍。本书深入挖掘了山西的文化内涵与特色，以太行文化、黄河文化等十种文化类型为框架，全面展示了山西文化的独特魅力。同时，它还详细介绍了山西的旅游资源，包括自然景观、人文景观、饮食文化、民俗文化等各个方面，让读者在了解历史文化的同时，也能感受到山西丰厚的旅游资源。

本书既可作为中高等院校旅游管理专业及相关专业学生的学习教材，也可作为广大社会读者的科普读物。

图书在版编目（CIP）数据

山西文化与旅游 / 王雪娟, 李宋丹主编. -- 北京 ：

电子工业出版社, 2025. 8. -- ISBN 978-7-121-50594-2

Ⅰ . G127.25；F592.725

中国国家版本馆 CIP 数据核字第 2025ZR3158 号

责任编辑：汪　颖

印　　刷：中国电影出版社印刷厂

装　　订：中国电影出版社印刷厂

出版发行：电子工业出版社

　　　　　北京市海淀区万寿路 173 信箱　邮编：100036

开　　本：787×1092　　1/16　印张：15　字数：365 千字

版　　次：2025 年 8 月第 1 版

印　　次：2025 年 8 月第 1 次印刷

定　　价：49.00 元

凡所购买电子工业出版社图书有缺损问题，请向购买书店调换。若书店售缺，请与本社发行部联系，联系及邮购电话：（010）88254888，88258888。

质量投诉请发邮件至 zlts@phei.com.cn，盗版侵权举报请发邮件至 dbqq@phei.com.cn。

本书咨询联系方式：qiyuqin@phei.com.cn。

前　言

　　山西，这片古老而神奇的土地，自古以来就是中华文明的重要发源地之一，蕴藏着无比丰富的历史文化资源。从远古时期的陶寺遗址，到夏商周时期的青铜文明；从春秋战国的诸侯纷争，到隋唐五代的文化繁荣；从宋辽金元的民族融合，到明清时期的商业兴盛，山西的历史如同一部波澜壮阔的史诗，见证了中华文明五千年的繁衍与发展。每一处遗迹、每一件文物，都是山西深厚文化底蕴的生动注脚，让人在探寻中感受历史的温度，在品味中领悟文化的韵味。

　　山西的旅游资源不仅是对历史的生动展示，更是推动地方经济和社会发展、促进文化交流与合作的重要力量。山西的自然风光与人文景观交相辉映，既有雄浑壮美的太行山、黄河壶口瀑布等自然景观，又有五台山、云冈石窟、平遥古城等世界文化遗产，这些独特的旅游资源吸引着无数国内外游客的目光。更重要的是，旅游成为了展示山西文化魅力、提升地区形象的窗口，促进了不同地域、不同文化背景下的交流与理解，加深了人们对中国传统文化的认识与热爱。将山西优秀历史文化与旅游相结合，不仅向世界传递了山西博大精深的文化韵味，也为山西在新时代的创新发展注入了新的活力与动能。

　　本教材通过十三个专题，系统地介绍了山西的历史发展、自然地理、文化特色、风土人情等，旨在引导读者深入了解山西的文化底蕴与旅游资源，感受其独特的魅力与价值，并共同探索和守护这份宝贵的人类文化遗产。本教材体现了以下特色：

　　第一，系统梳理了山西的自然地理条件及从古至今的历史文化脉络。从远古文明的曙光初现，到各个历史时期的重大事件、重要人物、文化成就，如春秋时期的晋国霸业、明清时期晋商的辉煌等。通过以时间轴为脉络的历史梳理和文化专题介绍，让读者能够清晰地了解山西在中华文明发展进程中的重要地位和作用，从而深刻感受其深厚的历史文化底蕴。

　　第二，深入挖掘文化内涵与特色。教材深入挖掘了山西文化的内涵与特色，将山西历史文化划分为太行文化、黄河文化、根祖文化、晋商文化、古建文化等十种文化类型。通过深入解析文化内涵和介绍代表性文化遗存，让读者全面领略山西文化的独特魅力，达到以文化人、以文塑旅、以旅彰文的目的。

　　第三，展示旅游资源的多样性与独特性。教材详细介绍了山西的旅游资源，包括自然景观、人文景观、名人名家、饮食文化、民俗文化等各个方面。让读者在了解山西传统历史文化的同时，也能感受到山西丰富多彩的旅游资源，从而增进对山西的了解和热爱。

　　第四，结合多种形式展现山西的文化底蕴和旅游发展趋势。教材在展现山西文化魅力的过程中，结合当前山西旅游现状，介绍了山西旅游资源挖掘与创新的具体成果和未来发展趋势；还通过图片、图表、视频（读者可以扫描各章节中的二维码观看）等多种形式为读者提供丰富多样的学习内容，使文字内容更加直观、生动，让读者在轻松愉快的氛围中学习山西文化与旅游知识。

本教材属于山西省职业教育"智创生态"高水平专业群建设项目，由校企联合开发。王雪娟、李宋丹担任主编，吕林欣、吕盾、王晓霞担任副主编。具体分工如下：王雪娟负责撰写专题二、专题六和专题十三；李宋丹负责撰写专题十一和专题十二；吕林欣负责撰写专题七、专题九和专题十；吕盾负责撰写专题三、专题四和专题五；王晓霞负责专题一，山西文旅职业大学教师郭红负责撰写专题八；此外，李惠，作为山西博物院的专家，为本书中关于山西历史文化脉络和山西文物资源相关内容提供了资料并参与部分编写工作；郭利雯，山西美通旅游有限公司总经理，为本书解析山西旅游发展动态提供了指导，并参与了部分内容的编写。

本书既可作为中高等院校旅游管理专业及相关专业学生的学习教材，也可作为广大社会读者的科普读物。

在本书的编写过程中，我们参考了大量文献，在此向其作者表示衷心的感谢。由于编者水平有限，书中难免存在纰漏和不足之处，敬请广大读者批评指正。

编者

2025 年 1 月

目　　录

专题一　山西文化与旅游总论

有言道："五千年文明看山西"。地处黄河中游的山西，是中华文明的重要发祥地之一。几千年的文明进程，给山西这片土地留下了丰厚的文化积淀和丰富的历史遗存。山西复杂多变的地形地貌、蜿蜒壮丽的河流山川，构成了引人入胜的自然景观；而中国共产党领导的革命历程在山西留下的革命人物、革命故事、革命遗迹，以及新时期建设取得的众多成就，共同构建了三晋大地得天独厚、古今兼备、多姿多彩的文化内蕴和旅游资源。近年来，随着文化和旅游的融合发展，山西发挥资源禀赋优势，铸就文化自信底气，正一步步朝着新时代文化强省和国际知名文化旅游目的地的方向稳步迈进。

【学习目标】

素质目标：1. 弘扬山西优秀传统文化，坚定山西文化自信；
　　　　　2. 传承山西文化基因，树立文化与旅游融合新模式。

知识目标：1. 了解山西文化的含义、特征；
　　　　　2. 熟悉山西文化的类型。

能力目标：1. 能够正确认识山西文化的精神内涵；
　　　　　2. 能够简要介绍山西文化对山西旅游的重要影响；
　　　　　3. 能够正确评价山西旅游资源中的人文内蕴；
　　　　　4. 具备讲活山西文化、讲好山西故事的能力。

山西概况

【案例导读】

1. 案例介绍

首批山西文化记忆项目发布

2023年1月17日，山西省文化和旅游厅发布首批山西文化记忆项目，包括云冈石窟、平遥古城、五台山、壶口瀑布、丁村遗址、河东盐池、陶寺遗址、晋祠、晋国博物馆、寒食节·绵山、赵氏孤儿·藏山、天龙山石窟、佛光寺、悬空寺、解州关帝庙、雁门关、应县木塔、永乐宫、洪洞大槐树、永祚寺双塔、碛口古镇、皇城相府、晋商票号、红军东征、八路军太行纪念馆、平型关大捷、晋绥边区革命旧址、太行板山、右玉精神、申纪兰·西沟、山西杏花村汾酒、山西老陈醋等32项。

2. 案例解读

山西是中华文明的重要发祥地之一，文明古迹不胜枚举，文脉传承源远流长，文化记忆多彩厚重。首批山西文化记忆项目以文化遗产和文化景观为主，兼顾现当代，覆盖全省11市，较为全面地展现了山西的悠久历史与深厚底蕴。该批项目的发布不仅激发了三晋人民的文化自豪感与自信心，更为深入研究并凝练山西文化的时代价值与精神标识夯实了基础；同时也有利于以点带面，加快推进山西文化与旅游深度融合的进程，更好地展示三晋大地独有的人文魅力。

3. 案例思考

山西自古有"表里山河"之称，其悠久的历史可追溯至旧石器时代，经过数千年的演进，形成了有别于其他地域文化的显著特征。那么，山西文化究竟蕴含着哪些内涵，又对山西文化与旅游产业的发展带来哪些影响？

【知识研修】

单元一　山西文化概述

唐风晋韵
在山西

一、山西文化的内涵

（一）山西文化的含义

山西文化是指在山西省这一特定地域内从古至今文化现象的统称，它涵盖了物质文化和精神文化两大层面。山西文化脉络清晰、框架完整，文明进程从未间断，其影响深远，在塑造中华民族的精神风貌、风俗习惯方面发挥了重要作用，并对华夏五千年文明史产生了巨大的辐射力、渗透力和影响力，使山西成为我国地域文化最浓厚的地区之一。

（二）山西文化的历史渊源

山西文化底蕴深厚，历史悠久，传承脉络清晰。在华夏文明多元一体这一特性形成的过程中，尤其是从尧舜时代到夏朝初期，山西一直是政治中心。山西的文化发展历程可追溯至史前文明的旧石器时代，历经了尧、舜、禹和夏、商、周逾千年的演进。到了晋国和三晋时期，山西文化已经展现出有别于其他地域文化的显著特征。自秦汉时期以来，山西文化更是绽放出多姿多彩、灿烂辉煌的光芒，其中明清时期晋商文化的崛起最为引人注目。

【延伸阅读】

从山西考古遗存看，旧石器时代有西侯度、匼河、丁村、柿子滩，新石器时代有枣园、西阴村、白燕，尤其是襄汾县的陶寺，其代表性遗址发展连贯、内容清晰、自成体系。陶寺遗址是迄今为止在黄河流域发现的龙山文化时代的最大城址，距今约4400年；陶寺文明已有文字、礼仪、尊卑之分，具有从所谓酋邦社会向早期国家过渡的显著特征。陶寺文明正处于华夏文明在黄河流域逐渐形成的关键时期，成为探索夏代以前文明的关键。在山西侯马，晋国诸侯及其夫人的大型墓地多代连续，集中连片，成为西周年代考古学的测年标志。可以说，从人类出现到近代的历史中，山西一直是华夏文明发生发展、交流交融的中心之一。

二、山西文化的特征

从全球的视角来看，山西文化是世界多元文化体系中具有独立品格和鲜明个性的民族文化之一。放眼全国，山西文化是根植于中华文化的深厚土壤、历经岁月的积淀与传承而发展起来的优秀民族文化。山西文化既体现了中华民族共有的勤劳勇敢、自强不息的精神特质，又拥有鲜明的地域特色和个性。

（一）民族融合的双重特性

从文明起源的角度分析，山西文化反映出多民族文化共融共生的特性。山西地处华北西部，长期与北方游牧民族为邻，那些强盛的游牧民族常常通过山西与中原地区保持不同形式的联系。可以说，山西文化正是中原华夏民族文化与北方游牧民族文化在漫长历史中不断交流、碰撞与融合的结晶。考古发掘成果也不断证实，山西是黄河中下游的仰韶文化与北部的红山文化交流融合的核心区域，两大文化分别沿汾河北上与南下，在此交汇碰撞，从而成为了华夏文明起源的"植根"之地。

在长期的民族文化融合过程中，山西文化既承袭了中原华夏民族文化以农为本、重视人伦关系、刚健有为、仁爱精神以及家国情怀和思辨精神的复合文化气质，又吸纳了北方游牧民族文化中豪爽开朗、外向开拓的单一文化特质。山西漫长的多元文化融合历程，为中华民族大融合的形成奠定了基础。

（二）兼容并蓄的融合特征

从文化发源的角度分析，山西文化展现出兼容并蓄、开放包容的特性。山西地处中原文化的核心地带，不仅积淀了丰富而深厚的文化底蕴，而且长期保持着经济领先的地位。凭着得天独厚的经济优势，山西以开放的姿态，积极吸收并融合丰富的区域外文化，从而进一步丰富和完善了自身的文化体系。

自古以来，山西地区便是多民族聚居之地，各民族的文化纷至沓来，在此相互交织，形成各种思想与多元文化并存的局面。譬如，在先秦时期，山西地区便出现了法家、纵横家、名家等多种思想流派并存的局面；而后，随着历史的演进，儒家文化、佛教文化、道教文化也在此地长期共存，各种思想文化在此相互融合、相互影响，共同促进了山西文化的繁荣发展。

（三）商儒并重的晋商文化

从地域特色文化的角度分析，山西文化主要体现在商儒并重的晋商文化之中。明清时期，晋商文化应运而生，表现出"商不废儒"的儒商精神、敬业进取的开拓精神和重义尚德的义利观念。

商不废儒的儒商精神。晋商虽多出身贫贱，但是一旦解决了生存、生活问题，他们无不在后辈乃至宗族子弟的教育上投入大量金钱和物力。在商不废儒的同时，他们秉承务实的传统，不让追求功名成为阻碍他们逐浪商海的"绊脚石"。晋商眼里的儒商精神，在于经商者不仅应熟读儒家经典，更重要的是要将儒家所恪守的信条作为道德修养的根本。

敬业进取的开拓精神。敬业作为儒家哲学的基本理念，孔子主张"执事敬""修己以敬"，强调人的一生始终要勤奋刻苦，对事业尽心尽力。晋商始终将商业作为一项崇高的事业，他们勤勉敬业、恪尽职守、光明磊落、不卑不亢。晋商常以被誉为"儒商鼻祖"的子贡为榜样，不存在"儒尊贾卑"的观念。

重义尚德的义利观念。信义是中国传统文化中为人处世、修身立命的行为准则。晋商相信，商业道德上以信义为重，方可成就诚贾本色。从明代至清代的数百年中，晋商始终倡导诚信笃实、重义尚德的信条。晋商崇拜关羽，不仅因为关羽是山西籍的英雄，最根本的原因在于关羽一生践行"忠义"二字。"信义为上，利从义来"，是晋商从几千年中华传统文化中得到的最有价值的传家宝，这与关羽所代表的忠义精神高度契合，所以晋商膜拜关羽。

三、山西文化的类型

从全国范围内来看，山西位于中国的中部地区，山西以南是以河南省为主体的中原文化区，以北地区为北方文化区，正因为山西的"重要纽带"作用，山西地域文化具有了兼容并包的独特魅力。一方水土养育一方人，从地理环境对地域文化影响的角度考虑，山西文化版图大致可以划分为五大区域：晋北文化区、晋中文化区、晋西文化区、晋南文化区、晋东南文化区。这五大文化区域，各自孕育着独具特色的文化内涵，共同构建了璀璨的山西文化。

山西历史
文化名城

（一）晋北文化区

晋北文化区涵盖大同、朔州、忻州三座城市及周边地区，其文化特色主要体现在边塞文化、佛教文化两大方面。具体而言，晋北文化区可进一步细分为边塞文化区和佛教文化区。

所谓边塞文化区，指的是农耕民族和游牧民族的交互地带，这里不仅是两个不同民族的文明相互冲突和融合的场所，也是历史上多个游牧民族活动、交流乃至融合的舞台。边塞文化载体主要包括沿阴山余脉、黄河、雁门关一线历代修建的长城，以及附属长城防御体系的堡寨、烽燧等。千百年来，这里发生的战争冲突、民族融合、边贸往来、文化交流的事迹与故事数不胜数，谱写了一曲又一曲的壮丽史诗。近年来，随着旅游业的不断发展，诸如杀虎口长城、雁门关等古代边塞旅游景点得到发展；豪放苍凉的古长城风光，以及那些南控中原、北扼漠原、规模宏伟的古代军事防御工程也得以展现在世人面前。与此同时，兴起于清代的"走西口"移民文化吸引了众多游客的目光，成为又一个亮点。

所谓佛教文化区，主要指的是以五台山为中心向周边辐射的佛教文化区域。五台山位列中国四大佛教名山之首，佛教文化底蕴深厚。此外，该区域内还有云冈石窟、应县木塔、华严寺、善化寺等众多著名的佛教建筑，共同构成了山西丰富的佛教文化资源。近年来，作为世界文化遗产的五台山与云冈石窟，凭借其深厚的佛教文化底蕴，已成为山西文旅发展的核心载体。面对消费者日益多样化的旅游需求，佛教文化区也在不断与时俱进，通过大力发展佛教文化旅游、生态休闲旅游等多元化的旅游服务，吸引了越来越多的游客前来观光游览、朝圣祈福，感受佛教文化的独特魅力。

（二）晋中文化区

晋中文化区，也可称为商贾文化区，涵盖太原、晋中、阳泉三座城市及周边地区。该区域以独特的晋商文化、大院文化而著称。自清代以来，平遥、祁县、太谷、榆次、介休、灵石等地涌现出众多商业家族，甚至出现"金太谷，银祁县，铜平遥"的说法，虽不一定属实，但它形象地展现了晋中文化区在商业领域的繁荣与辉煌。现如今，这一区域仍留存许多大院，如乔家大院、渠家大院、王家大院、常家大院等。这些大院均由历史上赫赫有名的晋商家族所建，这些家族在过往的时代里广开票号、经营汇兑业务，凭借雄厚财力修建起规模庞大、富丽堂皇的大院。这些大院的建筑风格和家族文化都极具研究和挖掘价值。此外，太原作为山西省的省会，其历史渊源可追溯至春秋时期，晋国赵氏家臣董安于营建了晋阳城。此后，太原历经多个朝代更迭，虽屡遭破坏却又屡次重建，这得益于其不可替代的交通优势。太原地处山西中心地带，地理位置极为关键。

自14世纪中叶以来，晋商文化在这片土地上悄然兴起。"朗朗闻街鼓，晨起似朝时"，直到20世纪初，晋商文化在这里创造了无数繁华。一代又一代的晋商，以敢为人先的商业胆识、不畏艰辛的创业精神，万里行贾、勤俭经商，在封建社会重农轻商的经济环境中，建立起秩序井然、灵活多样的经济模式，形成了卓越不群的文化特色，涵育了"诚实守信、开拓进取、和衷共济、务实经营、经世济民"的晋商精神。近年来，随着旅游业的不断发展，晋中文化区主打晋商文化品牌游，并推出了各类文化旅游主题线路，切实推动了区域文化与旅游的深度融合、自然风光与历史人文的深度融合，为弘扬中华传统文化、传承晋商文化和晋中精神、提高道德修养、树立良好风尚、增强文化自信发挥了重要作用。

（三）晋西文化区

晋西文化区涵盖吕梁市和临汾市及周边地区，该区域文化特色鲜明，包括民族融合文化、道教文化、红色文化等。吕梁地区以山区为主，历史悠久，自商代以来就活跃着诸多方国，石楼县出土的精美青铜器，以及柳林高红遗址便是例证；东汉、魏晋至北朝时期，该区域深受北方少数民族政权的影响。刘渊在吕梁建立的汉政权，标志着五胡十六国历史的开始，使得这里民族融合的特征尤为显著。此外，道教文化在吕梁地区较为发达，古建遗迹众多，其中以北武当山最为有名。抗日战争时期，我党在兴县蔡家崖设立晋绥边区，有力地保卫了中共陕甘宁边区的首府——延安。《吕梁英雄传》这部作品家喻户晓，讲述的就是抗日战争时期吕梁儿女英雄斗争的那段波澜壮阔的历史。

近年来，随着旅游业的不断发展，晋西在旅游资源开发方面取得了显著进展，成功打造了以自然景观、文物古迹和革命遗址为核心的三大旅游板块。其中以壶口瀑布、北武当山、天贞观、蔡家崖等景点最为著名。随着旅游市场的不断扩大，晋西地区在旅游品牌推广、客源市场开辟、旅游要素构建等方面均做出了积极探索。

（四）晋南文化区

晋南文化区涵盖临汾、运城两座城市及周边地区。该区域以临汾盆地、运城盆地为中心，地势低平，便于河水灌溉，不仅是山西省有名的农耕区，也是中华农耕文明的发源地，故又称之为耕读文化区。《汉书》中记载的"尧都平阳，舜都蒲坂，禹都安邑"，这些地点均位于现今山西省的西南部，即晋西南。晋南文化区是山西省历史文化最为丰富的地区之一，这里不仅是华夏文明诞生的区域之一，是中国早期国家产生之地，也曾经是尧、舜、禹及夏王朝活动的核心地带。临汾和运城地区，古称河东（因位于黄河东侧而称），自古以来就是山西省经济文化最为繁荣的区域。这里人才辈出，涌现出了卫青、霍去病、关羽等河东英豪，以及诗人王勃等杰出人物。河东地区资源丰富，其中古代运城盐池曾是国家经济的重要支柱。该地区农业基础雄厚，水利设施完善，气候条件适宜，历史上在长安、洛阳作为都城的时代，这里一直是国家的重要粮仓和棉花、小麦的主要产区，黄河与汾河为物资的运输提供了得天独厚的条件。长久以来，晋南文化区因其地理位置和资源优势，一直是山西省乃至全国的战略资源生产要地。

近年来，随着旅游业的蓬勃发展，晋南文化区深入挖掘优秀文化内涵，积极推进文化与旅游深度融合，不断加强文化遗产保护，加速文化与旅游产业的发展步伐。旅游产业已成为临汾市和运城市经济发展的重要支柱，对富民强市起到了关键作用。为更好地发展旅游产业，晋南文化区在各大景区加强了旅游基础设施的标准化和智慧化建设，不断提升旅游接待能力和服务质量；同时，该区域还着力优化旅游线路和活动设计，注重文化与旅游项目和文创产品的开发与创新，通过多渠道、多形式的宣传推介，吸引更多游客前来观光游览。

（五）晋东南文化区

晋东南文化区涵盖长治、晋城两座城市及周边地区，其显著特色在于丰富的神话传说、深厚的民间信仰，以及大量留存的古建。炎帝传说及相关遗迹、各类神话富集于此，使其成为全国最重要的神话策源地之一。中国文化史上很多著名的神话传说，如炎帝神话、女娲补天、大禹治水、后羿射日、精卫填海、愚公移山等传说故事皆源于此处，为这个地区的文化特征增添了浓郁的神奇色彩。这些神话传说的出现，与这里优越的自然地理环境密不可分，也从侧面证实了这里曾是一个自然条件优渥的地方。近年来，随着旅游业的不断发展，长治市长子县县深入挖掘并充分利用其厚重的历史文化资源，成功打造了"中国神话小镇"这一特色项目。

晋东南文化区之所以能够保留大量古建,主要原因有两个:第一,自宋代以来,随着儒学的复兴、佛教的世俗化以及儒、佛、道三教的融合,当地兴起了新建宗教建筑的热潮;第二,独特的地质构造使得该地区鲜有较强地震发生,这是古建可以留存至今最重要的因素之一。近年来,随着旅游业的不断发展,晋东南文化区积极动员社会各界力量参与到文物保护与利用当中,旨在实现当地文物建筑"有人管、在利用、出效益"的目标。通过发展乡村旅游让文物"活"起来,让文物焕发新生。在乡村旅游发展过程中,各景区不断深入挖掘、阐释文物古迹的历史底蕴,讲好文物背后的故事,以丰富游客的文化体验。

【课堂寄语】

山西文化可视为是华夏文明的一个缩影,它历史悠久、丰富多彩、特色鲜明、传承有序,并不断推陈出新。我们要深入挖掘山西文化的精髓,在提升山西文化自信的同时,讲活山西文化,讲好山西故事。

【课后任务】

1．有一种说法是"游山西就是读历史",请谈一谈你的看法。
2．请搜集讲述山西文化的影片,如《黄河一方土》等,请谈一谈影片讲述了哪些山西文化,以及蕴含了哪些时代特色?

单元二　山西文化对旅游发展的影响

一、文化与旅游的关系

文化与旅游二者密不可分、相辅相成。一方面,文化是旅游的灵魂。从本质上讲,旅游活动就是一种文化活动。不论是游览人文景观,还是亲近自然景观,都离不开文化的点缀与烘托。缺乏文化内涵的旅游是没有灵魂的旅游,缺乏文化品位的旅游产品难以具备持久的吸引力和生命力。另一方面,旅游是文化的载体。文化不是孤立存在的,它体现在人们的社会实践活动之中。旅游作为当今世界最广泛、最大众化的交流方式之一,不仅是展示文化、传播文化、推动文化的重要载体,更是挖掘文化、优化文化、丰富文化和保护文化的重要途径。

二、旅游产业与文化产业的共同特性

旅游产业与文化产业都是既有文化属性又有经济属性的综合性产业,具有地域性、消遣性、经济性、传承性、创造性等特征,都能起到扩大消费需求、促进经济发展方式转变、推进产业结构优化提升的重要作用。

最重要的是,旅游产品和文化产品都能满足消费者休闲娱乐这一需求。旅游产业有着丰富的休闲内涵，能够满足游客从"放松身心""游山玩水"到"陶冶情操""增加阅历""寻求梦想""体验生活"等不同的休闲需求。而文化产业中的艺术展览服务，文艺表演服务，书籍、唱片、报刊、游戏、电影等文化产品也同样具有满足消费者休闲娱乐需求的特性。

三、山西文化与山西旅游的交互关系

山西文化与山西旅游，二者交互影响、互促互生、深度融合。

（一）以文化推动旅游发展，以旅游促进文化繁荣

旅游产品中包含的文化要素越多，越能激发旅游者的消费意愿，从而带来更高的经济效益。对于旅游产业而言，文化不仅是旅游行为的载体和基础，更是旅游体验的内容和深层次表达，文化是旅游的灵魂。近年来，山西省以文强旅，以旅促文，将旅游消费与文化消费有机结合，有效延长了山西省的旅游产业链，有力带动了相关产业的发展。

基于山西文化的多元化发展态势，可对山西丰富的旅游资源进行细分，以不同的视角去考量和发掘各种旅游资源的文化内涵，开发特色鲜明的旅游产品，开拓新兴旅游市场，整合旅游市场，完善旅游市场，从而推动山西向旅游市场细分化和旅游事业纵深化的方向发展。

【延伸阅读】

近年来，山西各地文化与旅游系统充分发挥地方文化特色优势，推出多项文化与旅游活动。比如，山西全省文化与旅游系统组织戏曲表演、经典诵读、非遗展演、文创产品展览、书法作品联展、图书馆服务等群众文化活动走进景区，活动内容丰富、题材多样，充分体现地域特色，如"游山西·读历史"全民阅读进景区流动服务走进应县木塔广场。山西省晋中市文化与旅游部门整合红色旅游资源，推出以"踏红色印迹·悟思想伟力"为代表的一系列红色旅游主题活动和线路，丰富了全省红色文化旅游市场。太原市围绕锦绣"河·山·城·人"构建产品内容体系，推出十大旅游消费主题场景和产品；运城解州关帝庙景区推出关羽威风锣鼓之"忠义千秋"、《武庙之祖·盛典迎宾》实景演出、"河东英雄地·甲胄铸忠魂"互动体验等一系列精彩纷呈的活动。

对于文化产业而言，文化资源需要通过外在展示手段将其不断升级、转化为文化产品，从而获得产业优势、经济优势，这也是我国产业转型升级的必然要求。在此过程中，旅游可为文化资源提供更加庞大的受众和更加广阔的市场空间。旅游是文化传承与延续的方式之一，是文化生活的重要内容。同时，旅游也是实现文化教化和娱乐功能的良好载体，是文化繁荣的重要支撑。因此，旅游发展一定要注重对文化的挖掘、提炼和发扬。

随着旅游业的深入发展，山西也将基于消费者新的需求开辟出新的文化市场，这也将有利于催生出新的文化产业，进而形成新的文化业态。因此，从这个角度而言，山西旅游业的发展会促进山西文化的进一步繁荣，为山西文化宝库增添新的文化样式和文化形态。

【延伸阅读】

　　近年来，山西文化与旅游集团与晋中市、平遥县共同整合推进"又见平遥"文化产业园事业、产业、活动、行业融合发展，围绕《又见平遥》演艺文化品牌IP，打造了以演艺、酒店、餐饮、商业街区等产业板块为核心业态的"又见平遥"文化产业园，不断丰富文化和旅游业态。在演艺方面，《又见平遥》情境体验剧将平遥古城特有的票号文化、汉民族建筑文化、镖局文化、民俗文化等文化符号淋漓尽致地融入剧情，以创新的观演方式和精彩的演艺形式讲述了山西故事。在酒店方面，《又见平遥》主题酒店是目前省内规模最大的以民国建筑为主题的酒店群，围绕《又见平遥》IP拓展的核心业态综合配套项目，拥有7个文化主题酒店，探索打造了"服务品牌、享受品牌"可持续发展模式。在电影文化方面，平遥电影宫已成功承办5届平遥国际电影展、21届平遥国际摄影大展、3届平遥国际雕塑节等国际性节展活动，初步形成了以光影为基调的国际化文化艺术特色园区。在文化与旅游商业区方面，印象新街商业街区以民国风格建筑为载体，以《又见平遥》演艺为延伸，以现代商业模式为手段，完善了夜间出行、停车、亮化等配套，集成了文化创意、平遥传统老字号商业区，初步形成了集文化、漫游、体验为一体的文化旅游综合体。

（二）以文化充实旅游内涵，以旅游弘扬地域文化

　　地域文化对一个地区旅游业的发展方向和特色品位有着深刻的影响，而旅游业的发展又能促进地域文化的挖掘、丰富、保护及优化。山西历史悠久，文化底蕴深厚，是中华民族古代文明的重要发祥地之一。山西文化既鲜明地体现了中原文化的特点，又蕴含着独特的三晋文化特色。受山西丰富文化的影响，山西的旅游资源展现出独特的晋民族风情和深厚的晋文化韵味，进一步彰显了山西作为华夏文明重要发祥地的独特魅力。

　　随着山西旅游品牌的推广和文化产业的兴起，以晋商文化为核心的山西文化也跨越了地域的界限，走向了世界，为"塑造山西文化形象、建设文化强省"的目标助力增辉。晋商文化，作为山西文化旅游产品的核心品牌，不仅成为了代表山西文化旅游的标志和符号，更深刻影响着旅游者对山西旅游产品和服务的体验与感受。鉴于旅游业发展的迫切需求，晋商文化已被充分地开发与利用，并转化为丰富的晋商文化旅游产品，实现了较为深入且全面的发展。

（三）文化与旅游融合赋能山西文化软实力

　　大力推进文化与旅游融合，是实现文化与旅游产业创新与升级、促进新发展格局构建、推动文化与旅游产业高质量发展的有效途径。这一举措能够有效满足广大人民群众对于美好生活的向往，并在此过程中不断提升文化自信、增强国家的文化软实力。

1. 文化与旅游融合讲好山西故事

　　第一，以创意激活文化与旅游资源。激活文化与旅游资源，意味着能够利用好山西故

事的丰富资源，继承并弘扬山西的优秀传统文化，着力提升山西的文化软实力；同时，需要各文创资源单位、研发设计机构和生产制造企业通力合作，有效推动文化与旅游资源的高效利用，打造具有山西本土特色的全链条文创产业，展现山西独特的文化魅力。

第二，以人才推动文化与旅游升级。讲好山西故事，既需要精通山西历史文化的专业人才，又需要熟悉山西旅游资源的专业人才。为此，可以借助高等院校、职业院校等教育资源及其优质的师资力量，进一步强化人才队伍的理论知识和职业技能建设，打造三晋地区的人才高地，从而为山西文化与旅游产业的提质升级注入新的活力。

第三，以品牌铸就文化与旅游活力。山西品牌不仅是一张能够全方位展示山西风采的璀璨名片，更是一张具有世界影响力的亮丽招牌，它能够加强全世界各国人民对山西历史文化价值的认同和理解。面对文化与旅游融合的新时代机遇，在用好文化与旅游资源、讲好山西故事的同时，依托平遥古城、云冈石窟、五台山这三大世界文化遗产，聚焦黄河、长城、太行山，同向发力，注重品牌打造，扩大特色品牌的影响力和辐射力，进一步增强山西文化的软实力，推动山西文化与旅游产业的高质量发展。

2. 文化与旅游融合传播好山西声音

第一，出台政策支持。在文化与旅游融合发展中，政府官方网站、旅行社和媒体是传播山西声音的主力军。在制定和修改政策法规时，需要遵循文化与旅游融合发展的规律，为山西文化的传播提供科学的指导和服务；此外，还需要进一步规范传播内容，真正做到传播好山西声音，让世界看到山西，让山西真正走向世界。

第二，强化新媒体推介。在文化与旅游融合发展中，利用大数据新技术打造山西智慧旅游云平台，可以更高效、优质、高能地为媒体平台提供综合化服务，实现政府一网"管"、企业一台"搞"、游客一机"游"的一体化格局。

第三，利用新平台融资。在文化与旅游融合发展中，政府应进一步加大对文化旅游传播的资金支持力度；同时，要充分利用文化与旅游市场机制，搭建平台，促进文化传播企业和文化与旅游项目之间的信息交流与合作；此外，还应加快文化传播行业与金融行业的对接与融合，不断拓宽文化传播企业的融资渠道，为山西文化传播的持续发展提供后续的资金保障支持。

3. 文化与旅游融合塑造好山西形象

良好的山西形象不仅是吸引游客的重要法宝，更是构筑山西文化软实力的重要组成部分。因此，要以"立足山西，服务全国，走向国际化"为导向，依托文化与旅游融合发展的契机，塑造好山西形象，让更多的人认识山西、走进山西、认同山西。

第一，深化治理结构改革。改革需要从完善文化管理体制和生产经营机制两方面进行发力。在文化管理体制方面，要以提升山西文化软实力为目标，通过整合优势资源、优化发展模式、强化旅游资源配置和统筹管理，从而进一步提高政府的治理水平和能力；在生产经营机制方面，要秉持"以文促旅，以旅彰文"的原则，加大文化与旅游领域的科技创新与应用。

第二，适应文化与旅游融合的新业态。山西历史文化悠久，拥有丰富的历史文化资源。在现代旅游业快速发展的背景下，一方面，要以促进文化与旅游融合为基本路径，进一步塑造和提升山西文化与旅游的新形象；另一方面，要推动"文化+"与"旅游+"的双向深度融合，打造如"红色资源+旅游"的资源型文化与旅游融合新业态，以及"山西元素+旅游"的独特型文化与旅游融合新模式。

第三，提升公共服务能力。旅游公共服务体系包括：旅游信息咨询服务、旅游交通便捷服务、旅游便民惠民服务等。在旅游信息咨询服务方面，要加强旅游网络信息服务建设，加快"旅游+交通"模式的推进，不断促进旅游资源连线成片；同时充分发挥大数据作用，开发景区智慧交通App，实时监测景区道路状况和车辆情况，打造全程高效的"站景通、城景通、景景通"旅游交通网。

【课堂寄语】

文化与旅游融合是实现文化与旅游产业转型升级、加快构建新发展格局、着力推动高质量发展的有效途径，能够满足广大人民群众对美好生活的需要，增强文化自信，提升文化软实力。作为青年学生，我们要积极探索文化与旅游融合发展，赋能山西文化软实力，展现山西的美好形象。

【课后任务】

1. 请查阅相关资料，谈一谈山西文化与旅游相互融合有哪些模式。
2. 请查阅相关资料，谈一谈你的家乡有哪些文化与旅游相互融合的经典案例。

单元三　山西文化旅游发展现状及展望

一、山西文化旅游发展现状

近年来，山西加强旅游品牌融合与重塑，从过去的云冈石窟、五台山、平遥古城这三大山西品牌，拓展提升至"黄河、长城、太行"这三大国家名片，并不断发掘、丰富和发展三晋文化。在推动山西文化与旅游产业融合方面，山西省取得了积极成效。作为山西资源型经济转型的重点方向和拉动消费的重要途径，文化与旅游产业正在贯彻落实新发展理念，稳步前行。山西依托交通网络建设和景区合作开发，实现"开放发展"；通过创新旅游业态、服务模式和融资开发模式，推动"创新发展"；坚持绿色、生态、可持续的发展道路，践行"绿色发展"；注重实现要素均衡配置、板块整体发展和产业均衡发展，促进"协调发展"；以及盘活闲置资源、共建旅游产业，实现"共同发展"。整体而言，山西文化与旅游行业发展势头强劲，潜力巨大。山西各地依托当地特色，结合大众旅游消费特征和现代旅游发展需求，为人民群众提供了更多精细化、差异化的旅游产品，不断丰富和完善了"山西好风光"的旅游新内涵和新特征。

（一）山西文化旅游资源开发的现状与问题

山西坐拥众多名胜古迹，位于中国地形从东部第三阶梯向中部第二阶梯的过渡地带。其"两山夹一川"的独特地形地貌孕育了众多山水景观，使得山西既拥有丰富的人文景观，也兼具壮丽的自然景观。从覆盖范围来看，"黄河、长城、太行"这三大旅游板块由点及面，几乎囊括了山西所有的旅游资源，优化了山西的旅游空间布局，体现了山西在文化与旅游产业发展规划上的整体性和大格局转变。从品牌元素来看，这三大板块不仅融入了山西元素，更上升为中国元素，彰显了山西致力于打造国家乃至国际旅游品牌的决心和信心。

总体来看，山西文化旅游资源的开发呈现出三个显著特征：一是总体开发程度相对较低。尽管山西的文化旅游资源存量在全国名列前茅，但A级景区的数量排名却并不突出。二是现有景区开发质量高但数量少。山西AAAA级以上景区的数量在全国各省排名第16位，而旅游总体收入则位列全国第19位。三是可供升级开发的后备景区资源匮乏。如果以AAA级以下景区的数量来衡量一个省短期内可供升级开发的后备景区资源的话，那么山西省AAA级以下景区的数量在全国排名第28位，显示出后备景区资源的极度匮乏。

对比当下山西"黄河、长城、太行"三大板块的开发情况，可以明显看出它们之间的差异。黄河板块虽然已打造了壶口瀑布、云丘山等国家AAAAA级旅游景区，但有些景区中的黄河文化元素并不突出，沿河的如老牛湾、碛口古镇等景区的开发还需进一步加强。长城板块的开发相对滞后，与长城元素直接相关的景区中，仅有雁门关、娘子关等开发得较为完善，其余资源尚未得到有效利用和开发。而太行板块则已初步形成了以太行山水元素为主的品牌特色，拥有五台山、藏山、壶关大峡谷、王莽岭等众多山水名胜。

（二）山西文化旅游产品融合的现状与问题

在山西文化产业与旅游产业的融合过程中，产品融合主要体现在以下两个方面：

一是节庆会展与当地特色文化产品相融合。例如像平遥国际摄影大展、中国（大同）云冈文化旅游节这类在国际、国内颇具影响力的品牌节庆活动，不仅推动了当地旅游产业的发展，还对山西省乃至华北地区的旅游产业产生了显著的带动作用，加速了文化与旅游融合发展的进程。

二是以文化产品为核心的旅游线路主题规划。这里所指的旅游线路主题规划，是将不同的旅游线路按照独特的文化主题进行规划，使每条旅游线路都能彰显出鲜明的文化特色。通过这种方式，可以全面系统地推介与线路主题紧密相关的一系列文化产品，从而有效促进文化产业与旅游产业的融合发展。举例来说，沁源县菩提寺庙会、壶关县太行山大峡谷"红豆峡七夕情侣节"、武乡县"八路军文化节"、右玉县"西口风情生态旅游文化节"、雁门关"国际边塞文化旅游节"等，都是此类活动的代表。

山西文化产业和旅游产业的融合发展，在取得一定成绩的同时，也存在一些问题，主要表现为旅游产品类型较为单一，缺乏多样性及深度等。纵观山西的文化与旅游融合产品，大多集中于节庆、会展和旅游线路等的主题规划,形式略显单一。相比之下,国内外优秀的文化与旅游融合案例则采取了更多元化的融合方式,不断推出创新产品。以文化主题公园为例,山西在这一领域尚缺乏具有强品牌影响力的项目。

(三)山西文化旅游运营融合的现状与问题

在文化旅游运营融合方面,近年来,山西省借助影视、戏剧等多元化手段,生动形象地逐步将当地旅游特色推向市场。例如,话剧《立秋》、京剧《晋德裕》和《走西口》,以及舞剧《一把酸枣》等作品,通过灵活多样的艺术形式,精彩地展现了晋商的独特风采。这些以山西为背景、以晋商故事为主线的演艺作品,不仅增强了消费者对山西文化的认同感,还有效地宣传了山西的旅游资源,进一步提升了山西旅游的文化内涵。电视剧《乔家大院》与电影《白银国家》的面世,更是将晋商文化推向了新的高度。同时,国内外学者对晋商文化的研究热情持续高涨,研究内容不断深入,使得晋商文化成为山西旅游的一大文化品牌,极大地推动了山西旅游业的发展。近年来,平遥古城、乔家大院、王家大院、常家庄园和渠家大院等景点相继成为山西的热门旅游目的地。纪录片《人说山西好风光》和广告宣传片《晋善晋美》通过专门展示和宣传山西旅游,取得了良好的反响,使"晋善晋美"逐渐成为了山西的旅游宣传口号。此外,山西省还借助歌曲、舞蹈、书报、综艺节目等多种文化形式,促进旅游产业与文化产业的深度融合,不断拓展二者在运营层面的合作,推动其向更深层次、更广领域发展。

【延伸阅读】

在《康熙国家》这一电视剧播映前,少有普通人知道山西人陈廷敬是康熙的老师,更不知道山西省晋城市的皇城相府是陈廷敬的宅邸。在这一电视剧的推动下,晋城市加大城市自身的宣传力度,进一步借助电视剧的力量使皇城相府这一兼具文化与旅游元素的产品得到了市场的认可。此外,《白银谷》等文学作品,《吕梁英雄传》《一代廉吏于成龙》和《乔家大院》等影视作品都在客观效果上对山西文化起到了很好的宣传作用,也提升了山西旅游业的发展后劲。

随着山西提出全力打造"黄河、长城、太行"三大板块,山西对文化与旅游发展的品牌定位实现了从五台山、云冈石窟、平遥古城等经典山西元素向更具广泛影响力的中国元素的跨越,致力于打造中国乃至全球知名的旅游品牌。因此,山西在文化旅游的运营融合过程中,不断加强对品牌特色的塑造与研究。

黄河板块方面,黄河流经九个省份,省份间关于"黄河"这一品牌的竞争异常激烈。长城板块方面,山西虽坐拥长城之隅,但相较于八达岭、山海关等著名景点,山西长城的知名度远不及它们,面临着巨大的竞争压力。太行板块方面,太行旅游的开发格局已基本成型,山西、河北、河南三省均围绕太行山开发了众多景区,同样陷入了品牌竞争的局面。

如何在"黄河、长城、太行"这三大板块的概念上,巧妙地融入并凸显山西的特色元素与文化,并如何在消费者心中树立强大的品牌影响力,是当前山西文化与旅游产业发展面临的紧迫任务与核心重点。

二、山西文化旅游发展展望

2024年山西省文化和旅游工作会议明确了山西文化旅游的发展方向：锚定建设新时代文化强省和国际知名文化旅游目的地这一总目标，围绕推进高质量发展、创造高品质生活、坚持高效能治理，从"供""需"两端发力，实施精品战略，优化文化与旅游供给，提升发展能级，释放消费潜力，打响"旅游满意在山西"品牌，培育壮大文化旅游战略性支柱产业。

聚焦以共享为发展方向，提升公共文化服务，着力推进城乡一体化建设，做优群众文化品牌，拓展公共服务功能；

聚焦以保护为第一原则，推动非遗传承发展，强化系统提升保护水平，扩大非遗传播影响，推动非遗融入旅游；

聚焦以转型为抓手，跨越升级文化产业，着力促进产业协同发展，壮大数字创意产业，塑造文化产业格局，促进演出市场繁荣；

聚焦构建旅游核心吸引物体系，强化现代旅游业基础支撑，着力打造旅游热点门户、旅游名城名县名镇、四个标志性片区及旅游重点景区，壮大旅游景区规模；

聚焦发展旅游新产品、新场景、新业态，塑造新兴旅游目的地，着力打造文化与旅游融合产品，加快发展康养旅游，大力发展乡村旅游，有序发展红色旅游，转型发展工业旅游，创新发展低空旅游，打造体育旅游精品；

聚焦创新实施宣传营销，提升对客源市场的吸引力和消费力，创新宣传推介手段，紧盯目标群体营销，用足用好活动平台，深化国际交流合作；

聚焦强化服务质量攻坚，持续塑造发展优势，着力完善旅游标准体系、服务评价体系和市场监管体系；

聚焦完善旅游基础配套，提升旅游接待能力，着力推动交旅融合发展，提升餐饮住宿品质，优化提升景区管理；

聚焦增强底线红线意识，确保安全稳定发展，着力压紧压实各方责任，大力开展安全宣传教育，强化应急处置能力；

聚焦抓好文化与旅游保障措施，全力推动工作落实，出台旅游发展促进条例，加大政策支撑保障，稳定扩大人才队伍，强化文化与旅游考核激励。

【延伸阅读】

作为文化旅游资源大省，近几年，山西省把握数字化、网络化、智能化方向，着力以数字经济赋能文化与旅游产业的脚步并未停歇，实现了数字文化与旅游产业的稳健起步、快速发展。在《山西省国民经济和社会发展第十四个五年规划和2035年远景目标纲要》中明确指出，要打造"国际知名文化旅游目的地"，通过数字化引领、撬动、赋能作用，打造文化特色新业态。

　　科技感十足的山西文化与旅游数字体验馆是国内首座省级文化与旅游数字化综合体验展馆，已成为山西文化与旅游数字新名片。馆内以"华夏古文明　山西好风光"为主题，运用混合现实、全息成像、虚拟现实、体感交互等技术，实现文化和旅游融合、科技与自然融合、虚拟与现实融合，打造"活着的4K数字画布""全沉浸感的投影空间""光影中的探秘之旅"，至2024年底已接待观众数万人次。迭代升级后的体验馆以全新的数字化体验和场景化设置，更好地提升游客的参与度。

【课堂寄语】

　　大美山西，古韵流芳。山西将站在更高的起点上，抓住机遇，深化文化与旅游融合，加快新时代文化强省和国际知名文化旅游目的地建设的步伐，努力让山西文化"活"起来、旅游"火"起来、形象"靓"起来，奋力书写文化与旅游产业高质量发展的新篇章。

【课后任务】

　　1. 请以全国视野，谈一谈山西文化旅游的发展态势如何？
　　2. 请结合所学专业，请为山西文化旅游发展建言献计。

【专题小结】

　　本专题主要介绍了山西文化的内涵、特征和类型，并围绕山西文化与山西旅游的特点、互动关系，系统介绍了山西文化旅游发展的现状及未来发展的趋势。通过学习本专题，可以对山西文化、山西旅游有更全面、更深入的认知。

【复习思考】

　　1. 山西文化的特征有哪些？
　　2. 请谈一谈山西文化与山西旅游的交互关系？
　　3. 请从旅游资源融合、旅游产品融合及旅游运营融合三个维度，简单谈一谈山西文化旅游的发展现状。

【拓展实训】

　　由实训教师带领，前往山西文化与旅游数字体验馆；实训教师现场教学，分组合作完成讲解任务。

专题二　山西的前世今生

　　山西，这片坐落于黄河中游的土地，早在两三百万年以前便成为了我们的祖先劳动、生息与繁衍的家园。史书中，"中国"一词的最初记载，可追溯至上古虞舜时代的山西南部。在中华民族的形成过程中，山西历史文化的完整性、先进性和艺术性发挥了重要作用，对华夏五千年的文明史产生了巨大影响，山西也因此成为我国地方文化特色最为浓厚的省份之一。

【学习目标】

　　素质目标：1. 增强山西历史文化自信，增强地域自豪感；

　　　　　　　2. 树立传播山西历史文化的使命意识。

　　知识目标：1. 掌握山西自古以来几个重要的历史发展阶段脉络；

　　　　　　　2. 熟悉山西的重要历史遗迹和代表性历史事件。

　　能力目标：1. 能够讲出山西历史发展的基本脉络和重要阶段；

　　　　　　　2. 理解山西历史文化的重要意义。

【案例导读】

1. 案例介绍

　　2019年3月28日，第二届全国青年运动会的圣火从这个世界人类最早取火地——山西省运城市西侯度采集完成，见图2-1。本次圣火采集着实让西侯度在全国人民的视野中"C位出道"了一把，不仅被众多官方媒体报道，在朋友圈、抖音、微博等各大网络平台上也被热转、热评。

图 2-1　第二届全国青年运动会圣火采集现场

2. 案例解读

山西地区自古就有人类活动的痕迹，是中华文明的重要发源地之一。考古研究表明，远古时代，山西地区南部是人类文明曙光初现的地方。五千多年来，山西地区是重要的中国传统文化孕育发展之地，在历史的长河中不断积淀，孕育出深厚广博的三晋文化，其中蕴藏着中华文明源远流长的密码。

3. 案例思考

为什么第二届全国青年运动会圣火要在西侯度遗址采集？它深刻体现了山西历史文明对中华文明有着怎样的重要意义？

【知识研修】

上古山西

单元一　上古山西

上古时期指的是现存文字记载出现之前的历史阶段，在中国通常特指夏朝建立之前的时间段。山西是目前我国已发现旧石器时期遗址数量最多的省份之一。迄今为止，山西境内已发掘出超过700处旧石器时代的文化遗迹，这些遗迹证明了早在200万年前，人类便在这片土地上繁衍生息，其中，西侯度文化遗址便是这些遗址中的典型代表。

一、人类最早的家园——西侯度文化遗址

西侯度文化遗址位于山西省运城市芮城县的西侯度村，考古人员在该遗址发掘出了距今约180万年的取火石器和一些烧骨遗存，这一重大发现作为人类最早用火的证据，震惊了全球学术界。该遗址在1988年被国务院列为第三批全国重点文物保护单位。

（一）遗址特点

西侯度遗址共出土了32件石制品，包括石核、石片以及经过加工的石器等，均属于我国迄今为止发现的较为古老的石器。它们被分为砍斫器、刮削器、三棱大尖状器等类型，反映出当时人类的石器制作工艺已经达到了一定的水平。此前，北京猿人曾被认为是最早掌握使用火技能的物种，而西侯度遗址中烧骨的发现，将人类使用火的历史向前推进了100余万年。

（二）文化价值

西侯度遗址是远古人类留给后代的宝贵文化遗产，也是迄今为止在中国大陆发现的最早的人类家园。西侯度遗址烧骨的出土，证明那时的人类已经掌握取火与用火技术，开始人工加工熟食，减轻了对大自然的依赖，人体体质得以进化，身体更加健康。

（三）旅游现状

西侯度遗址位于山西、陕西、河南三省的交界处。如今，西侯度遗址公园已成为一处热门的旅游目的地，被誉为"山西小埃及"。公园内设有遗址保护区、文物展览区、取火仪式体验区、游客服务区四大功能区。到访西侯度遗址公园，游客不仅能近距离观赏历史遗迹，还能登高远眺，聆听不远处大河的奔腾之声。

二、人类过渡的环节——丁村遗址

丁村遗址位于山西省临汾市襄汾县的丁村。该遗址于1953年被发现，是中华人民共和国成立后，在北京周口店以外地区首次进行大规模发掘的旧石器时代遗址。因其出土了介于北京猿人和现代人之间的"丁村人"化石而备受瞩目，丁村遗址于1961年被列为首批全国重点文物保护单位。

（一）遗址特点

丁村遗址内分布有50余处含有古石器和古化石的地点，其中包括丁村遗址群原地埋藏的石器打制现场、距今约30万年前的人类用火遗迹，以及距今约10万年前的人类活动遗迹。丁村人生活在距今大约25万年前至2万年前之间，他们的存在正好填补了中国古人类序列中23万年前到1.3万年前这一时间段内的空白，是北京猿人向现代人过渡的关键阶段。

丁村遗址最为著名的是1954年发现的3颗牙齿化石，见图2-2，它们同属于一个大约十二岁至十三岁的小孩。1976年，该遗址又出土了一块顶骨化石，这块化石来自一名大约两岁幼儿的右顶骨的后上部。2014年，该遗址的南部再次出土了1块古人类的枕骨化石。

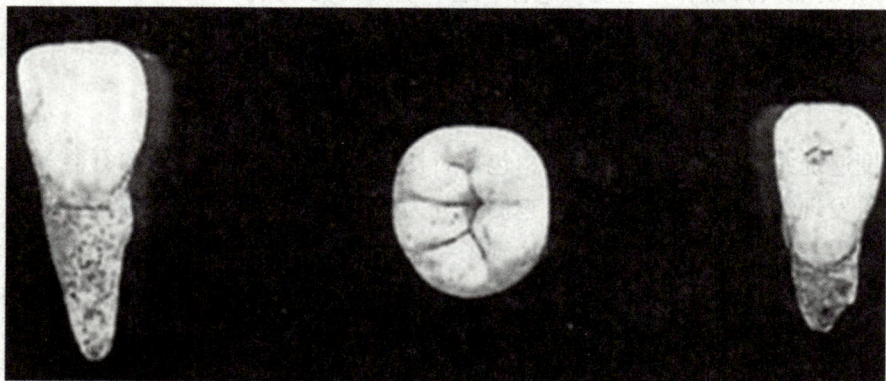

图 2-2　丁村遗址发现的三颗牙齿化石

（二）文化价值

丁村遗址是一处内容丰富、极具历史与文化价值的旧石器时代遗址，堪称中国华北地区旧石器中期的典型代表，为旧石器文化的研究提供了重要线索和宝贵资料。科学界将丁村遗址发掘出的人牙化石命名为"丁村人化石"，同时，也将该遗址所展现的旧石器时代中期的古人类文化现象称为"丁村文化"。

（三）旅游现状

丁村是我国少有的、一村同时拥有两处国家级文物保护单位的历史文化名村和传统古村落。现存的丁村古代民宅是我国北方明清时期民间建筑的典型代表，而丁村民俗博物馆则是一座专门反映汉族民俗风情的专业性博物馆。

三、华夏文明的标志——陶寺遗址

陶寺遗址位于山西省襄汾县陶寺村南部，陶寺文化的绝对年代在公元前2300年至公元前1900年之间，是新石器时代的重要遗址。2021年，该遗址成功入选"百年百大考古发现"，并被国家文物局列入"'十四五'时期大遗址名单"。

（一）遗址特点

陶寺遗址是中原地区龙山文化遗址中规模最大的遗址之一。历经长期研究与发掘，已发现墓葬千余座，其中包括九座大型贵族墓葬，出土了陶龙盘、陶鼓、鼍鼓、大石磬、玉器、彩绘木器等精美文物，轰动世界。

尤为引人注目的是，在陶寺遗址出土的一片扁壶残片上，发现了两个红色的文字，其中一个字明确为"文"字，而另一个字则引发了专家们的多种解读，包括"尧""易""命"等。这片残片上的文字比殷墟甲骨文还要早七八百年，因此被确认为是中国目前已知的最早的文字之一。此外，陶寺遗址还出土了中国最古老的乐器、中原地区最早的龙图腾象征——蟠龙纹陶盘，以及遗址发掘史上早期的建筑材料——板瓦，并拥有黄河中游地区史前时期最大的墓葬群、史前中亚地区规模最大的城址和世界上最古老的观象台。加之其规模宏大的宫殿建筑遗迹、独立的仓储区域和手工业区域遗址等，这一切都充分表明，陶寺已经广泛具备了早期国家的特征与规模。

（二）文化价值

陶寺文化有力地证明了彼时的中原地区的文明发展，标志着国家形态的礼乐制度和阶级差别已经初露端倪或正处于萌芽阶段。有学者提出，陶寺遗址可能是帝尧的都城所在，是"中国"最早的雏形。陶寺遗址对于探索中国古代文明的起源以及尧舜时期的社会历史具有重大意义。

【延伸阅读】

中国最早的龙图腾

在陶寺遗址数十年的考古发掘中，出土了数量众多的珍贵文物，其中最令人感到兴奋和激动的便是彩绘蟠龙盘，见图2-3。1980年春，四件蟠龙纹陶盘先后出现在众人眼前，轰动全国。陶寺4件龙盘大小基本相同，盘口直径35～40厘米。陶寺发现的龙纹饰为探索中华民族龙图腾的起源提供了重要线索。龙盘是等级差别与身份地位的象征物。此外，龙盘在墓室中摆放的位置和数量都是固定的，仅1件，位于墓主人的右侧偏上部。这种相对固定或规范化的现象表明当时已经出现了礼仪制度。礼制正是中华文明的特征与重要内容，龙盘作为陶寺礼制文明的代表性器物，或许也是当时特有的图腾与标识。

图 2-3　陶寺遗址出土的彩绘蟠龙盘

【课堂寄语】

山西文化一脉相承、体系完整、分布集中，是华夏文明的重要发源地之一，也是中华文化的重要源头之一。我们为山西拥有如此悠久而辉煌的历史文明感到无比自豪，同时也肩负着将山西丰富的历史文化向全国乃至全世界展示的光荣使命。

【课后任务】

请同学们找一找，你的家乡周边是否也有上古文化遗存，然后查一查有关资料，假如条件允许的话再去实地看一看，把它介绍给你的同学和朋友。

单元二　晋国称雄

中国历史上第一个奴隶制国家政权——夏朝，据传建立在山西南部，这一区域后来也被称为大夏、夏墟，是探索和研究夏文化的核心区域。春秋战国时期，晋国逐渐发展壮大，称霸中原长达155年，可谓"一部春秋史，半部晋国史"。

晋国称雄

一、华夏文明的起源——尧舜禹至周朝时期

山西作为古代中原农耕文明的核心区域之一，早在新石器文化时期，炎帝神农氏就曾在山西高平羊头山一带播五谷、尝百草，实现了从渔猎到农耕、从游牧到定居的历史性转变，翻开了我国原始农耕文明的新篇章。在原始社会后期，部落联盟领袖尧、舜、禹都曾在山西这片土地上长期生活，并建立了当时社会的政治、经济和文化中心。尧舜禅让的风范和大禹治水的精神，早已深深融入中华儿女的血脉之中，成为华夏民族代代相传的美德，也是激励后人不断奋斗的力量源泉。

二、晋国称雄——春秋战国时期

晋国建立之后逐渐强盛，兼并了周边的小国，几代国君励精图治，开疆拓土，最终使晋国成为春秋五霸之一，推动了中华历史的诸多重大变革，并在历史发展的关键时期推动了历史的进步和发展。这个时期，晋国历史上最为著名的事件包括：桐叶封弟、曲沃代翼、侯马盟书以及三家分晋。

（一）桐叶封弟

相传，西周初年，周武王姬发驾崩后，太子姬诵年幼，做了国君，史称周成王。有一天，姬诵和弟弟叔虞一起在宫中玩耍。姬诵随手捡起了一片落在地上的桐叶，把它剪成玉圭形，送给了叔虞，并对他说："这个玉圭是我送给你的，我要封你到唐国去做诸侯。"当时辅佐周成王的开国功臣周公旦知道后，就问姬诵："你要分封叔虞吗？"姬诵说："怎么会呢？那是我跟弟弟说着玩的。"周公却认真地说："天子无戏言啊！"后来，姬诵便把叔虞正式封为唐国的诸侯，史称唐叔虞。叔虞长大后，励精图治，使唐国百姓逐渐过上了安居乐业的生活，成为受唐人爱戴的君主。唐叔虞死后，他的儿子燮继位，因境内有晋水，便改国号为"晋"，并开启了晋国辉煌的历史霸业。山西简称"晋"，正是由此而来。为了祭奠唐叔虞，燮还修建了一座祠堂，这就是"晋祠"。国君的一句玩笑成就了晋国一代霸业，"君无戏言"也因此流传开来，"诚信"二字也成为几千年来中华历史文化中被世人所推崇的重要品质。

（二）曲沃代翼

公元前745年，晋国君主晋昭侯将其领地中的大城曲沃封赏给自己的叔父成师，自此成师被尊称为曲沃桓叔。桓叔努力招揽人才、积聚财富，势力迅速壮大，很快其实力便能与晋国公室相提并论，并赢得了晋国众多民众的支持。于是，曲沃桓叔与晋国公室之间展开了激烈的夺权斗争。六十多年后，桓叔的孙子晋武公在晋都翼城成功篡位，取代了原有的晋国君主，这一历史事件被后世称为"曲沃代翼"。这是晋国政治史上的一次重大变革，为晋国后续的对外扩张和对内改革奠定了基础。

（三）侯马盟书

由于晋国上层长期争权夺利，社会动荡不安、诚信缺失，逐渐呈现出礼崩乐坏的趋势。晋国新兴势力的领导者之一赵鞅，即赵简子，他广泛结交各方势力，其中不乏一些叛乱后投降的势力。为了确保这些人的忠诚，赵鞅与各大家族共同举行了盟誓活动，并签订了盟书。盟书要求所有参与者效忠盟主，共同讨伐敌对势力。盟书一式两份，一份由主盟人专藏于盟主府，另一份埋入地下或沉到水中，希望借助天地鬼神的力量来约束订立盟誓的双方。20世纪60年代，这些盟书在山西侯马被重新发现，共计5000余件，它们用红色毛笔书写在玉石或石头上，具有极高的书法艺术和历史研究价值，被学界称为"侯马盟书"。正是由于此次结盟，使得赵简子能够成功团结各方势力，在晋国激烈的政治斗争中占先，并最终拉开了标志着战国时代开端的"三家分晋"的历史序幕。

（四）三家分晋

春秋末期，韩、赵、魏三个异姓卿大夫家族势力日益壮大，最终瓜分了晋国公室，形成了韩国、赵国、魏国三个新诸侯国，这就是历史上著名的"三家分晋"。这三个诸侯国在当时都是称雄一方的大国，其初期都城均设在山西。时至今日，山西仍被称为三晋大地。分立之后的三晋，积极开疆拓土、举荐贤能、整顿吏治、鼓励垦殖、改革制度、安定民心、稳固政权，为诸侯国后续的强盛奠定了坚实的基础。在此过程中，三晋积累了诸如减免赋税、救济贫弱、勤俭节约、通商惠农、利器明德等一系列治理方略，展现了强邦守业、开拓进取、仁义治理的治国胸怀。

三、历史见证——晋国遗迹与文物

（一）夏朝遗存——东下冯遗址

东下冯遗址位于山西省运城市夏县东下冯村的东北部，现为全国重点文物保护单位。该遗址是夏商时期二里头文化东下冯类型的典型代表，遗址年代跨度大约在公元前1900年至公元前1500年。遗址中出土的青铜镞、青铜凿和石范等文物，表明当时社会已经迈入了青铜时代；出土的石磬则是迄今为止发现的最早的石磬之一，具有重要的历史价值；而石斧外范则是古代制范工艺的珍贵物证，也被考证为目前已知最早的铸型实物。东下冯遗址的发掘对于探索夏文化，以及促进夏代历史研究具有十分重要的意义。

（二）商代遗存——酒务头墓地

酒务头墓地位于山西省运城市闻喜县河底镇酒务头村西北方向约200米处。该墓地出土的文物以青铜器为主，涵盖了礼器、乐器、车马器、兵器及工具等多种类型。其中，最为著名的是子匿方鼎，它因内壁一侧靠近口沿处铸有"子匿"铭文而得名，见图2-4。子匿方鼎高达22厘米，鼎身布满纹饰，即便历经三千年，依然显得庄重威严、霸气十足。酒务头墓地的发现对于探究早期文明社会形成关键时期的历史进程具有十分重要的意义，堪称商代考古的一次重大突破。

图 2-4　子匿方鼎

（三）晋国遗存——晋侯墓地遗址

晋侯墓地遗址位于山西省临汾市曲沃县、翼城县的交界处，是西周早期晋国贵族的墓地，距今已有2800至3000年的历史，其墓葬时间几乎贯穿整个西周时期，因而被誉为"地下博物馆"。1996年，该遗址被国务院列为第四批全国重点文物保护单位。遗址出土了上万件文物，包括华丽精美的玉器、青铜礼器，以及陶器、石器、骨器等，其中，最为珍贵的青铜器——晋侯鸟尊，现为山西省博物院的"镇馆之宝"。

该遗址不仅墓葬等级齐全，而且已发掘的墓葬大多保存状况良好，这在全国同类遗址中极为罕见。一大批铸有晋侯名号的青铜器出土，展现了从晋国由"唐"改"晋"的第一代晋侯燮父起，直至护送周平王东迁洛邑的晋文侯，共九代晋侯的清晰世系脉络。这一发现澄清了晋国始封地的问题，填补了晋国早期编年史和实物证据间的空缺。

【延伸阅读】

晋侯鸟尊

晋侯鸟尊，青铜质地，高39厘米，长30.5厘米，宽17.5厘米，出土于第一代晋侯燮父墓中，属于西周时期。整个鸟尊以凤鸟回眸为主体造型，头微昂，高冠直立，见图2-5。禽体丰满，两翼纹饰上卷。在凤鸟的背上，一只小鸟静静相依，并且成为鸟尊器盖上的捉手。凤尾下设一象首，象鼻内卷上扬，与双腿形成稳定的三点支撑，全身布满纹饰。鸟与象这两种西周时期最流行的肖形装饰完美组合，造型写实、生动，构思奇特、巧妙，装饰精致、豪华，是中国青铜艺术中罕见的珍品。鸟尊的盖内和腹底铸有铭文"晋侯作向太室宝尊彝"，可证明为宗庙礼器。晋侯鸟尊盖内和腹底铸有铭文两行共九字，其铭曰："晋侯乍向大室宝尊彝"，大意为晋国君主做了一件祭祀天神的宝器。可知其为宗庙礼器，这件鸟尊的主人是唐叔虞之子晋侯燮所拥有的一件高规格祭祀礼器。

图 2-5　晋侯鸟尊

【课堂寄语】

晋国的百年伟业正是在一次次的破旧立新、奋勇争先中铸就的，这充分彰显了山西历史文化中不断变革、勇于进步的鲜明特质。很多时候，我们同样需要具备敢于打破常规、勇于开拓创新的勇气，以锐意进取的精神，凭借坚强的意志和坚定的决心，实现自己的梦想。

【课后任务】

春秋战国时期发生在山西的历史故事还有很多，请同学们查阅这段时间的历史资料，并把你喜欢的故事分享给身边的朋友。

王朝山西

单元三 朝代更迭中的山西

山西的历史文化丰富多彩，灿烂辉煌。山西对中华文明发展进程产生着巨大的影响，纵观历史，其最为引人注目的成就就主要体现在以下三个方面。

一、民族大融合

山西北接塞外草原，南邻中原腹地，不仅拥有极高的军事战略地位，而且是农耕社会与草原民族交汇的邻接地带。自古以来，这里就是中原华夏民族与北方各民族文化交流的天然通道，成为华夏各民族和文化交融的"大熔炉"。自秦初至清末，山西境内发生的四次民族大融合共同谱写了中华民族大融合的辉煌篇章。

（一）第一次民族大融合（春秋战国至秦汉时期）

战国时期，七雄纷争，赵武灵王推行"胡服骑射"方略，通过"着胡服""习骑射"，取胡人之长以补中原之短，使赵国走上了强军富国之路。这是历史上汉人向胡人学习的一次极具影响力的军事改革，也被视为民族融合的重要开端。

西汉时期，匈奴的势力向南延伸到今天的晋北、陕北一带。西汉初期的统治者实行了以和亲、通商为主的安抚政策，并鼓励匈奴人到山西北部定居，其中，最为著名的事件包括昭君出塞和张骞出使西域。这些事件不仅加强了汉王朝与西域各民族的联系，也大大推动了民族融合的进程。

（二）第二次民族大融合（魏晋南北朝时期）

西晋与东晋时期，民族融合的规模再次扩大。西晋末年，天下大乱，雁门一带被新兴的少数民族——鲜卑部所占领。公元386年，拓跋珪建立北魏政权，定都平城（今山西大同）。在此后的百余年间，鲜卑族与汉族人民之间的融合逐渐加深。北魏孝文帝时期，推行了全面的汉化改革措施，包括推行汉族礼仪、着汉服、讲汉语、改姓为汉姓、与汉族通婚、尊孔子等，这些举措成为中国历史上民族融合的典范。此后，众多内迁的少数民族登上历史舞台，他们纷纷在中原地区建立政权，进一步推动了民族大融合的进程。

（三）第三次民族大融合（宋、辽、金、元时期）

唐朝灭亡，五代十国时期，战患连绵，导致汉族人口频繁外迁，辽太祖耶律阿保机借机大量吸纳汉族军民。这一时期的华夏地区民族构成相当复杂，如辽代，境内就有契丹、渤海、铁离、吐浑、鞑靼、女真、回鹘等民族。

金、元时期，越来越多的契丹人改用汉姓。到元末明初，众多契丹人与汉人融合，小部分则被蒙古人同化，至此，契丹作为一个民族已经完全退出历史舞台。与此同时，民族杂居对于女真人的影响同样深远，他们改自己原有的姓氏为汉姓，还学习了汉族习俗和文化。

宋朝是各民族政权之间商贸往来的重要时期。汉族与少数民族区域经济之间的联系不断加强，民族融合进程持续推进，形成了互相依存、互为补充的整体格局，这有力地推动了中国历史上的第三次民族大融合。

（四）第四次民族大融合（明清时期）

自明朝朱元璋洪武三年起，历经连续18次、长达50年的人口大规模迁徙活动，山西70余县的数十万民众被强迫迁往山东、安徽、江苏、河北、陕西、甘肃等省份，以及嘉兴、杭州、湖州、上海松江等地。这场波澜壮阔的大移民运动，推动了中原经济的复兴。洪武初年，全国耕地面积不足20000平方千米，到洪武二十六年，已增至85000平方千米，全国赋税收入也达到了3200多万石，是元末1200万石的两倍有余。因当时政府在山西洪洞县广济寺的一棵千年古槐树下为移民发放"凭照川资"，这棵"树身数围"的古槐便成为了人们回望故乡的寄托，并由此凝结成一句世代流传的民谣："问我祖先来何处，山西洪洞大槐树。"至今，民间仍流传着一种识别后裔是否为山西移民的传说——脱袜验甲，即如果脚的小拇指的指甲呈两瓣状，就说明其祖辈来自洪洞大槐树。

二、军事主战场

山西坐拥山川之利，自古便是从中原腹地通往北部边疆的战略要道，亦是兵家必争之地。

（一）山西的地理特点

相较于中原核心地区，山西地势高峻，四周被山河环绕，形如"井"字布局，四塞险固，易守难攻，构成了天然的军事屏障。雁北地区是典型的农牧交界地带，是游牧民族南下侵扰的第一道防线。此地北倚长城，南望恒山，东西两侧皆为山区，山区之内关隘重重，如雁门关、宁武关、平型关、东陉关、偏头关、杀虎口、飞狐口等，历史上它们均为军事重地。中部地区地处山西腹地，晋阳周边更是关隘遍布，如北部的石岭关，西部的陵井关与天门关，东部的娘子关（及其附近的旧关和固关），如此关隘进可攻，退可守，在唐宋时期被誉为"中原北门"。上党地区紧邻洛阳、开封等古都；西面则是中原核心区域临汾盆地、运城盆地，乃至西安的屏障，是天然的中原据点。晋南地区扼守关中与中原的咽喉，而吕梁地区作为宜牧之地，是少数民族迁徙的重要通道，同时也是中原的屏障。

（二）古代战争史实

战国时期诸多大战，长平之战（发生在今山西晋城市高平市境内）是秦、赵两国争夺战争主动权的关键战役，也是中国历史从战乱纷争走向大一统的重要转折点，极大地加速了统一的进程。

西汉时期，汉武帝即位后，为了抗击匈奴的侵扰，在山西的西北部上演了卫青七次北伐匈奴、霍去病六次深入漠北的悲壮史诗。山西是重要的后援基地和补给通道。

隋唐五代时期，山西再次成为历史的焦点。隋朝与唐朝时期，突厥势力雄踞于国家北部，山西北部地区因此成为防卫重地。由长安、洛阳、太原构成的三角地带，构成了国家的核心区域。唐代后期，战争频繁爆发，群雄并起，在黄河流域形成了数股割据势力，这些势力逐渐演变成了五代十国的混乱格局。在割据与混战的背景下，山西成为了各方势力争夺天下的重要地域之一。五代十国时期，后唐的李克用、后晋的石敬瑭、后汉的刘知远、北汉的刘崇这四位君主都在晋阳（今山西太原）开创基业，因此，太原被誉为"龙城"。

北宋时期，山西地区作为边防重镇，朝廷选派贤良之臣，驻扎精兵强将，并时常派遣重要官员到边关巡行。例如，在宋太宗时期，名将杨业被派驻到代州雁门关一带镇守，他屡败辽军，修筑城堡，威名远番于边关。

明朝建立后，沿着现今山西与内蒙古的分界线（部分）修建了长城，至今仍留存着众多遗迹。在明朝的"九大边防重镇"中，大同镇和山西镇（也称三关镇）均位于山西境内，两镇驻军人数众多，对拱卫北京的安全具有极其重要的意义。

（三）珍贵遗迹

纸上谈兵

战场遗址：山西因其重要的战略地位，历来是兵家必争之地，留下了众多古代战役的遗址。从冷兵器时代规模最大的战役——长平之战的遗址，到宋代杨家将忠义传奇的金沙滩古战场；从"一夫当关，万夫莫开"的雁门关、宁武关、偏头关等险要关隘，到现存规模最大的戍边将士墓葬群——朔州汉墓群，这些遗址和古迹无不呈现出山西鲜明的军事文化特征，其中雁北地区及长城沿线尤为显著。

古长城：山西是现存古长城时间跨度最大、遗迹保存最为丰富的地区之一。自战国以来，历代修建的长城在山西境内绵延超过3400千米，其中东魏、北齐、隋、宋四个朝代的长城遗迹为山西所独有。

相关民俗：定襄大马村的社火表演中包含了类似练兵的节目；而定襄摔跤则是当地的另一项特色民俗活动。此外，值得一提的是有着悠久历史的"挠羊赛"。这项比赛中，获胜者会得到一只肥羊作为奖品，这一传统充分彰显了当地浓厚的游牧民族尚武好胜的民风。

三、晋商通天下——明清时期

明朝的"开中实边"政策促进了晋商的崛起。可以说，晋商将山西人和外省人士的智慧与勇气展现得淋漓尽致。至明代末年，晋商已经形成了"无西不成商"的影响力。到了清代，"有麻雀的地方，就有晋商"的说法广为流传。

（一）开宗法为晋商崛起创造了条件

明朝洪武年间，为了防御瓦剌和鞑靼对中原的侵扰，明朝设立了"九边"重镇作为防线。由于九边地区后勤补给困难重重，洪武帝采纳了山西行省参政杨宪的建议，实施了"开中法"。依据此法，商人向大同、居庸关等几大边关要塞输送粮食，由此换取贩盐的盐引，凭盐引领盐再销到指定的地区。这一政策为晋商的崛起提供了重要的保障，也开启了他们"足迹遍天下""盈利跨欧亚"的商业旅程。到了明朝中后期，蒙汉双方实行"封贡互市"，为晋商的兴盛带来了第二次发展机遇。晋商紧紧抓住这些难得的历史机遇，诚信经营、开拓创新，迅速将经营范围扩展到全国各地。

（二）国际贸易为晋商的兴盛奠定了基础

中俄《恰克图条约》签订后，晋商凭借恰克图在中俄贸易中的枢纽地位，不仅在北部、西部边陲地区表现活跃，而且在南部、东部的各大城市也发展得风生水起。晋商走出国门，成功进入中亚、俄国、朝鲜和日本等国际市场，成为当时国内最大的商帮之一。

（三）"创票号"为晋商巅峰开辟了路径

晋商发展至巅峰的标志是票号的创办。票号，这一新型金融机构，由道光年间的平遥商人雷履泰所创立。他开办的"日升昌"票号，率先采用金融票据替代了沿用了数千年的金银支付方式，并随后在全国甚至海外广泛设立分支机构。这种"一纸符信遥传，万两白银立集"的便捷交易方式，使晋商在短时期内就赢得了"汇通天下""九州利赖"的美誉，开创了中国近代银行业的先河，为国家的经济发展做出了显著贡献。

【课堂寄语】

可以说，山西的历史文化与其长期处于汉民族与北方游牧民族交往、碰撞、和解、合作及冲突中，最终汇聚、融合的历史进程密切相关。特殊的地理位置与历史背景造就了山西人自信开放、博大包容、诚实守信、坚毅勇敢的文化品格，这些优良的品格值得我们传承和弘扬。

【课后任务】

请说出在封建社会时期，山西在各个朝代所处的历史地位及其对文明进程所发挥的作用，并请举例说明。

单元四　近现代山西

从封建王朝终结到中华人民共和国成立的这一时期，山西在血与火的洗礼中书写了近代的辉煌历史。作为重要的革命老区，山西存留了3400余处红色革命胜迹和旧址。它们不仅具有独特且鲜明的历史价值，而且是极为珍贵的文化资源和生动鲜活的教育素材。

一、革命历程

山西是中国共产党在北方地区较早建立地方党组织的省份之一。1922年，中国共产党山西地方组织正式宣告成立，高君宇、贺昌和彭真等人成为我党早期的党员。1936年，中央红军东渡黄河的军事行动在山西播下了革命的火种。1937年，八路军总部在山西设立，同时，中共中央北方局设在山西临汾。

红色山西

在抗日战争时期，山西凭借其独特的地理位置，迅速成为抗日战争的重要战场，百团大战、平型关大捷等重大战役均在此地发生。山西人民坚持英勇斗争，在三晋大地上谱写了无数可歌可泣的英雄篇章，为中国人民的抗日战争乃至世界反法西斯战争的胜利作出了巨大的贡献。

（一）重要战役

在山西这片土地上，曾发生过很多可以载入史册的著名战役，如抗日战争时期发生的平型关大捷和百团大战，以及解放战争时期的上党战役和太原战役。

1. 平型关大捷

1937年7月7日卢沟桥事变发生后，国共两党倡导建立抗日民族统一战线，全国军民共赴国难，携手抵御外敌。同年9月25日，为了有效阻挡日军攻势，八路军在平型关精心策划并实施了一场伏击战。此次战役充分发挥了近战和山地战的特长，首次集中较大兵力对日军进行了成功的伏击。在平型关大捷中，八路军成功击退了日军的进攻，歼灭了大量日军，并缴获了大批军用物资。平型关大捷不仅有力配合了第二战区正面战场的防御作战，迟滞了日军的战略进攻步伐，而且打乱了敌人沿平绥铁路右翼迂回包围华北的计划，是八路军自组建以来的首次重大胜利。

2. 百团大战

1939年冬以来，日军推行了"以铁路为柱，公路为链，碉堡为锁"的"囚笼政策"，试图利用正太铁路隔绝太行抗日根据地与晋察冀边区的联系，并以此为依托进攻抗日根据地。[1]为了打破日军的"囚笼政策"，八路军总部决定实施一次大规模攻势作战行动。1940

---

1. 军事科学院军事历史研究部.中国抗日战争全史[M].解放军出版社，1990.

年8月20日，各路突击部队突袭了正太铁路东段沿线的多个站点。次日中午，正太铁路破袭战首战告捷。战后整理战况时发现，共有105个团参加了这次战役，因此该战役被称为"百团大战"。百团大战沉重打击了日军的"囚笼政策"和"以战养战"的阴谋，彰显出八路军强大的战斗力和坚定的抗日决心。

3. 上党战役

1945年8月，在日军宣布投降之际，国民党军第二战区向晋冀鲁豫军区长治地区发起进攻。在人民群众支援下，晋冀鲁豫军区集中了太行、太岳、冀南的主力纵队及地方部队，发起了上党战役。同年10月12日，上党战役结束，给进犯解放区的国民党军以沉重打击，巩固了晋冀鲁豫解放区的后方。上党战役是抗日战争胜利后，共产党领导的人民武装反击国民党军进攻的第一次大规模歼灭战，它保卫了抗战的胜利果实，有力地声援了重庆谈判，具有深远的意义。[1]

4. 太原战役

太原战役，是解放山西全省也是解放华北的最后一战，也是一场艰苦卓绝的城市攻坚战。从1948年10月5日至1949年4月24日，太原战役历时6个多月。它的胜利，摧毁了国民党反动派在华北的最后堡垒，结束了国民党在山西的统治，华北全境随之解放。这场战役作为经典性的攻坚战例被载入中国的军事史册。

（二）革命英雄

山西被誉为"八路军的故乡，子弟兵的摇篮"。毛泽东等老一辈无产阶级革命家都曾长期在山西这片热血土地上工作和战斗过。山西军民也为抗日战争付出了巨大牺牲，涌现出了一大批永垂青史的革命烈士，谱写了可歌可泣的壮丽诗篇。据粗略统计，抗战期间，山西省参加八路军和新四军的青壮年有70多万人，伤亡群众与抗日将士伤亡之和达300万人。[2]

这些庞大的数字背后，重现的是一段段波澜壮阔的生动历史和一个个鲜活又真实的高尚灵魂，它们凝结着革命烈士们对理想的坚定信仰、对党的无限忠诚、对事业的不懈追求，彰显出视死如归的革命精神和大义凛然的革命意志。这不仅是党在山西各个历史时期为人民谋幸福、为中华民族谋复兴的初心使命的光辉写照，也是每一处烈士陵园、每一座烈士纪念碑所承载的弥足珍贵的精神财富。它们如同永不熄灭的精神火炬，赋予我们强大的精神力量。

（三）军民一家

在抗日战争期间，山西各根据地的青壮年组成民兵和自卫队，为后方提供坚实的保障。

---

1. 中国中共党史学会.中国共产党历史系列辞典[M].中共党史出版社，2019.
2. 中共山西省委宣传部.山西在抗日战争中的重大贡献[N].人民日报，2015-09-01(15).

老人碾米磨面，妇女赶制军鞋，儿童则在站岗放哨的同时，还参与农业生产。太行山的工人、农民、知识分子和广大青年学生争先恐后地参加抗日武装，众多城镇和乡村都出现了"母亲叫儿打东洋，妻子送郎上战场"的动人事迹。"村村像军营，人人都是兵，抗日根据地，一片练武声"，抗日的烽火在太行山熊熊燃烧。

中国共产党与山西人民之间的鱼水情深和共同奋斗，以及革命军队与三晋儿女不畏强敌、不怕牺牲，共同催生了高昂向上的爱国主义精神和不屈不挠的革命英雄主义精神，铸就了光耀千秋的"太行精神"和"吕梁精神"。这两种精神内涵丰富，包括不怕牺牲、不畏艰险、百折不挠、艰苦奋斗，万众一心、敢于胜利，以及英勇奋斗、无私奉献的精神。历史证明，"太行精神"和"吕梁精神"不仅是山西人民的宝贵精神财富，更是党和军队以及整个国家和民族的宝贵精神财富。

二、社会主义革命和建设时期

1949年4月，山西全省解放。同年9月，山西省人民政府正式成立，从此揭开了山西社会主义革命和建设的新篇章。从1949年冬天开始，全省人民先后开展了土地改革，以及民主政权建设、司法制度改革、文化教育制度改革等一系列改革运动。这些改革初步奠定了人民民主制度的基础，极大地提高了全省人民的爱国热情和生产积极性。在社会主义建设初期，山西不仅是全国最早试办初级农业生产合作社的省份，还是全国重要的工业基地。

在不同的历史时期，山西涌现出一大批英雄模范人物和先进集体，他们不仅树立了如平定县的赵贵、灵丘县的王海、盂县的赵忠、平顺县的李顺达、武乡县的李马宝、长治县的李有成、古县的赵金林、沁水县的殷望月等榜样人物，还催生了如"大寨精神""右玉精神""太钢精神"等宝贵的精神财富。其中，陈永贵是这些劳动模范中最突出的一位，与他一同闪耀的是代表着"勤劳勇敢、自强不息"精神的"大寨精神"。

三、改革开放时期

1978年，党的十一届三中全会召开，标志着我国改革开放和社会主义现代化建设的新征程正式开启。中共山西省委、省政府积极响应并认

三晋新气象

真贯彻党的十一届三中全会精神，全省工作重点转移到经济建设上来，山西的改革开放事业由此起步。改革首先从农村突破，实行了以"大包干"为主要形式的家庭联产承包责任制，并同步推进了城市经济体制改革试点。在国家的有力支持下，山西省依托煤炭等丰富的资源优势，在既有重工业建设成就的基础上，大规模展开能源重化工基地建设。经过不懈的努力，山西逐步奠定了全国重要的能源重化工基地的地位，为支援国家建设作出了重大贡献，也带动了全省经济社会的快速发展。

山西人以艰苦奋斗、锲而不舍、作风过硬、勇于创新的精神，赢得了社会各界的广泛赞誉。太钢职工李双良不要国家一分钱投资，带领渣场职工发扬愚公移山的精神，成功移除了半个多世纪以来总量达1000万立方米的渣山。在此过程中，他们累计回收废钢铁130

余万吨，并自创设备，生产各种废渣延伸产品，创造了3亿余元的经济价值。李双良不仅从根本上解决了太钢的倒渣难题，更走出了一条"以渣养渣、以渣治渣、自我积累、自我发展、综合治理、变废为宝"的废渣治理新路子，为治理污染、改善环境，推动循环经济和科学发展作出了杰出贡献，因此被誉为"当代愚公"。

四、新时代时期

党的十八大以来，中国特色社会主义进入新时代，山西也随之开启了新的经济转型发展历程。围绕"建设国家资源型经济转型示范区、打造全国能源革命排头兵、构建内陆地区对外开放新高地"这三大目标，山西踏上了振兴崛起的新征程。

（一）科技创新促转型

山西曾长期依赖煤炭经济，一度面临产业结构失衡、生态破坏严重、经济断崖式下滑的严峻挑战。在新时代，党中央赋予了山西建设国家资源型经济转型综合配套改革试验区的重大使命。2012年，山西转型综改试验区建设全面铺开，率先迈出了传统企业转型的步伐。2014年，山西启动了低碳创新行动，推动煤炭产业向绿色发展方向转型。在这一过程中，一大批资源枯竭、扭亏无望、产能落后的矿井逐渐退出了历史舞台。

近年来，山西坚持以改革创新推动生产制造业转型、升级、高速发展，呈现出强劲的态势，并取得了积极的成效。全省在思想观念、产业结构、发展动能以及生产生活方式等方面均发生了积极的变化。煤炭产业在工业中的比重明显下降，而新兴产业的比重则快速上升，一煤独大的产业格局正在逐步改变。非煤工业增加值的增速持续高于煤炭工业，同时，大数据、半导体、碳基新材料等一批战略性新兴产业也呈现出快速发展的势头。

【延伸阅读】

钢铁也可绕指柔

太原钢铁（集团）有限公司（简称太钢），从"九五"末期掉出"中国十大钢"排行榜，到"十五时期"末成为中国最大不锈钢生产企业和特殊钢材生产基地，再到今天全球产能最大、工艺技术装备最先进的不锈钢企业。正是太钢人坚持"自主创新、敢为人先、追求和谐、干事创业"的"太钢精神"，才取得了这些成就，这也成为新时代山西经济转型的一大亮点。2020年5月12日上午，在太钢不锈钢精密带钢有限公司考察调研时，习近平总书记走进生产车间，察看企业转型升级产品展示，了解企业运行情况。总书记拿起一片"手撕钢"仔细察看，用手指轻轻扭折了一下，不禁称赞："工艺确实好，就像锡纸一样薄，百炼钢做成了绕指柔。"

山西新时期的转型实践，与三晋大地积淀千年的历史文化基因形成深刻呼应。自晋商纵横商海的开拓精神，到近现代工业革新的探索实践，改革创新、敢为人先的文化品格早已融入山西发展血脉。这种革故鼎新的地域文化传统,不仅塑造了山西人的精神内核,更为当代产业转型、文旅融合等战略推进提供了持续的精神动能与文化支撑。山西的发展变迁历程,不仅是一部地域文明传承创新的演进史,更从独特视角折射出中华民族从独立自强、经济崛起迈向伟大复兴的壮阔图景。

(二)抢抓机遇促开放

山西全面融入国家发展大局,紧抓国家新型城镇化战略和促进中部地区崛起的战略机遇,着力打造山西产业转型综改示范区和太忻经济区"双引擎",推动晋北、晋南、晋东南建设高质量城镇圈,加快创新要素聚集,提升区域竞争力。同时,山西主动向外扩展,不断提升开放政府服务平台,完善开放制度体系,统筹利用国际国内"两个市场""两种资源"。山西坚持"引进来"和"走出去"两手抓,全面提升对外开放水平,加快打造内陆地区对外开放的新高地。在积极参与"一带一路"建设项目落地的同时,山西积极投入京津冀协同发展相关项目建设,主动参与长三角、粤港澳大湾区合作,并拓展与晋陕豫、蒙晋冀等省际交界地区的合作,成为区域协作中的一支活跃力量。

(三)环境治理保生态

近年来,山西省积极践行"绿水青山就是金山银山"的发展理念,以推动人与自然和谐共生的现代化建设和打造美丽山西为目标,明确了生态优先、绿色发展的战略定位,构建了"全生态"治理体系,按下了生态文明建设的"加速键"。在此基础上,山西加快科学绿化的步伐,增强蓄水保土能力,构建绿色生态屏障,持续推进"七河"(汾河、桑干河、滹沱河、漳河、沁河、涑水河、大清河)及其他重要支流治理项目。

在生态治理的过程中,"右玉精神"堪称典范。右玉县位于晋西北黄土高原之上,生态环境曾经十分恶劣。七十多年前,这里"十山九秃头",林木绿化率极低,不足0.3%,"一年一场风,从春刮到冬","白天点油灯,黑夜土堵门",甚至有外国专家断言此地"不适宜人类居住"。然而,七十多年来,一任接一任的右玉县带头人率领广大干部群众坚持不懈地植树造林,使得全县森林覆盖率大幅提升至52%以上,将昔日的"不毛之地"变为今日的"塞上绿洲"。这一壮举不仅有力地促进了全县经济的发展,更铸就了以"执政为民、尊重科学、百折不挠、艰苦奋斗"为核心的"右玉精神"。

【课堂寄语】

放眼三晋大地,到处充满希望和活力。作为三晋儿女,生逢其时,施展才干的舞台无比广阔,实现梦想的前景无比光明。我们要认真学习科学文化与专业知识,提高自身的技术技能和创新创业能力,努力成长为社会主义建设的高素质的技术技能人才、技艺精湛的能工巧匠乃至卓越的大国工匠。在全方位推动山西高质量发展、推进中国式现代化山西实践中贡献自己的青春和力量!

【课后任务】

请同学们聚焦最新一年的山西省人民政府工作报告,尽自己所能了解山西经济社会发展的最新情况。

【专题小结】

山西的历史文化脉络清晰,框架完整;山西的文明进程从未间断,影响深远。从地理位置上看,山西表里山河,人类的早期文明在这里生根发芽,自古以来便处于重要的战略地位。从历史的维度来看,山西从旧石器时代至今,承载了5000年的华夏文明,在每一个历史阶段都起到不可替代的作用,闪耀着独特的光芒。

【复习思考】

1. 请说明山西自古以来的几个重要历史阶段和该阶段发生的重要事件。
2. 请试着阐述山西在中国历史中的重要作用。

【拓展实训】

请同学们走进山西博物院,选取一件具有代表性的文物展品,创作1篇500字的讲解词,并讲给大家听。

专题三　山西黄河文化与旅游

　　中华民族的母亲河——黄河，在山西境内由北向南奔流而下，一泻千里，它不仅展现了黄河典型的自然景观风貌，还孕育了深厚的黄河人文精神内涵，塑造了独具魅力的黄河民风民俗。行走在黄河岸边，气势恢宏的壶口瀑布、沧桑古老的渡口、曾经辉煌一时的黄河古镇，都在讲述着黄河文化的悠久历史；大禹治水的传说、黄河铁牛的雄姿、黄河奇湾的壮丽，引领着我们穿越历史的长河，感受岁月的沧桑。而万家寨水利枢纽、大禹渡电灌站、小浪底水库等现代水利工程，则展现了人类智慧与自然力量的结合，启迪着我们对未来的思考。奔流不息的黄河，正展开双臂，期待着人们前来细细品味其深厚的文化底蕴。

【学习目标】

黄河之魂在山西

　　素质目标：1. 树立山西黄河文化自信；
　　　　　　　2. 践行团结、务实、开拓、拼搏、奉献的核心价值观；
　　　　　　　3. 坚定山西黄河文化传播和传承的使命意识。

　　知识目标：1. 了解黄河文化发展的历史背景；
　　　　　　　2. 掌握黄河文化的含义及内容；
　　　　　　　3. 熟悉具有代表性的黄河文化景点、民俗遗存等的基本情况及其特点；
　　　　　　　4. 熟悉黄河文化旅游资源开发的现状，以及黄河文化旅游活动的发展动态。

　　能力目标：1. 具有欣赏并讲解山西黄河文化遗存的能力；
　　　　　　　2. 具有传播黄河文化精神的能力；
　　　　　　　3. 能够了解山西黄河文化旅游发展的现状，并预测其发展的趋势。

【案例导读】

1. 案例介绍

"盬"字的由来

　　中华文明是世界上最古老的文明之一，并且是世界上持续时间最长的文明，而晋南地区的文明是中华文明总根系中的"直根"。作为中原产盐之地的河东盐池，对河东周边地区的文明发展起到了特别重要的作用。上古时期的"涿鹿之战"就是一场争夺河东（黄河东侧地区）盐池控制权的战争。历史上，河东盐池是历代王朝的"钱袋子"。一直到清代，西安、洛阳的人们还在食用河东盐。著名考古学家苏秉琦先生曾形象地说："小小的晋南一块地方，曾保留远自7000年前到距今几千年前的文化传统，可见这个'直根'在中华民族总根系中的重要地位。"地处黄河母亲怀抱的河东盐池，是中原地区唯一的盐池。因为河东盐池古老而神奇——无海盐蒸发日晒之劳、无井盐凿挖之艰，聚天地之精华、得河山之灵秀，潴而为天然之池，古人要专门为它造字——鹽。唐人孔颖达说："鹽虽盐，惟此池之盐独名鹽，余盐不名鹽也。""鹽"这个字是专为河东盐池所造。

2. 案例解读

黄河全长5464千米，流经中国的9个省份（自治区），其中，黄河在山西省内的流程长达965千米，约占黄河全长的18%。黄河在山西的西部和南部构成了山西省与陕西省、河南省之间的天然界河，无论是从自然景观还是从人文历史的角度，黄河之于山西都有说不完的话题。

3. 案例思考

黄河发源于青藏高原巴颜喀拉山北麓的约古宗列盆地，辗转流经青海、四川、甘肃、宁夏、内蒙古、陕西、山西、河南及山东9个省份（自治区），最后流入渤海。那么，为什么人们常说黄河之魂在山西？

【知识研修】

单元一　山西黄河文化概述

绵亘数千里的黄河从高原流向大海，从远古流到今天，孕育了世界上最为悠久和优秀的文明之一——黄河文明。黄河是中国的母亲河，黄河文化的底蕴更是华夏文明的精髓所在，这一方名叫"山西"的地方就是中华民族最初的故乡之一。

一、山西黄河文化的起源

（一）远古时期

山西是华夏文明的重要发祥地之一。黄河在这片包括山西在内的中原大地上流淌，孕育了历史悠久的华夏文明。在山西的黄河沿岸，从243万年前的西侯度遗址，到4000多年前的陶寺遗址，各个历史时期的文明遗址星罗棋布。芮城县的西侯度遗址，位于黄河东岸的古老阶地上，是我国早期猿人阶段文化遗存的典型代表之一。在遗址中，考古学家们发现了迄今为止人类最早用火的遗迹。同样位于芮城县的匼河遗址，距今约60万年，是华北地区旧石器时代早期的标志性遗址。在襄汾县的丁村文化遗址中，考古学家发现了旧石器时代早、中、晚期石器地点及遗址共计100余处，这些遗址对于构建中国旧石器文化的发展序列起到了关键作用。吉县的柿子滩遗址，距离黄河河道仅有2000米，是旧石器时代晚期黄河中游地区独特的区域文化代表。襄汾县的陶寺遗址距今约4300年，这里不仅出土了大量的陶器、石器、玉器等珍贵文物，还发现了世界上最早的观象台遗址。陶寺遗址的考古发现有力地证明了在4000多年前，文明的几大构成要素——文字、青铜器、都城等均已在黄河中游的晋南地区出现。夏县的东下冯遗址，是夏、商时期的文化遗址，进一步证明了在黄河的哺育下，华夏文明在黄河三角洲地区传承有序、持续发展的历史事实。

3000多年前，周成王的弟弟叔虞被分封到河汾之东的古唐地，由此开启了晋国由小到大、由弱变强的辉煌历程。在春秋、战国长达500多年的时间里，晋国及其后继者魏、赵、韩三国，作为华夏文明在中原地区的代表，将三晋文明从山西推向了更远、更广阔的地方。

（二）封建时期

第一阶段是从魏晋南北朝至隋唐时期，这是黄河文化蓬勃发展的一个关键阶段。在此期间，黄河文化凭借其先进的经济文化基础，不断吸收并融合来自北方游牧民族的文化，同时对长江流域、淮河流域和珠江流域持续进行文化输出，促使其影响力不断扩大。最终，这一时期形成了以黄河文化为核心、经济文化高度发达、地域范围空前辽阔、多民族融合共存的强盛唐王朝。

第二阶段是宋元明清时期，这是黄河文化与其他地区的文化深度融合的时期。自唐中期以后，黄河流域在经济上逐渐失去了领先地位，但在政治上依然是国家的统治中心，并在文化领域依然保持着传统优势。因此，在民族文化的融合过程中，黄河文化依然发挥着主导作用。然而，曾经作为具有鲜明特征的中原文化形态，黄河文化在这一阶段逐渐弱化了其地域性，而成为了华夏文化的基本组成部分。

（三）近代时期

1936年2月20日，中央红军东渡黄河，由陕西进入山西。同年5月5日，他们与陕北红军胜利会师，历时共计75天，其间，红军转战黄河流域的吕梁、临汾、运城等地。此次东征，共有8000多名山西工农子弟参加红军，这一数字占据了红军当初进入山西时总人数的一半以上。中央红军东渡黄河为后来全面抗战爆发后，八路军开赴山西并创建抗日根据地奠定了重要基础。"风在吼，马在叫，黄河在咆哮，黄河在咆哮"，一曲《保卫黄河》激励着无数中华儿女同仇敌忾、共御外敌，展现了他们不畏强暴、血战到底的英雄气概，以及百折不挠、坚忍不拔的必胜信念。

二、黄河文化的主要内容

一方水土养一方人，也孕育了一方独特的文化。环绕山西西部和南部的黄河及其支流汾河、沁河流域地区，共同滋养了多姿多彩、区域特色鲜明的晋地黄河文化。在山西，保存着518座从唐代至元代的木结构建筑，这些建筑占全国同时期、同类别建筑总量的82%。此外，山西古建中遗存的古代壁画和彩塑，无论在数量上还是艺术价值上，都位居全国之首。

（一）农耕文化

农耕文化是人类在农耕生产实践中创造的物质财富和精神财富的总和。它的出现与人类"择水而居"的生活习性有着密切的关系。山西地处黄河中下游地区，这里四季分明，气候温和，黄土土质疏松，易于耕种，是古代最适宜人类居住的地区之一。在黄河水的滋养下，早在180多万年前，这里就已经有人类繁衍生息，丁村遗址、陶寺遗址等就是这一时期农耕文化的有力见证。黄河沿岸及其文化影响区内，至今仍然保留了大量带有黄河农耕文化印记的遗址，如万荣县的后土祠等。在民居建筑方面，晋西北的黄河沿岸是典型的黄土高原土穴窑居，这些窑居依崖而建，随形而变，层窑叠院，参差错落，别具一格；而晋西南则以富含晋商文化特色的四合院院落为代表。尽管各地在保留的岁时节日、农事礼仪、神话谣谚等农耕文化礼仪和习俗方面有所不同，但都呈现出一脉相承的特点。几乎在黄河沿岸的每个村落，都能见到观灯会、看社火、赶庙会等习俗活动。

（二）军事文化

"表里山河"一词在《左传》中被用来形容古代山西这一区域的地理特征，意为外有山内有河。得益于黄河的天然屏障作用，晋陕大峡谷成为防卫要塞。这里曾有过战马嘶鸣、刀光剑影，更有过中央红军东渡黄河的英雄壮举和光辉历史。长城是军事文化的重要符号，长城与黄河如同两条巨龙在一个叫老牛湾的地方首次交汇，伫立在老牛湾悬崖之上的望河楼已有四百多年的历史。此外，碛口、壶口、风陵渡等地在历史上均为连接河东、河南、关中的咽喉要道，一直是兵家必争之地。这些地区曾设有"总管府""慈马戍""司侯司""巡检司"等一系列军政机构。时至今日，一些地名仍然保持着军事色彩，如偏关县的老营堡等，它们都是黄河军事文化的符号。

（三）商业文化

山西被称为晋商故里，以开拓进取、不畏艰难、诚实守信为核心价值观的晋商文化，影响着一代又一代的山西人。与晋中地区以金融、票号为主要特色的晋商文化略有不同，黄河沿岸所形成的晋商文化则融入了更多的"水元素"。黄河的河套地区因其特殊的地理位置和自然条件，长期以来成为了中国游牧区和农耕区相互交融、碰撞的地区。加之历史上频繁的自然灾害和战争动荡，这里不仅成为了中国古代文化冲突最激烈的地方之一，还兼具了中原地区商人对外商贸交流通道的功能，有力促进了商业文化的蓬勃发展。诸如碛口、壶口、蒲津渡等地，在历史上都曾是北方的商贸重镇，来自西北各省的大批物资源源不断地通过河运汇聚于此，再在这些渡口转为陆运，继而送往太原、北京、天津等地。时至今日，黄河沿岸的一些河口三角洲地区仍然保留着大量古代渡口的遗迹，展现出河运商贸集镇的典型特征，这在北方地区较为罕见。

【课堂寄语】

黄河地区是中华文明的孕育地和发祥地，是黄河文化产生与发展的沃土。它不仅是中华民族精神的"魂"之所在，而且是中华文化的重要基石。我们要深入挖掘黄河文化蕴含的时代价值，讲好"黄河故事"，延续历史文脉，坚定文化自信，为实现中华民族伟大复兴的中国梦凝聚精神力量。

【课后任务】

查找相关资料，了解你最喜欢的黄河历史故事，整理相关资料形成一篇500字的导游词，并制作讲解视频，发布在微信、抖音等平台。

单元二 山西黄河文化遗存

一、黄河自然风光

（一）偏关老牛湾

位于山西省西部的偏关县老牛湾，是长城与黄河首次交汇的地方。黄河在此舞出近乎360度的华丽回旋，成为中国最美的十大峡谷之一，见图3-1。河谷两岸壁立千仞，河道之中碧波万顷，河岸之上长城耸立，烽火台之间遥相呼应。老牛湾古堡，始建于明成化三年（公元1467年），坐落在黄河悬崖峭壁上，是屯兵防御的城堡，其中的望河楼至今保存完好，是老牛湾的标志性建筑。老牛湾古村落依山而建，几乎全部采用石头和石片堆垒而成，石碾、石磨、石仓、石柜等错落有致，整个村庄宛如一座经典的石头建筑博物馆。老牛湾的村民依旧保持着传统的生活方式，简朴而悠闲，岁月的痕迹无意间被保留下来。

图3-1 老牛湾风光

（二）娘娘滩

"九曲黄河十八弯，传奇莫过娘娘滩；历经沧桑数千年，依然盘踞河中间；将军后人守岛上，牢记圣命代代传；拜得薄后圣母殿，保佑百姓美名传。"这首诗描绘的便是位于山西省河曲县城东北十五里处黄河河道之上的娘娘滩。该岛因建有娘娘庙而得名"娘娘滩"。娘娘滩北隔黄河与内蒙古的马棚村遥遥相对；南隔河水与河湾村、娘娘口村彼此呼应；东望龙口峡峪中的太子滩石岛，它傲然矗立于浪涛之中；西望可观茫茫黄河，天水相接，无边无际。娘娘滩地势平坦，两侧河面开阔，水流平缓。该滩东西长约800米，南北宽约500米，总面积仅0.16平方千米。在这方寸之地，居住着三十多户人家，他们的房舍掩映在桃树、杏树、海红树、海棠树等树木映衬之下，田园风光优美如画，恰似人间仙境，见图3-2。

图 3-2　娘娘滩风光

【延伸阅读】

娘娘滩传说

相传，公元前192年，几位大将率领着一队精壮的武士，秘密护送一位身怀六甲的妃子离开皇宫。他们历经艰辛，辗转多地，最终来到了匈奴的地界。突然，一条大河横亘在他们眼前，在惊慌与绝望之中，他们意外地发现了河中的一个小岛。别无选择，他们只能在此隐秘栖身。孩子降生后，聪明谨慎的妃子将孩子转移到了另一个岛上，并安排人轮流去给孩子喂奶，以防不测。12年后，从这个岛上走出了一位少年，他返回皇宫，并最终继承皇位，他就是后来开创"文景之治"盛世的汉文帝刘恒。当年保护他们的大将中有弟兄三人，据传便是中国历史上赫赫有名的李广、李文和李功。刘恒登基三年后，将母后接回皇宫，并将这两座岛屿以及黄河以西的千余里滩地赐予了李氏兄弟，并严令任何人不得侵占。这个"恩赐"据说一直延续了千余年，娘娘滩和太子滩也因此而得名。

（三）古镇碛口

碛，意指水中的沙石或江河中的沙洲。当水流遇到沙石时，水道因此变窄，导致水流变急，横冲直撞。黄河上的船只到达这里便无法继续通行，货物只能在此转运。这一独特的地理特征促进了碛口的繁荣。碛口西连陕西、甘肃、宁夏、内蒙古，东接太原，并进一步辐射至北京、天津，成为经济文化交流的重要枢纽。被誉为"九曲黄河第一镇"或"水旱码头小都会"的碛口，其城市规划在二百多年前就已展现出非凡的合理性。凭借水陆转运的便利条件，碛口形成了功能明确的街区布局：西市街以码头、货栈、仓储为主，东市街则侧重于骆驼、骡马等陆运服务，中市街则主要服务于水陆运输的银行、饭店等。作为中国历史文化名镇，碛口在2006年被列入世界百大濒危文化遗址名录，更有人将其誉为"人生必去的十座小镇之一"和"全国最具年味的八个地方之一"，见图3-3。

图 3-3　碛口古镇风光

（四）壶口瀑布

黄河最壮观的瀑布——山西壶口瀑布，坐落于山西省临汾市吉县境内。黄河在此由宽达300米的河面骤然收窄至仅50米，飞流直下，骇浪滔天，仿佛千军万马在奔腾怒吼，声震数十里之外。其排山倒海的雄壮气势，使得壶口瀑布赢得了"不观壶口大瀑布，难识黄河真面目"的盛赞。壶口瀑布的景色四季各异：严冬时节，河水静歇，河岸边与河床结满厚冰和冰柱，一片冰封世界；春日来临，凌汛咆哮，震耳欲聋；盛夏之际，大水盈岸，颇为壮观；而到了秋季，则水流浩荡，奔涌激荡，水花飞溅，水雾升腾，在阳光的映射下，彩虹绚美。壶口瀑布的最佳观赏期通常有两个时段：一是春季的4月至5月，此时漫山遍野的山桃花竞相绽放，冻结的冰水消融，形成"三月桃花汛"的奇景；二是秋季的9月至11月，雨季刚过，周边众多山泉小溪汇聚成大量清流，秋风阵阵吹过，彩虹时现，此景被誉为"壶口秋风"。在这两个时期，水量充

壶口瀑布

沛且稳定，景象蔚为壮观，见图3-4。

图 3-4 壶口瀑布风光

二、黄河人文景观

（一）万家寨水利枢纽

万家寨水利枢纽位于黄河北干流的托克托至龙口峡谷河段，是黄河中游规划开发的八个梯级枢纽中的首个工程，同时也是山西省"引黄入晋工程"的龙头工程。该水利枢纽以供水、发电为主，兼具防洪、防凌、观光等多重功能，见图3-5。水利枢纽控制的流域面积达39.5万平方千米，水库总库容为8.96亿立方米，调节库容为4.45亿立方米。它有效地将黄河、汾河与桑干河连接起来，为太原、朔州、大同地区提供了稳定可靠的水资源保障。万家寨水利枢纽自建成以来，建设了8万多平方米的绿地，种植了10多万株油松、垂柳点缀在黄河两岸，大坝高耸，坝内碧波荡漾，勾画出万家寨独特的风景。当开闸放水时，黄河水从坝口奔腾怒吼而出，疾驰下泄，奔向下游河道，场面非常壮观。

图 3-5 万家寨水利枢纽

【延伸阅读】

万家寨水利枢纽工程的意义

黄河北干流流经的地区是中国严重缺水的地区之一，年平均降水量不足500毫米，仅晋蒙地区的缺水量就高达30亿立方米，导致人畜饮水极为困难。党中央和国务院领导对该地区的水资源紧张状况高度关注，并于1992年批准建设万家寨水利枢纽工程，旨在解决其周边地区人民在工农业生产及日常生活用水方面的难题。1994年，主体工程正式开工；1995年，成功实现干流截流；1999年至2000年间，工程并网发电。此后，万家寨水利枢纽每年向山西、内蒙古两地供水约14亿立方米。这一举措对于缓解晋蒙及其周边地区的水资源短缺问题，以及优化华北电网的能源结构，均具有十分重要的战略意义。

（二）太原汾河公园

汾河作为黄河的第二大支流，发源于宁武管涔山脉，一路向南，流经忻州、太原、吕梁、晋中、临汾、运城6市29县，全长713千米。汾河在太原市境内长达188千米，域区段43千米，宽度达到220米。太原汾河公园的建设始于1998年10月，北起上兰汾河漫水桥，南至迎宾桥以南2000米处，公园内，横跨汾河的桥梁共有24座，种植着230余种树木花卉，吸引了160余种鸟类栖息，构成了大型生态文化景观长廊。目前，汾河公园集休闲、旅游、健身、观光等功能于一体，为国家AAAA级旅游景区，见图3-6。

图3-6　太原汾河公园一角俯瞰图

（三）永济鹳雀楼

"白日依山尽，黄河入海流。欲穷千里目，更上一层楼。"鹳雀楼，古名鹳鹊楼，因时有鹳鹊栖息其上而得名，被誉为中国四大名楼之一。鹳雀楼坐落于秦、晋、豫三省交会的"黄河金三角"区域——山西省永济市，紧邻黄河流域，是黄河文化的重要标志和象征。登上73.9米高的鹳雀楼，犹如楼在高空天际，向南可望起伏连绵的条山，天气晴朗时，雄伟壮观的西岳华山亦隐约可见，远可眺舜都遗址，近可瞰黄河之水天上，见图3-7。鹳雀楼是利用唐代彩绘技术复原的仿唐建筑，完全依照唐代风格进行设计，包括梁枋斗拱、天花藻井等细节。尤为珍贵的是，鹳雀楼采用了在国内已近乎失传的唐代彩绘艺术，全楼彩绘面积近40000平方米，且全部为手工绘制。目前，鹳雀楼景区包含名楼游览区、黄河风情游览区、山水游览区和康乐游览区四个区域，为国家AAAA级旅游景区。

图 3-7　鹳雀楼风光

（四）永济黄河大铁牛

位于山西省永济市的蒲津渡，始建于春秋战国时期，至今已有2500多年的历史，是黄河流域中规模最大的古渡口之一。蒲津桥是横跨在黄河上的历史最悠久、跨度最长、规模最大的一座曲浮桥，被誉为"天下黄河第一桥"。在蒲津渡遗址中出土文物黄河大铁牛（共四尊），实为蒲津桥的桥头地锚，铸造于唐开元十二年（公元724年），距今已有1300多年的历史。每尊铁牛重约55吨至75吨，造型精美，栩栩如生，见图3-8，其用铁量约占当时全国年铁产量的五分之四。铁牛旁各有一铁人牵引，分别代表维吾尔族、蒙古族、藏族、汉族四个民族，为民族团结的象征。永济黄河大铁牛不仅是具有实际功能的艺术珍品，更是实用技术与雕塑艺术有机结合的典范，是中国古代劳动人民对世界桥梁建设、冶金技术、雕塑艺术方面的伟大贡献，是世界桥梁史上独一无二的珍贵遗产。

图 3-8　永济黄河大铁牛

三、黄河文化民俗

（一）岁时节庆民俗

山西是中国"岁时节庆"民俗起源最早的地区之一。在山西民间，流传着"四大节，八小节，二十四个毛毛节"的俗语。在众多节日中，春节、端午节（夏节）、中秋节（秋节）和冬至节（冬节）被视为一年中最为重要的四大节庆。此外，元宵节、二月二龙抬头、清明节、五谷节、中元节、重阳节、寒衣节和腊八节等节日也尤为重要。元宵节期间，山西各地会举行旺火彩灯、歌舞小戏、锣鼓说唱、游艺杂技等多种活动，热闹非凡。二月二龙抬头这一民俗在山西境内同样广为流行，而清明节上坟祭祖、十月送寒衣等习俗，则深刻体现了山西人对于家族兴旺的执着追求以及"事死如事生"的传统观念。这些民间节日大多源于农耕社会的生产生活习俗，并遵循着古代天文历法的客观规律。节日的祈福庆祝仪式也颇为讲究，即便是同一个节日，在不同地区也呈现出"百里不同风，十里不同俗"的特点，纪念形式各具特色。尤其是靠近黄河的一些县域，在举行纪念庆祝活动时，更是充分展现了黄河人特有的祈福民俗。

（二）河曲黄河灯会

山西黄河流域的各地盛行放河灯的习俗，其中河曲县的河灯会历史悠久，最为典型。每年农历七月十五，河曲县都会举办河灯节，这一习俗俗称"河灯会"，也称为"放河灯"。放河灯是中华民族的一项古老传统，据《中国文化杂说》第一卷记载，山西省晋西北的河曲县在七月十五夜晚举行的黄河灯会，是颇为盛大、壮观的河灯会。2008年，河曲黄河灯会被列入第二批国家级非物质文化遗产名录，成为影响山西、陕西、内蒙古的代表性黄河民俗文化项目，同时也是一个重要的民俗节庆活动，见图3-9。

图 3-9　河曲黄河灯会

　　河曲曾是山西西北地区著名的水旱码头，许多走西口的人从这里出发后再无归期，客死他乡。为了悼念逝去的亲人并祈福未来，人们举行了一系列的仪式，河灯会就是这些仪式中比较独特且流传至今的古老习俗。河灯会在每年的农历七月十五前后三天举办。起初，人们在罐子、瓷碗里点上灯后放入河中；后来，人们则改用纸制作成各种形状的河灯。河灯精巧的制作，是我国民间传统纸扎艺术的代表，具有独特的艺术价值。如今的河灯会，人们三五结伴，全家出动，看河灯，赏曲艺，河面上漂浮的河灯，不仅呈送着吉祥，更寄托了人们美好的愿望。

（三）黄河威风锣鼓

　　诞生于黄河之滨的威风锣鼓，被誉为"黄河之魂"和"天下第一鼓"。早在4000多年前的帝尧时期，部落的人们就已在黄河岸边以"击鼓耕田"的形式劳作。当尧将两个女儿娥皇和女英许配给舜时，当地百姓以敲锣打鼓的方式欢送迎娶。时至今日，每逢重大节庆活动，人们仍以敲打威风锣鼓的方式以示庆祝。威风锣鼓的主要特色，就是"威风"。其曲牌结构既独立成章又连缀成套，演奏节奏时起伏相间，张弛有度，给人以气势雄浑、如雷贯耳的感觉。表演时，几百人结合鼓点节奏变化，展现出多样的舞姿和身段，犹如布兵排阵，前后进退，左右开合，场面蔚为壮观，见图3-10。2006年，威风锣鼓经国务院批准列入第一批国家级非物质文化遗产名录。

图 3-10 威风锣鼓

【课堂寄语】

黄河文化不仅存在于历史文物、考古遗址、古建群的丰富底蕴之中，也凝聚在民族精神、价值理念、生活习俗、手工技艺、戏曲文艺之内。欣赏黄河的自然风光和人文景观，体验其独特的民俗风情，就是在汲取中华优秀传统文化的精神养分，品读博大精深的黄河文化。因此，我们应保护、传承弘扬黄河文化，以此来坚定文化自信，凝聚起强大的精神力量。

【课后任务】

搜集你感兴趣的关于山西黄河文化的民俗并进行了解，将该民俗的由来和历史分享到自媒体平台。

单元三 山西黄河文化旅游发展现状

2022年，山西省文化和旅游厅、省文物局、省发展和改革委员会联合印发《山西省黄河文化保护传承弘扬规划》，旨在进一步保护好、传承好、弘扬好黄河文化，打造特色黄河文化旅游品牌，讲好新时代山西黄河故事，向世界传播山西黄河文化。

一、融入黄河国家文化公园

近年来，山西积极打造"黄河之魂在山西"品牌，整合和利用黄河自然生态景观与文化旅游资源，推动从点状开发向线性整体开发的转变，全面参与并融入黄河国家文化公园的建设。同时立足山西黄河文化"根和魂"的核心特质，对其开展保护、传承和弘扬工作，建设黄河国家文化公园（山西段）。依托晋陕黄河大峡谷地质公园、永和黄河蛇曲地质公园、蒲州故城国家考古遗址公园、陶寺国家考古遗址公园等重点项目，增强黄河文化的国际影响力。同时，以黄河流域丰富的水利文化史为脉络，提升和优化黄河水利文化的展示与传承空间。山西还建设了管控保护、主题展示、文化与旅游融合、传统活化利用四类主题功能区，系统推进黄河文化的保护传承、研究发掘、环境配套、文化与旅游融合以及数字再现这五大重点工程的建设。

二、开发黄河文化旅游线路

目前，山西黄河流域共有A级旅游景区193家，黄河沿线4市具有开发前景的旅游资源点有140多处。基于丰富的文化和旅游资源，以及建设黄河文化旅游带得天独厚的条件，山西省按照黄河流域的文化特征和地理分布，规划了一条黄河文化旅游经典线路：万家寨水利枢纽—老牛湾—娘娘滩—碛口古镇—石楼黄河第一湾—壶口瀑布—风陵渡。为了串联这条黄河文化旅游经典线路，山西省还倾力打造了"黄河一号"旅游公路。该旅游公路北起山西省忻州市偏关县的老牛湾，南至运城市垣曲县的西哄哄村，全长1238千米。"黄河一号"旅游公路贯穿忻州、吕梁、临汾、运城四个地级市，由主线、支线和连接线构成的路网里程可达4176千米，沿途连接了65个A级及以上的旅游景区，以及153个非A级的重要旅游资源点。旅游公路还设有步道、观景点和慢行道，每条主线、支线上都有驿站和接待中心，方便游客观光旅游、住宿停车，实现"城景通、景景通"，变旅游公路为公路旅游，见图3-11。

图3-11 "黄河一号"旅游公路

三、打造黄河文化艺术作品

（一）舞蹈史诗《黄河》

舞蹈史诗《黄河》，以"生命之河、英雄之河、精神之河"为核心理念，凭借宏大的视野和独特的叙事方式，深刻展现了黄河儿女面对自然挑战时所展现的生命力量、誓死保卫家园、抵御外侮的民族精神，以及为实现中华民族伟大复兴而不懈奋斗的创新精神。《黄河》入选了文化和旅游部的"黄河流域舞台艺术优秀剧目展演展播"项目，通过"线下"剧场演出和"线上"网络直播、展播相结合的形式广泛传播。该作品为保护好、传承好、弘扬好黄河文化，推动黄河文化创造性转化、创新性发展做出了重大贡献。

（二）交响组曲《黄河壁画》

交响组曲《黄河壁画》，由中国著名作曲家王西麟创作，其创作灵感来源于碛口古镇的黄河岸边。《黄河壁画》由河上日出、开花调、河畔夜话、河口戏台四个乐章组成，运用交响音乐的技法将山西民歌中的开花调、锣鼓声和戏曲唱腔等民族音乐元素进行创造性融合，该作品一经演出就大获赞赏。这一交响组曲生动地展现了黄河民族风情，是一次中国传统文化与现代音乐美学和技术的深度融合与精彩对话。

（三）交响套曲《九曲黄河颂》

大型原创交响套曲《九曲黄河诵》由《壶口瀑布》《黄河儿女情》《大河岁月》《入海奔流》《中国母亲河》五个乐章组成。第一乐章《壶口瀑布》（交响序曲），以高亢雄伟的气势将壶口瀑布的壮美展现得淋漓尽致，交响乐队的宏大配以大鼓的喧嚣，共同渲染出黄河奔腾不息的壮丽景象。同时，作品巧妙融入了《黄河船夫曲》的核心旋律，实现了经典与现代的和谐共鸣，开启了歌颂黄河的新篇章。第二乐章《黄河儿女情》，以"柔板乐章＋舞曲"的形式抒发了黄河母亲对中华儿女无私的奉献精神，以及中华儿女对黄河母亲最真挚的情意。第三乐章《大河岁月》，将钢琴与交响乐队相结合，刚柔并济、澎湃昂扬的音乐风格与前两章形成鲜明对比，抒发出中华儿女的赤子之情。第四乐章《入海奔流》，将唢呐与乐队相结合，借助不断涌动的主题旋律，并辅之以大鼓的震撼伴奏，共同展现着黄河之磅礴、黄河之澎湃、黄河之奔腾。第五乐章《中国母亲河》，将整部交响套曲推向高潮，以恢弘的乐章歌颂了祖国不断创造的辉煌成就。

【课堂寄语】

作为新时代的青年，我们应当欣赏山西的黄河文化所蕴含的优秀自然人文景观和丰富的民俗风情，树立对中华优秀传统文化的自信心和自豪感。仔细品读黄河文化的丰富内涵，确立团结、务实、开拓、拼搏、奉献的价值追求。

【课后任务】

你还知道山西有哪些与黄河有关的自然景观、文化遗存和民俗风情呢？请对它们分别进行基本介绍。

【专题小结】

本专题全面介绍了山西黄河文化的概况，着重阐述了其核心内容，并特别强调了具有代表性的自然风光、人文景观以及文化民俗这三类重要遗存。同时，我们也简要概述了山西黄河文化旅游的发展现状。希望通过本专题的学习，同学们能够深刻理解山西黄河文化旅游资源保护和开发的重要意义，并熟悉其发展的基本情况。

【复习思考】

1. 山西黄河文化的主要内容有哪些？
2. 如何理解黄河文化，我们应该如何传承黄河文化？
3. 经典的黄河文化旅游资源有哪些？

【拓展实训】

请同学们制作一段关于山西黄河文化的宣传视频，为宣传山西、宣传黄河贡献一份力量。

专题四　山西太行文化与旅游

　　绵延八百里、蜿蜒多起伏的太行山贯穿北京、河北、山西和河南三省一市。雄峻的太行山风光、茂密的原始森林、奇特的岩溶洞穴、清澈的河湖飞瀑令人神往。峡谷间多有清涧，千沟万壑、流泉淙淙、波光粼粼、彩石点缀、游鱼可见。巍巍太行孕育了丰富的地域文化，太行山下的沃土和黄河之水共同哺育了中华民族的优秀儿女，灿烂的华夏文化亦发源于此。

【学习目标】

素质目标：1. 树立地域文化自信；

　　　　　2. 传承太行精神；

　　　　　3. 增强传播太行文化的使命意识。

大美太行在山西

知识目标：1. 了解山西太行山的历史脉络；

　　　　　2. 熟悉山西太行山的特色景观；

　　　　　3. 掌握山西太行文化的内涵价值。

能力目标：1. 提升对山西太行文化的鉴赏和讲解能力；

　　　　　2. 具备传播太行精神的能力；

　　　　　3. 能够评价山西太行文化旅游发展的现状并预测其发展的趋势。

【案例导读】

1. 案例介绍

太行民众抗击日本侵略者

　　抗日战争全面爆发后，日本侵略者先后发动了一系列军事行动，包括"三路围攻""八路围攻""九路围攻"，并实施"囚笼政策""蚕食政策"，以及惨绝人寰的"三光政策"，对根据地进行了疯狂的"扫荡"和反复的"清剿"。日本侵略者所到之处烧杀抢掠，无恶不作，庄稼被毁，粮食被抢，许多村庄化为废墟，无数民众惨遭杀害，其凶狠残忍之状，令人发指。面对日军的猖狂进攻和残酷杀戮，太行民众毅然投入到抗击日本侵略者的伟大战斗中。当地的青壮年们自发组成担架队，穿梭在枪林弹雨中，冒着生命危险抢救伤员；妇女们不分昼夜地赶制军鞋、缝制军装，将一针一线化作对抗战的支持；儿童团则承担起站岗放哨的任务，在村口、山道间传递情报，用稚嫩的肩膀扛起保家卫国的责任。他们用最朴实的行动、最坚韧的意志，构筑起坚不可摧的人民防线，让太行山成为抗击日本侵略者的钢铁长城。

2. 案例解读

抗日战争是人民的战争，抗日战争的胜利离不开人民的支持。太行人民在抗日战争中为中国革命作出了巨大的贡献和牺牲。太行山的每一寸土地，都见证了军民同仇敌忾、英勇奋斗的事迹。

3. 案例思考

太行精神是什么？为什么说太行精神是中国革命史上的一座丰碑，书写了中国抗日战争和中国革命的壮丽史诗，是中国共产党和中华民族的宝贵财富。

【知识研修】

单元一　山西太行文化概述

太行山自北向南贯穿中国腹地，北接燕山，南衔黄河，不仅是华北平原和黄土高原的地理分界线，也是我国地形地势的第三阶梯和第二阶梯的地理分界线的重要区段，被历史地理学家誉为"天下之脊"。巍巍太行，绵亘八百余里，其间胜景连绵，宛如大自然精心铺陈的山水长卷。太行山的雄浑气魄与旖旎风光，其精华部分大多汇聚于山西境内，仿佛是大自然对这片土地最深情的偏爱与馈赠。

一、山西太行历史

（一）远古时期

太行山地区文化底蕴深厚，是中华民族文明史上的重要发源地之一。远古时期，这里沼泽广布，气候温暖潮湿，生长着茂密的森林，这些条件为后来煤炭资源的形成提供了有利的地质基础。一层层沉积的丹霞岩层，记载了岁月演变的轨迹；一片片遗存的三叶虫化石，揭示了自然物种繁衍的奥秘；一块块有棱有角、千姿百态的山岩，诉说着大自然鬼斧神工的创造力。太行山大峡谷堪称一座天然的博物馆。巍巍太行，横亘于广袤大平原之前，自古便是人类理想的栖息之所，孕育了诸如女娲补天、精卫填海、后羿射日、神农尝百草、愚公移山等一个个动人的神话故事，向世人诉说着太行山与中华文明的深厚渊源。

（二）封建时期

太行山高峰险峻，自古以来便是兵家必争之地，从春秋战国直到明、清两朝，两千多年间烽火不息。古道舟车流转，使得这里自古便成为人文荟萃之地。曹操北征高干时，曾在此地留下"北上太行山，艰难何崔巍！羊肠坂诘屈，车轮为之摧。"的慷慨悲壮之句；唐代诗人白居易亦在他的诗中写道："太行之路能摧车"；明代王世贞在《适晋纪行》中写道："车行太行道，如浮沧海、帆长江，身居危险之境"；明代重臣于谦策马穿越大峡谷时，抒发出了"两鬓霜华千里客，马蹄又上太行山"的人生慨叹。此外，唐代的真泽宫、元代的三嵕庙、明代的白马寺，每一座古迹都承载着一段传奇历史，诉说着一个个动人故事。

（三）抗战时期

从1937年10月至1945年8月，中国共产党领导太行人民创建了太行抗日根据地，并最终取得了抗日战争的胜利。抗日战争中许多游击战术就发端于太行山，并迅速扩展到西起同蒲铁路、汾河，东至渤海，南达黄河，北至正太、沧石路的广大区域，先后形成了多个重要的战略根据地。晋冀鲁豫抗日根据地作为八路军东渡黄河后首个长期驻扎的区域，其总部就设在太行山脚下的武乡县。百团大战、平型关大捷等战役至今仍激励着人们，左权将军在山西晋中英勇牺牲，血洒太行。在国家和民族危亡的关键时刻，中国共产党领导的八路军和太行儿女同仇敌忾，浴血奋战，构筑起坚不可摧的抗日防线，孕育并铸就了伟大的太行精神。《在太行山上》《没有共产党就没有新中国》《歌唱二小放牛郎》等红色歌曲，都是从这里唱响并传遍了大江南北。

二、山西太行地貌

太行山北起北京的西山，向南延伸至河南与山西交界处的王屋山，西面仰观黄土高原，东面俯视华北平原，呈东北至西南走向，连接北京、河北、山西、河南四省市，绵延400余千米。它是中国地形第二阶梯的东缘，也是黄土高原的东部界线。

六亿年前，太行山地区曾是一片汪洋大海。经历频繁的地壳活动后，该区域的地面不断升降，海水时进时退，导致沼泽广布，气候变得温暖潮湿，森林茂密。这些自然条件共同孕育了太行山区丰富的煤炭资源。此后，地壳活动持续不断，太行山脉逐渐隆起，并与东西两侧的华北大平原断裂，形成了东部陡峭、西部徐缓的地貌特征。约在240万年前，太行山开始大幅隆起并逐渐稳定。太行山地被拒马河、滹沱河、漳河、沁河等多条河流切割，形成了"太行八陉"。"陉"即横谷之意，指的是横切太行山的谷地，这些山谷成为了沟通太行山东西两侧的交通要道。太行山脉作为重要的地理分界线，山脉以西为黄土高原，山脉以东为黄淮海平原。

太行山脉的平均海拔高度约为1000米，2000米以上的高峰有河北的小五台山、灵山、白石山，山西的太白维山、南索山、阳曲山等。太行山脉地形东陡西缓，西翼连接黄土高原，东翼则由低矮的山峰、山峦、丘陵逐渐过渡到平原。太行山体主要由古老的变质岩及岩浆岩构成，山区不仅煤炭资源丰富，还蕴藏着铁、铜、钼、金、钨等多种金属矿产资源。

三、山西太行文化类型

太行山东西两侧的黄土高原与华北平原，均为适宜农耕的地区，它们共同构成了中华文明的发祥地之一。太行山对中华文明的产生、延续和发展有极为重要的影响。

（一）神话太行

长治，古称上党，意为"居太行之高，与天为党"，它是古上党地区地势最高的地方。据考证，自春秋战国以来，上党便是远古神话传说的汇聚之地。这些神话传说源远流长，内容丰富且详尽，其原始性和密集性在全国范围内都是独一无二的，其他地区难以比拟。加之这些传说代代相传，不断传承与发展，形成了循序渐进的特点。同时，现存的大量与各类传说相关的遗迹、遗存等，更使上党成为了全国首屈一指的神话传说聚集地。在这里流传的远古神话，如女娲补天、精卫填海、后羿射日等，不仅是中国古人"自强不息、厚德载物"精神的文字显化，更是中华民族道德信仰与高尚品格的呈现。几千年来，这些神话传说植根于太行山及周边独特而深厚的文化土壤之中，对中国的传统文化产生了深远的影响。

1. 伏羲八卦

大约1万年前，地球第四纪冰川期走向尾声，气候逐渐转暖。随后的2000年间，气温上升了约5摄氏度。气候的变化引发了灾难性的后果：暴雨连绵，高原上的冰川融化，水流倾泻而下，海平面不断上升，导致大量的史前文明被海水淹没，海岸线被推进至接近太行山的地区。北宋科学家沈括在他的著作《梦溪笔谈》中如此描述太行山崖间的景象："予奉使河北，遵太行而北，山崖之间往往衔螺蚌壳及石子如鸟卵者，横亘石壁如带。此乃昔之海滨，今东距海已近千里。"海侵现象压缩了太行山世居族群的生存空间，加之暴雨引发的滔天洪水冲毁了他们的家园，人们为了避难纷纷迁往高处。

为了寻找合适的栖息地，王屋山区的一支部落在首领伏羲的带领下，迁到了析城山并安顿下来。由于部落安营的地方四周高中央低，且洞穴众多，故得名"华虚"。每年的春天，这里花团锦簇，宛如空中花园，后世文人因此赋予其"悬圃"的美誉。

据传8000年前，伏羲在此仰观北天星空，发明了"斗纲授时"，即后世所熟知的"八卦"。与此同时，伏羲还根据八卦原理发明了授时推历的方法，用以指导农耕。

2. 女娲补天

相传，伏羲的妻子是女娲。泛滥的洪水曾让人们误以为天空破了一个窟窿。为了修补这个窟窿，女娲前往太行山采集五色石，炼石补天。传说中，女娲补天的地点就在长治市的天台山。据《潞安府志》记载：在县西南二十里处，高六十九丈，周二里，四周平坦，日出入胥无影，传女娲炼石地，名望儿台。"日出入胥无影"是天台无影山的一大奇景。每年夏至这一天，无论是旭日东升的清晨，还是烈日高悬的正午，亦或是夕阳西下的傍晚，山上任何地方都不会出现阴影。女娲是我国远古神话传说中一位伟大的女神，在长治地区，存在着许多祭祀这位女神的祠庙。

3. 神农尝百草

5000多年前，一支姜姓部落的先民登上了上党地区的太行山，并在长子县县的房头村定居下来。部落的首领因擅长用火而被尊称为炎帝，号神农。房头村背靠着发鸠山、山中盛产各种药草。炎帝跑遍了山中每个角落，遍尝百草，辨识出了365种草药，从而开启了中华医药文明的先河。炎帝带领着他的神农氏部落在羊头山种植五谷，建立了神农城，并发明了耒耜等农耕工具，同时掌握了烧草育肥等先进的农业技术。从此，中华文明进入了农业文明阶段。

4. 精卫填海

发鸠山下有一座庙宇，当地百姓俗称奶奶庙。庙中主要供奉的是炎帝的小女儿——女娃，还供奉着炎帝之妻和他的大女儿——瑶姬。宋政和元年，因天旱无雨，百姓纷纷前往庙中祈雨，结果天遂人愿，知县王大定因此上书朝廷请求赐予庙名。宋徽宗亲笔赐名该庙为"灵湫庙"。相传，精卫是女娃的化身。上古时期，上党地区常遭水患，为了治理水患，女娃不幸溺亡于漳河，此后她愤而化作精卫鸟。据《山海经·北山经》记载："女娃游于东海，溺而不返，故为精卫，常衔西山之木石，以堙于东海。"这里的西山，便是现今的长子县县发鸠山，也是浊漳河南源的发源地。晋代诗人陶渊明在《读山海经》中写道："精卫衔微木，将以填沧海。刑天舞干戚，猛志固常在。"他将精卫鸟与顶天立地的巨人刑天相提并论，展现出一种悲壮之美，千百年来深深地震撼着人们的心灵。

（二）山水太行

太行山巍峨险峻，路窄难行，对此古人也曾多有感慨。据载，曹操率军出征，途经崎岖不平的太行山古羊肠坂道时，写下了描写太行山景色的诗篇《苦寒行》："北上太行山，艰哉何巍巍！"

王莽岭是南太行的最高峰，海拔1665米。这里风光秀丽，景色宜人，云海、日出、奇峰、松涛、红岩大峡谷、瀑布高垂，形成了太行山著名的自然景观，素有"清凉圣地""避暑天堂"之美誉。

从王莽岭北行，踏入太行大峡谷，就像翻开一部山水史诗。巍峨山岭与深邃峡谷相拥，瀑布飞泻，河流蜿蜒，共同勾勒出层次丰富的梦幻景观。站在峡谷中，仰观高峰入云，俯瞰深谷千仞，山高谷深、大起大落的磅礴气势扑面而来，让人在自然的鬼斧神工前，深深震撼、沉醉。

踏入忻定盆地，太行山尽显雄浑壮阔，其巅峰海拔达3061.1米。在漫长的地质演变进程中，地壳运动的磅礴伟力持续塑造着这片山地。历经无数次地壳板块间的碰撞、挤压与抬升，形成五峰，它们山顶平缓、并肩而立，犹如五位巨人相约相伴拱卫周边地区，五台山也因此得名。

五台山地区地势高耸，有"华北屋脊"的美称，其间有高原草甸绒毯铺展，有冰川地貌岁月留痕，有灌木沟壑蜿蜒纵横，共同交织出美不胜收的奇景。

据史料记载，东晋永和九年（公元353年），僧人道安云游至此，被五台山的空灵与壮美所吸引，遂开山立寺，辟佛教道场。此后千年，五台山佛寺如雨后春笋般遍布山间，晨钟暮鼓，佛法广传，盛极一时。2009年，五台山被列入世界文化遗产名录，五台山名扬中外，全世界的游客纷至沓来，它已然成为举世闻名的旅游胜地。

（三）红色太行

太行山纵贯南北，峭壁如林，居高临下，易守难攻，历代为兵家必争之地，从春秋战国直到清代，两千多年间烽火不息。抗日战争全面爆发后，一二九师进入太行山后，即在中共中央北方局的直接领导下，迅速开展根据地工作。一二九师与太行区地方党组织结合，发动群众、组织群众、武装群众，迅速打开了抗日游击战争的新局面。"村村像军营，人人都是兵。抗日根据地，一片练武声。"据不完全统计，在抗日战争期间，太行山区近12万人加入了八路军的队伍，抗日的烽火在太行山熊熊燃烧。太行山区的民兵自卫队在抗战期间共作战3万余次，击毙、击伤并俘虏伪军1万余人[1]。进入解放战争时期，太行山区人民在"解放全中国"的号召下，积极动员起来，踊跃参战，超14万人加入到人民子弟兵的行列中。近八千名干部陆续被调往全国各地，为全中国的解放作出了巨大贡献。

【课堂寄语】

太行山，自然奇景壮美绮丽，神话传说寓意深刻，红色故事震撼人心，它是中华壮美山水的缩影，它是中华民族文明与奋斗历史的生动写照。作为区域的地理分界线、中华文明的起源地、革命精神的支柱，太行山是自然美景与深厚文化的结晶。用心去解读、用情去体味，定会为它的独特魅力惊叹，为这方土地自豪。

【课后任务】

查找相关资料，了解你喜欢的太行神话故事，整理相关资料形成一篇500字的导游词，制作讲解视频并发布在微信、抖音等平台。

单元二　山西太行文化遗存

一、太行精神

太行精神诞生于抗日战争时期，是不怕牺牲、不畏艰险的革命英雄主义精神。它是在极其艰苦的条件下百折不挠、艰苦奋斗的写照，是为了人民利益勇于牺牲、乐于奉献的体现，更是数千年来中华民族精神的积淀与延续。

在民族存亡的关键时刻，中国共产党以民族独立和人民解放为己任，领导八路军和太行儿女与日本侵略者进行了殊死斗争，用鲜血和生命铸就了不朽的民族之魂，在人民心中树立起永恒的丰碑。

---

1. 杨建中.山西抗日战争史[M].三晋出版社，2017.

太行精神是在极其困难的条件下百折不挠、艰苦奋斗的精神。在抗日战争最艰苦的岁月里，党领导广大军民开展生产自救和互助运动，使太行山区成为党领导敌后抗战的坚强堡垒，推动中国革命不断取得胜利。

太行精神是为民族解放而万众一心、敢于胜利的精神。在山西和整个华北敌后根据地，党和八路军不断发展壮大抗日力量，组织各类抗日团体，形成了万众一心、团结一致的全民抗战精神。

太行精神是为人民利益英勇奋斗、无私奉献的精神。在领导太行人民坚持抗战的过程中，中国共产党人充分展现了为了人民利益敢于牺牲、不屈不挠的斗争气概和高尚情操，发挥了先锋模范作用。太行精神是数千年来中华民族精神的重要组成部分，是中华民族精神的延续。

【延伸阅读】

太行奶娘

太行山高，漳河水长，太行母亲的情义如山高水长。她们不顾生死，不畏艰苦，甘愿冒着生命危险，用甘甜的乳汁哺育着八路军将士的后代。这群伟大的女性有一个共同的名字——太行奶娘。一天，日本侵略者进村扫荡，村民们纷纷逃往山上。生死关头，赵引弟毫不犹豫地抱起八路军的两个孩子就往山上跑，却把自己的两个孩子留在了家中。等敌人撤离后回到家里，赵引弟悲痛地发现，自己的两个孩子已经被日本侵略者残忍杀害。还有一位奶娘，在日本侵略者大扫荡的危急时刻，为保护革命后代献出了自己宝贵的生命。太行奶娘谱写了可歌可泣的母亲之歌，她们付出的不仅仅是乳汁和生命，更有那深沉而伟大的母爱。她们的名字将永远铭记在人们心中：郭金梅、武巧凤、赵志珍、王改云、王巧鱼、张招弟、赵引弟……

二、自然、历史遗存

（一）雄奇山水

"太行山似海，波澜壮天地。山峡十九转，奇峰当面立。仰望天一线，俯窥千仞壁。外线雾飘浮，内线云层积。山阳薄雾散，山阴白雪密。溪流走山谷，千里赴无极。清漳映垂柳，灌溉稻黍稷。园田村舍景，无与江南异。"陈毅的《过太行山书怀》浓墨重彩，真实地描绘了太行山的美景。太行山大峡谷见证着山与水的相遇，山石、树木、洞穴、瀑布、水潭、流水等元素构成了无声的诗，立体的画，构成了悠长婉转、跌宕起伏的大自然的交响曲。晋城王莽岭是南太行的最高峰，海拔1665米，素有清凉胜地、避暑天堂的美誉。

（二）绝壁奇观

南太行山腹地的锡崖沟村，有一条"之"字形的挂壁公路，堪称绝壁奇观。锡崖沟人用30年时间，付出18条生命的代价，在悬崖绝壁之上开凿出7.5千米长的公路。这条天路终结了山里人与世隔绝的历史，成为全国唯一被编入《中国公路谱》的乡村道路。锡崖沟挂壁公路呈"之"字形蜿蜒于太行山腹地，穿行其间可见绝壁临渊、深谷幽幽，处处惊心动魄，见图4-1。正是太行儿女锲而不舍、凿壁穿石的精神，成就了这一人类奇迹。

图 4-1　锡崖沟挂壁公路

【延伸阅读】

锡崖沟挂壁公路的历史

20世纪60年代初，当地有位县领导骑着一匹马翻山越岭来到锡崖沟探访村民。返程时坐骑因山势险峻惊惧致死，县里的同志们悲痛不已，回到县城后立即筹措三千元专项资金，委派专人送往锡崖沟。不料送款人抵达山脚后竟寻不到上山道路，只得隔空呼喊村民。村民闻声从山顶垂下竹篮，将捆扎妥当的三千元吊运上山。自此，村民立誓要修筑一条连通外界的道路。1962年起，在村干部带领下，锡崖沟人开启了历时三十年的开山筑路征程，直至1991年终于实现公路通车。

（三）沁河古堡

在太行山南端，晋城以西约50千米处的沁河河谷内，矗立着数十座明清时期的古堡，这是中国北方最大的古堡群之一。这些古堡以砖木土石构筑而成，古堡墙体高大坚固，四角设有高楼，以便瞭望敌情。堡内建筑错落有致，街道错落交织，宛如迷宫。建设古堡的材料因地制宜，除了土石外，还巧妙地融入了当地特有的加固材料，使得墙体更加坚固。沁河古堡集军事防御、居住生活、文化传承于一体，被誉为"中国北方的布达拉宫"，主要景点包括郭峪古堡、皇城相府、湘峪古堡和九女仙湖。

（四）红色旧址与遗迹

太行山被誉为子弟兵的摇篮和八路军的故乡。1937年全面抗战爆发后，八路军挺进山西，在太行山区开辟了抗日根据地。在长期艰苦卓绝的敌后抗战过程中，中国共产党领导的八路军转战30多个县，在巍峨的太行山间谱写了一曲曲痛击日本侵略者的战歌。这里留存着八路军总部、百团大战指挥部、黄崖洞兵工厂旧址等革命旧址或遗址，见证了老一辈革命家的光辉足迹。八路军太行纪念馆是一座全面反映八路军抗战史实的大型革命纪念馆。武乡县则是华北抗战的指挥中心与战略枢纽……抗战期间，八路军总部先后五次进驻武乡，在王家峪、砖壁等村驻扎长达536天。抗日战争时期，黄崖洞是华北敌后最大的兵工基地，是八路军建立最早且规模最大的兵工厂，被誉为"人民军工的摇篮"。黄崖洞兵工厂旧址至今仍保留着兵工厂车间、弹药库、保卫战碉堡、掩体、战壕、将军屋、战士营房和烈士陵园等建筑、实物和旧址，被誉为"没有围墙的抗战博物馆"，展现了当年八路军将士们"自力更生、艰苦奋斗、开拓进取、无私奉献"的革命精神。

三、非遗民俗

（一）上党梆子

上党梆子是山西省四大梆子之一，流行于山西省东南部的长治、晋城（古称潞安府与泽州府）等地区。2006年，上党梆子被列入第一批国家级非物质文化遗产名录，是太行山地区独具特色的非物质文化遗产。

上党梆子在清代乾隆中后期盛行，嘉庆、道光年间班社众多，名角名师涌现，剧目繁多，流派纷呈。上党梆子的演员们以演唱梆子腔为主，兼唱昆曲、皮黄、罗罗腔、卷戏等。上面几种艺术形式被统称为"昆梆罗卷黄"。上党梆子的唱腔高亢激昂，音域宽广，具有浓厚的乡村与田间艺术气息。其主要角色有生、旦、净、丑四角，各行当的基本功被概括为"三把"，表演风格彰显出黄土地特有的粗犷线条和大轮廓。

（二）阳城鼓书

阳城鼓书是山西省晋城市阳城县地区的一种地方曲艺形式，采用当地方言演唱。其特点在于幽默风趣，极为贴近乡村生活，深受当地民众的喜爱。阳城鼓书主要分为两类：一类是当地民众熟悉且在生活中常见的"大众鼓书"，也称"阳城鼓书"；另一类是主要在横河、李圪塔等山区流行的"盘亭鼓书"，它属于阳城地区鼓书的一种。阳城鼓书以其独特的表演形式著称，一把三弦琴、一面脚控鼓，再配上独有的唱腔，便可以说尽天下事。

【课堂寄语】

太行精神在社会主义建设的各个历史时期都发挥了重要作用，为推动经济社会又好又快地发展提供了强大的精神动力。在新时代的新征程上，大力弘扬太行精神，对于筑牢理想信念、践行初心使命、凝聚应对新时代挑战的精神力量、实现中华民族伟大复兴的中国梦具有重大意义。

【课后任务】

请搜集你感兴趣的山西太行文化中的民俗进行深入了解，并讲述其由来和历史，然后分享到自媒体平台。

单元三　山西太行文化旅游发展现状

一、太行山旅游类型

太行山历史悠久，文化底蕴深厚。深入挖掘、系统研究、科学利用太行文化，对于促进太行文化带沿线地区旅游业的发展和乡村文化的繁荣，打造"彰显中华民族精神的标志性山脉旅游区"，以及弘扬民族优秀传统文化，具有十分重要的现实意义和深远的历史意义。

（一）太行山水游

以壶关太行山大峡谷、平顺通天峡、太行水乡、神龙湾、天脊山、武乡太行龙洞、襄垣仙堂山、黎城洗耳河等景区为代表，这些景区的气候特点为：四季分明，冬长夏短，雨热同期，气候温和宜人；年平均气温在7.9℃至11.7℃之间，尤其适合夏季避暑。其中，壶关太行山大峡谷被誉为"中国最美十大峡谷"之一，峡谷区内千峰竞秀，万壑争奇，自然风光令人陶醉；平顺通天峡则集雄、奇、险、秀于一身，融合了历史文化与自然风光；太行水乡则以高峡平湖、碧水涟漪著称，既展现了北国的雄姿，又兼具江南的旖旎风光，阳刚之美与温婉之秀在这里完美融合。

（二）红色经典游

长治市依托太行山的山水资源和丰富的红色文化资源，以武乡八路军太行纪念馆、八路军文化园、《太行山》实景剧场地、八路军总部旧址、黎城黄崖洞兵工厂旧址等景区为代表，通过多种形式弘扬"太行精神"，展现八路军文化的独特魅力。武乡八路军太行纪念馆是一座全面反映八路军抗战历史的大型革命纪念馆，集旅游观光与博物馆功能于一体，是国家一级博物馆和国家AAAA级旅游景区；八路军文化园则运用了体验式的高科技手段，再现了八路军抗战史实，让游客能够身临其境地感受八路军的作战和生活氛围。

（三）民俗体验游

以长治市的振兴小镇、郊区的始祖百草堂、平顺的岳家寨村、武乡的李峪魔术村、壶关的凤凰山庄、屯留的葫芦山庄等景区为代表，这些地方集观光采摘、农家乐体验、自然观光以及民俗文化欣赏等多种富有长治特色的乡村民俗旅游活动于一体。"始祖百草堂"坐落于长治市东部的老顶山国家森林公园风景区内，拥有28个主要景点，划分为三个功能区，即祭祀朝圣区、生态养生区和休闲度假区；屯留的葫芦山庄依山傍水，是一个集休闲娱乐、餐饮住宿、垂钓以及游船戏水为一体的生态休闲度假区。晋城市则依托皇城村、司徒村、大阳镇等地，通过打造具有"太行山上·太行人家"民俗特色的旅游乡镇、旅游村以及旅游客栈等，充分展现了晋城乡村旅游的独特魅力。大阳镇被誉为"三晋第一镇"，这里拥有北方地区最大的明清古城镇建筑群，被专家赞誉为"中国古城镇的活化石"。

（四）休闲度假游

以壶关太行欢乐谷、长子县方兴生态园、长治市神农生态园、神农滑雪场、襄垣东湖公园等景区为代表。其中，壶关太行欢乐谷规模宏大，气势磅礴，提供百余种民俗风味小吃，游客来此可尝遍各地美味；同时，还设有多种惊险刺激的游乐体验项目。长子县方兴生态园占地40万平方米，是一个集热带植物观光、水果采摘体验、科普教育、餐饮服务和休闲娱乐功能于一体的综合性游览景区。

以阳城县、沁水县为主，包含了皇城相府（陈廷敬故居）、上庄古村（天官王府）、湘峪古堡等古堡景区，共同组成了"太行古堡游"。皇城相府、湘峪古堡、郭峪古城以及上庄古村等20多座古堡民居，在经历了300多年的风雨沧桑后，依然巍然屹立。天官王府与皇城相府仅一岭之隔，是曾任明代吏部、户部、刑部以及两京（北京和南京）四部尚书王国光的故居。这里保存有我国现存最古老的元代民居，明清两代的官宅民居，以及民国时期中西合璧风格的"樊家庄园"，因此被誉为"中华民居博物馆"。

（五）山地运动游

山西阳城莽河猕猴自然保护区，作为一个以猕猴等珍稀野生动物及森林生态系统为主要保护对象的自然保护区，生物资源十分丰富，堪称"天然氧吧"。漫步其中，能让人身心舒畅；同时，该保护区还专为户外运动爱好者量身打造了一条休闲旅游线路，主要包括森林公园、湿地公园、自然保护区和猕猴保护区等景点。近年来，"徒步穿越太行山""太行山漂流""太行山攀岩"等户外运动旅游项目日益火热。

【延伸阅读】

新近推出的"怡然见晋口"太行山户外体育旅游线路，由四条主题线路构成，总长度达300千米。这些线路贯穿太行一号旅游公路，串联起8个AAAA级旅游景区、11个AAA级旅游景区、1个国家体育旅游示范基地、1个省级体育产业示范基地、2个省级体育产业示范单位以及1个省级体育产业示范项目。无论是春季赏花踏青、夏日避暑觅凉、秋季登山赏叶，还是冬日乐享冰雪，游客都可以在这里开展自行车骑行、徒步、越野跑、马拉松、垂钓、摩托艇驾驶、无动力帆船体验、滑雪以及航空飞行等多种户外运动。

二、太行山著名旅游景点

（一）太行一号旅游公路

太行一号旅游公路是山西省精心打造的一条沿太行山走向修建的旅游公路，它连通了晋城市、长治市、晋中市、阳泉市、忻州市的旅游资源，全长达1028千米。这条公路串联了历山景区、王莽岭、太行山大峡谷、太行水乡、八路军文化园、太行百里画廊、娘子关、五台山等90多个景区和景点，不仅打通了太行旅游大通道，还对弘扬太行红色文化、山水文化和古建文化提供了支撑。该旅游公路沿途地质地貌丰富多样，风景优美，山清水秀，古村民居点缀其间，使得这条公路成为了游客争相打卡的旅游公路之一。同时，它也是山西省打造黄河、长城、太行三大旅游板块，推进乡村振兴的战略性基础性工程。

（二）太行山大峡谷

太行山大峡谷地处山西省长治市壶关县东南部，占地面积达225平方千米。其最高海拔为1822米，最低海拔为486米，海拔落差达1336米。这里先后荣获"国家森林公园""国家地质公园""中国最美十大峡谷之一""国家AAAA级旅游景区""中国攀岩基地"以及"山西省风景名胜区"等荣誉称号。坐落在太行山大峡谷中的著名景点包括：八泉峡、红豆峡、青龙峡、黑龙潭和紫团山等。走进峡谷，犹如步入一幅百里画廊，游客可以看到壁立千仞的奇峰怪石、郁郁葱葱的莽莽林海、喷珠溅玉的悬泉飞瀑以及妙趣横生的岩溶桥洞等景观。

（三）珏山

珏山景区位于太行山脉之中，主峰海拔973米，坐落于晋城市区东南13千米处的丹河南岸。珏山又名角山，因双峰对峙，巍峨苍翠，宛若一对碧玉镶嵌在太行山上而得名。珏山风景素以险峻、雄奇著称，古有"晋魏河山第一奇"之美誉，"珏山吐月"更是晋城四大名胜之一。2009年10月，珏山景区入选"中国百佳避暑名山"。景区内拥有珏山吐月、青莲寺、掷笔台、舍身崖等景点。现为国家AAAA级旅游景区，也是著名的赏月胜地。八月十五的中秋之夜，站在山脚下青莲寺内的款月亭中仰望，一轮硕大的满月悬挂于珏山双峰之间，月光倾洒在珏山周边的山、林、水、石之上，勾勒出一幅绝美的画卷，这便是历代名人争先咏叹的晋城名胜"珏山吐月"，又称"双峰捧月"。

（四）王莽岭

王莽岭风景区，位于山西省晋城市陵川县古郊乡境内，因西汉时期王莽追赶刘秀至此地安营扎寨而得名。该风景区包括王莽岭、锡崖沟、昆山、刘秀城四个景点，总面积超过150平方千米。王莽岭的最高海拔达1700余米，是南太行的最高峰之一。这里风光秀丽，景色宜人，云海、日出、奇峰、松涛、挂壁公路、峡谷以及立体瀑布等自然景观交相辉映，有"清凉圣境""避暑天堂""世外桃源""太行至尊"等美誉。

（五）历山

历山位于山西省南部的垣曲县、翼城县、阳城县、沁水县四县的交界处，总面积达248平方千米。历山风景区是国家AAAA级旅游景区，被誉为华北的"绿肺"。该景区的主峰舜王坪是中条山的最高峰，海拔高达2358米。坪上覆盖着近万亩的亚高山带型草甸，犹如从天宫飘落的地毯般美丽。此外，历山还拥有舜王坪、皇姑幔、猕猴源、白云洞等众多景点，吸引了无数游客前来观赏。

三、太行文化旅游节庆产品

（一）中国（晋城）太行文化旅游节

中国（晋城）太行山国际文化旅游节以"太行风情·活力晋城"为主题，每两年举办一次。活动期间，游客不仅可以欣赏到精彩纷呈的文体表演、亲历风光秀美的旅游观光景点，还能深入体验太行山红色旅游文化的独特魅力。此外，还有《太行山上》《古堡！古堡！》等文艺演出类节目精彩上演。

（二）红豆峡七夕情侣节

红豆峡是山西壶关太行山大峡谷的主要景点之一，因红豆杉而得名。峡谷深处由于独特的地理气候条件，成片生长有2万余株天然南方红豆杉，这在中国北方地区实为罕见。红豆峡的发展与"中国七夕节"结下了不解之缘，"红豆峡七夕情侣节"活动也已举办多年，每年一次。这里的多个景点以爱情主题命名，有蜡烛峰、相思园、福缘堂、月老潭等，还建设了供情侣休闲的情侣别墅群，作为情侣在旅游度假时的栖息之所。红豆峡七夕情侣节的活动内容丰富多样，包括集体婚礼、民俗文艺表演等。游客可以体验坐花轿、乘婚车、过鹊桥、拜月老、栽同心树、锁同心锁等传统习俗，同时观赏具有浓郁传统特色和异域风情的婚礼表演。

（三）太行山大峡谷国际攀岩节

太行山大峡谷是国内少有的可进入的大峡谷之一，是国家AAAA级旅游景区、国家森林公园、国家地质公园、中国攀岩基地和中国最美十大峡谷之一。随着太行山大峡谷国际攀岩节的举办，长治市的美名也随之远扬。长治市以魅力城市、活力城市、绿色城市、古色城市、好人城市和文明城市的形象深入人心。为了让游客领略长治的风光，攀岩节期间，长治市特别推出了四条精品旅游线路，包括绿色生态游、红色经典游、古色风韵游、特色休闲游。

【课堂寄语】

本单元的学习，让同学们走进太行文化，感悟太行精神。太行文化，是三晋大地的瑰宝，承载着厚重历史；太行精神，像不朽丰碑，激励着代代人奋进。希望同学们把理想信念作为翅膀，在时代浪潮中高飞。无论前方有多少艰难险阻，我们都能无畏向前，积极进取，向着更美好的未来迈进。希望同学们承担起宣传、继承太行文化的使命，为太行文化旅游资源的可持续发展出力，让这古老文化在新时代绽放光芒，续写属于我们的辉煌。

【课后任务】

利用周末或节假日，前往太行山，实地领略200多万年的地质奇观，亲身接触华夏五千年的灿烂文化，深刻感受红色太行的精神内涵。同学们要用语言和镜头记录下自己的所见所感，积极传播山西太行文化。

【专题小结】

本专题介绍了山西太行文化的概况和遗存，重点阐述了太行文化的核心价值。在此基础上，我们整理了山西太行文化旅游发展的现状，引导学生认识到保护和开发山西太行文化旅游资源的重要性，并熟悉其基本情况。

【复习思考】

1．山西太行文化的主要内容有哪些？
3．太行精神是什么？
4．经典的太行文化旅游线路产品有哪些？

【拓展实训】

利用周末或节假日，实地领略太行山200多万年的地质奇观，亲身触摸华夏五千年的灿烂文化，深刻感受红色太行的精神内涵，并用语言和镜头进行记录。

专题五 山西生态文化与旅游

三晋大地，承载着黄土高原的浑厚与汾河水的灵秀，在历史与自然的交响中谱写出独有千秋的生态文化乐章。这里，太行山的嶙峋奇峰与黄河水的九曲回转交织成地理传奇，石灰岩岩溶洞穴如芦芽山万年冰洞藏纳着地质奇观，晋陕大峡谷以雷霆之势劈开黄土层叠的褶皱——山西自然遗产生态景观的综合禀赋稳居全国前列，其洞穴与峡谷资源的丰度与品质，更冠绝江淮以北诸省区。这片土地以山水为纸、文化为墨，将壶口瀑布的激荡、王莽岭的险峻、莽河峡谷的幽深悉数纳入卷轴，书写着一部跨越千年的生态文明启示录，等待游客用脚步丈量这份厚重而鲜活的生态记忆。

【学习目标】

素质目标：1. 树立地域文化自信；

2. 增强环境保护的使命意识。

知识目标：1. 了解山西生态文化的历史脉络；

2. 熟悉山西生态环境特色景观；

能力目标：1. 提升对山西生态景观的鉴赏和讲解能力；

2. 具备宣传山西生态景观的能力；

3. 能够评价山西生态旅游发展的现状及趋势。

山西地形地貌

【案例导读】

1. 案例介绍

太原的"蓝天幸福感"

拥有2500多年建城历史的太原"三面环山、一水中分"，黄河的第二大支流汾河自北向南流经市内。太原作为我国最重要的能源重化工基地之一，为全国经济快速发展贡献了光和热。也正因如此，太原甚至一度成为全国环境污染最严重的城市之一。

"真没有想到太原空气质量这么好，难怪爸爸妈妈经常在朋友圈晒太原蓝天白云的好天气。"家住杭州的马先生回到阔别五年的家乡，看到太原翻天覆地的环境变化，情不自禁发出这样的感叹。

在现实生活当中，对太原空气质量改善如此褒奖的，不止像马先生这样的回乡人，生活在太原的居民更是"蓝天幸福感"满溢，深切感受到"蓝天白云、繁星闪烁"不再是"奢侈品"。

太原环境空气监测数据也进一步印证了太原"颜值"持续变靓，"气质"稳步变好。

2022年，太原市区优良天数为241天，优良率66.0%，优良天数同比增加17天。重污染天数4天，同比减少8天。空气质量综合指数为5.09，同比下降2.9%，环境空气质量持续稳定向好。

2. 案例解读

十年来，太原市把生态文明建设作为发展的首要任务，经过系统化治理，太原重现了九水绕城的美景。那个让太原人民群众魂牵梦绕的"锦绣太原城"正在一步步走来。

3. 案例思考

山西有哪些生态文化？为什么要把生态治理放在第一位？

【知识研修】

单元一　山西生态文化概述

山西概况

一、山西生态自然条件

（一）山西地形气候

山西整体上是一处被黄土覆盖的山地型高原，通称为"山西高原"。山地占山西全省总面积的35.7%，丘陵占44.6%，平原仅占19.7%。山西省大部分地区海拔在1000米以上，地形复杂多变，起伏悬殊，与东部的华北大平原形成鲜明对比。山西省的最高点是五台山的北台叶斗峰，海拔高达3058米，同时也是华北地区的最高点；最低点位于垣曲县西阳河入黄河处，海拔仅有180米。

山西位于我国东部中纬度内陆地带，外缘有山脉环绕，难以受到海风的影响，形成了比较典型的温带大陆性季风气候。该气候的总特点是昼夜温差大，干燥多风，干旱少雨，四季分明。春季气候多变，风沙较多；夏季多雨，温度相对较高；秋季短暂，气候温和宜人；冬季较长，寒冷干燥。山西省的年平均最高气温可能在10℃至20℃之间，年平均最低气温为–7℃至–4℃之间。全年无霜期从北向南为4到7个月不等。由于山高岭多的地形特征，导致全境降水分布不均。夏季，受东南季风的影响，是全境降雨量较为集中的时期。然而，由于山岭的阻隔，往往形成东南雨水充足而西北干旱的状况。大部分地区年平均降水量为400毫米至650毫米。由于山西南北狭长且东西有太行山、吕梁山作为天然屏障，因此东西之间的气候差异不如南北明显。此外，由于山西境内多山，气候的垂直变化也十分显著。

（二）山西地貌类型

1. 黄土地貌

黄土地貌是在黄土地层上经过长期自然作用发育而成的地貌。黄土是一种黄色的、质地均匀的、松散的第四纪土状堆积物，具有多孔隙、多垂直裂隙、透水性强、富含碳酸钙等特性，这些特性使得黄土在干燥时坚如岩石，但遇水后则容易崩解。黄土在流水冲刷、重力崩塌和风力吹蚀的共同作用下，形成了沟壑纵横、地面多裂缝的地貌景观。人们通常把黄土高原上的大型平坦地块称为"黄土塬"，如陇东的董志塬、陕北的洛川塬以及晋西的一些小块的黄土塬等。这些塬面坡度一般在5度以下，是较适宜农耕的区域。

黄土高原或黄土盆地遭受沟谷流水切割后，沟间残余的部分形成了许多黄土丘陵。这些丘陵虽然高度不一，但在某一区域内却往往呈现出相似的特征。登高远望，这些丘陵宛如大海中的黄色波浪，形状和大小复杂多样。人们根据它们的不同形态给予了不同的名称，例如把长条状的丘陵称为"梁"，其中顶面平坦的被称为"平梁"；把孤立浑圆、顶部呈穹形的丘陵称为"峁"；把塬与沟谷间较大的残余平地称为"坪"；在两个黄土汏之间的长条平梁，因其外形颇似一堵长墙，故也有人称之为"黄土墙"。

山西省的黄土层深厚、质地均匀且疏松，由于降水相对较少，为当地居民凿窑洞而居提供了便利条件。当地居民利用这些特点，在黄土陡壁上挖出了一排排只见门窗、不见房顶的土窑洞。这种土窑洞在山西省西北部的山区相当普遍，一排排窑洞层层叠叠，宛如一幢幢楼房，构成了别具一格的景观。建造这种土窑洞既省工又省料，而且具有冬暖夏凉、能调节室内温度的优点，同时还不占用耕地面积。然而，需要注意的是，要防止窑洞上方积水漏水，否则容易引起窑洞倒塌。

2. 山地地貌

构成山西地形基本骨架的是六座山脉：太行山脉、恒山山脉、五台山脉、太岳山脉、中条山脉和吕梁山脉。太行山脉矗立于黄土高原与华北平原之间，其走向大致为东北至西南。太行山脉在山西境内，北接五台山，南抵晋城市南部边界，南北绵延长约350千米，宽度在40千米至50千米之间。其海拔一般在1500米至1800米之间，部分高峰更是超过2000米。作为具有典型的断块型断层特征的山脉区段，山西的太行山西坡相对平缓，而东坡则陡峭险峻。从华北平原向西眺望，太行山的山势更显巍峨挺拔，山林茂密，地势极为险要。太行山不仅是山西、河北、河南三省的交界山，还是华北平原与黄土高原的天然分界线。

3. 盆地地貌

在山西地貌分区中，中部地区分布着一系列彼此相隔的断陷盆地（断块构造中的沉降地块），这些盆地自北向南纵贯省境中部，依次为大同盆地、忻定盆地、太原盆地、临汾盆地、晋城盆地和运城盆地。此外，在东南部还有长治盆地。

二、山西生态资源分类

（一）水资源

山西河流

1. 山西的河流

山西的河流属于外流水系（即由区内流向外省），主要分属于黄河和海河两大水系。大体上，向西和向南流动的河流属于黄河水系，而向东流动的河流则属于海河水系。这些河流大多发源于东西两侧的山地。

地表径流量的空间分布主要受降水量的影响。年径流量的地理分布与降水量的分布相似，呈现出明显的水平地带性特征，即从东南向西北逐渐递减。地表径流的时间分布则极为不均匀，汛期主要集中在6月至9月，这四个月的水量占全年总水量的60%至80%；而枯水期则相对较长，长达六个月，枯水期的径流量占全年的比重由北向南逐渐递减。

山西的地表水资源相对贫乏，由于季节性河流较多，"夏季排洪、旱季断水"的现象较为普遍，水资源在丰水期和枯水期之间悬殊较大，且时空分布不均。此外，河流泥沙含量大，地表径流与地下径流的转换也较为频繁。

山西的地下水资源总量为1214.6亿立方米，相当于山西平均水资源总量的22.8%，但其中可开采的水资源仅占45%。山西的地下水主要以岩溶水为主，这些地下水出露后，形成了一些具有水资源价值的泉水，但这些泉水多分布在盆地边缘及省境四周。总体上，山西地下水的水质优良、水量稳定，是山西宝贵的水资源。

2. 山西的泉

山西的泉数以万计，分为冷泉、热泉和矿泉三种。较大的冷泉有朔州神头泉、五台山般若泉、太原难老泉、清徐平泉、洪洞霍泉、临汾龙子祠泉等；热泉则有浑源汤头温泉、忻州奇村温泉、顿村温泉、定襄温泉、盂县温泉、夏县温泉、新绛温泉等；矿泉中，般若泉较为著名。

3. 山西的湖泊

山西水资源相对缺乏，但天然湖泊仍有多个。水库与人工湖泊宛如颗颗明珠镶嵌在三晋大地上。山西的天然湖泊有五台山北台顶天池、宁武天池、运城盐湖等；人工修建的水库有恒山水库、汾河水库、文峪河水库、漳河水库、漳泽水库等，以及城市各大公园内的蓄水湖池，总数近千处。

4. 山西的瀑布

山西境内名气较大的瀑布有壶口瀑布和娘子关瀑布。壶口瀑布位于吉县城西北46千米处，是中国第二大瀑布。汹涌澎湃的黄河水进入晋陕峡谷后，由于河床走势的影响，原本300米宽的浩瀚水面骤然收窄至约50米宽，倾泻在落差达30多米的石槽状河床中，形成一个形似茶壶注水的巨大瀑布，因此得名"壶口"。

娘子关瀑布因位于大行山的著名关隘娘子关附近，故得名。它由11个主泉眼组成，众多股泉水汇聚成巨流，沿着悬崖峭壁倾泻而下，形成一幅绚丽的"水帘瀑布"。瀑布落差达20多米，宽约10米，如同白练挂在峭壁前，又如喷珠散玉直泻谷底。在阳光下，瀑布呈现出五彩飞虹的景象，其声震耳，蔚为壮观。

5. 山西的冰洞

神奇的大自然造就了宁武县的美妙自然景观——万年冰洞。万年冰洞形成于新生代第四纪冰川期（距今约160万年），且属于石灰岩溶洞类型。洞口距离山底100多米，洞内四处冰封，寒气逼人，深不可测。洞内的冰体形态各异，有挺拔秀美的冰柱、高大宽阔的冰帘、气势雄伟的冰瀑以及含苞欲放的冰花，这些美丽的景观堪称中华一绝。洞越深冰越厚，且冰层不因季节变化而消融，即使在炎炎盛夏，洞内冰层也依然不化。因此，宁武冰洞成为了一个自然之谜。更有趣的是，在距冰洞不远处，有多年不熄的地下煤炭自燃形成的火源，一冰一火，二者本是相克之物，却奇妙地共存于一山之中，成为了世界自然奇观。

万年冰洞

（二）动植物资源

1. 山西的动物资源

山西野生动植物资源丰富，种类多样，数量庞大，以陆栖脊椎类动物为主。目前已知的有400多种动物，其中属于国家重点保护的珍稀动物有70余种。其中，国家一级保护动物有14种，如白鹳、黑鹳、褐马鸡、梅花鹿等；国家二级保护动物则有56种。此外，还有20多种毛皮动物和70多种药用动物。

2. 山西的植物资源

山西森林资源相对稀少，是全国森林资源较少的省份之一。现有的森林主要是在原始森林屡遭破坏后逐渐恢复起来的天然次生林，主要分布在东西两大山脉的河流上游山脊两侧。由于气候和地形的复杂多样，山西的植物资源种类繁多。乔木和灌木树种约500种，主要包括云杉、华北落叶松、油松、白皮松、侧柏、辽东栎、松皮栎、山杨、白桦、刺槐、杨树、柳树等。此外，还有13种属于国家级重点保护的植物，如红豆杉、山白杨等。山西还拥有100多种优质牧草和30多种药用植物。实际上，山西野生植物资源极为丰富，目前已知的种类已超过1000种，其中野生药材就有90多种，它们广泛分布在丘陵与山地地区。

在植物分布上，山西的南部和东南部是以落叶阔叶林和次生落叶灌丛为主的夏绿阔叶林或针阔叶混交林分布区；山西的中部是以针叶林及中生的落叶灌木丛为主分布区，夏绿阔叶林为次分布区，是森林分布面积较大的地区；山西的北部和西北部是温带灌草丛和半干旱草原分布区，森林植被较少。这样的分布格局进一步彰显了山西植物资源的多样性和复杂性。

（三）矿产资源

山西地质历史悠久。在古生代和新生代时期，这里气候温暖湿润，植物繁茂。高大的蕨类植物为煤炭的形成提供了丰富的物质基础，进而形成了丰富的含煤地层。这使得山西拥有了丰富的煤炭资源，素有"煤海"之称，煤炭储量居全国前列。丰富的煤炭资源促使山西形成了一个以重型结构为特征、门类齐全的工业体系，并成为全国最重要的能源重化工基地之一。

山西煤炭

山西地形以山地型高原为主，山地中地质结构复杂，地层较为齐全，具备优越的成矿地质条件。在世界上已知的150多种有用矿石中，山西就发现了120多种，其中34种矿石的探明储量居全国前10位。特别值得一提的是，山西的铝土矿储量居全国首位，铁矿储量则位居全国第四。此外，运城盐池是我国最古老的盐湖之一，拥有4000多年的历史。如今，这座古老的盐池已发展成为我国重要的无机盐化工基地。

（四）自然保护区

1. 芦芽山国家级自然保护区

芦芽山景区位于山西省宁武县，景区总面积321平方千米，自古被称为"三晋第一山"。拥有"山、石、林、洞、泉、庙、谷、庙、关"九大类景观，是集国家地质公园、国家森林公园、国家级自然保护区、国家水利风景区、中国民间文化遗产旅游示范区于一体的国家AAAA级旅游景区。现已开发的景区有芦芽山、万年冰洞、石门悬棺、悬崖栈道、悬空村、汾河源头、情侣谷、马仑草原、宁武天池等九大景区。

2. 灵空山国家级自然保护区

灵空山位于沁源县西北部的五龙川乡，距离县城约40千米。海拔高度在1600米至1850米之间，最高山峰海拔达1953米。山岩地质为寒武纪石灰岩，由于构造运动强烈，地壳发生变异，大面积岩层裸露，沟谷切割较深。山中心三条沟壑交汇，形成一处奇险的深谷。山岩之上覆盖着第四纪黄土，加之雨量充足，适宜植物生长，因此林木郁郁葱葱，山花野草遍地。山中岩洞众多，险峰竞秀，幽静奇特。2013年，山西灵空山被列为国家级自然保护区。

3. 庞泉沟国家级自然保护区

庞泉沟国家级自然保护区位于山西省交城县西北部和方山县东北部交界处，地处吕梁山脉中段。这是一处野生动植物类型自然保护区，主要保护对象是中国特有的珍稀鸟类——褐马鸡及其栖息地。保护区南北长15千米，东西宽14.5千米，总面积1044.35平方千米，森林覆盖率达74%。该保护区于1980年12月经山西省人民政府批准建立，1986年被国务院批准为国家级自然保护区。

4. 黑茶山国家级自然保护区

黑茶山国家级自然保护区位于山西吕梁山中部地区，是晋西北低山浅山区生物多样性最为丰富的地区之一，总面积为244.15平方千米。该保护区中列入保护品种的动植物主要有暖温带落叶阔叶林与温带草原交错区的生态系统，以及褐马鸡、原麝、金钱豹等珍稀野生动物和紫点杓兰等兰科植物，还有青檀等珍稀濒危植物及其栖息地。该保护区同时也是黄河一级支流湫水河源头和蔚汾河的水源地。其山势雄奇峻伟，松柏苍翠，素以山高林密、气候变化莫测而闻名。四季景色各异，林间百鸟争鸣，常有褐马鸡、金钱豹、原麝、山狍等珍贵动物出没其间。"茶山积雪"为兴县古代十景之一，在天高云淡的秋季，能清晰地看到它巍巍的轮廓。

5. 五鹿山国家级自然保护区

五鹿山国家级自然保护区位于山西省蒲县境内，地处吕梁山脉南部区域，主峰五鹿山位于保护区西部，海拔1946.3米，为吕梁山南段最高峰。该保护区属于森林生态系统类型的自然保护区，是山西省四大旗舰物种褐马鸡、原麝、华北豹、黑鹳等珍稀动物的重要栖息地，是白皮松、辽东栎等珍贵树种的重要分布区。

6. 历山国家级自然保护区

历山国家级自然保护区位于山西省翼城、垣曲、阳城、沁水四县交界区域，面积为248平方千米。该自然保护区于1983年经山西省人民政府批准建立，1988年晋升为国家级自然保护区。保护区地处亚热带向暖温带的过渡地带，气候温暖，雨量充沛，自然条件优越。历山国家级自然保护区主要保护对象为暖温带森林植被和珍稀动物，属于森林生态系统类型自然保护区。

7. 阳城莽河猕猴国家级自然保护区

阳城莽河猕猴国家级自然保护区设立于1983年，位于山西省晋城市阳城县莽河镇莽河村。该保护区是以保护猕猴等珍稀野生动植物为主的森林和野生动物类型自然保护区，有"山西动植物资源宝库"之美誉。区内四季分明，光照充足，年平均气温14℃，年降雨量600毫米至800毫米。独特的地理环境使得众多的珍贵动植物在这里繁衍生息，物种呈现出南北过渡，东西承接，多种系混搭的特点。猕猴在此地属于其自然地理分布的最北界。

8. 太宽河国家级自然保护区

太宽河国家级自然保护区地处中条山的中西部地区，山西省运城市夏县东南部，总面积242.76平方千米，森林覆盖率88.7%。保护区内拥有森林类型多样、森林面积广、保存状况基本完好的栎类林，作为我国华北地区典型暖温带落叶阔叶林的重要种质资源和基因库，该保护区对于整个华北地区森林经营和森林重建具有重要的价值。

（五）国家级森林公园

1. 老顶山国家森林公园

老顶山国家森林公园位于山西省长治市东部，距市区2.5千米，批准设立于1992年，海拔1378米，森林覆盖率达80%以上，号称长治市东部的"绿色屏障""天然氧吧"。该公园分为四个景区：一是动物养殖观赏区；二是林业科研考察区；三是老顶山风景游览区；四是神农峰名胜游览区。五顶、九岭、十八道沟、三十余处岩洞和四十余座山峰组合成了老顶山奇特雄秀的自然风光。自然景观主要有雄狮卧岗、鉴天石、石丛缀菊、石海微澜、五指擎天，危崖耸空等10余处；人文景观主要有炎帝像、九龙宫、祖师庙、南崖宫、朝阳洞、古寒泉、神农井、百谷洞、古鱼池等。进入园区，青松翠柏，果树连片，山花烂漫。森林中植物种类繁多，药用植物、经济型植物、油料植物应有尽有。动物种类也十分丰富，属国家保护鸟类有游隼、苍鹰、红腹角雉等，这些小生灵，为公园增添了许多的山野之趣和勃勃生机。

2. 禹王洞国家森林公园

禹王洞国家森林公园是山西省忻州市系舟山脉的组成部分，距省城太原60千米，北离忻州14千米，公园海拔最高处达1800米。山体主要由石灰岩构成，山势巍峨，岩石嶙峋，并分布着众多喀斯特溶洞，尤以禹王洞规模最大，景观奇特，被誉为"华北第一洞"。禹王洞原名仙人洞，亦称仙登窑。相传大禹曾在此系舟治水，洞内有一石像酷似禹王，因此得名禹王洞。洞内常年恒温8℃至11℃，它究竟有多深，至今仍是个谜。目前已探明的洞深约2000米，已整修出可供游人参观的有四层共三厅十洞，长约700米。禹王洞是一天然石灰岩溶洞，洞内洞连洞，路通路，九曲回环，色彩斑斓，奇洞怪石，造型奇特，众多的自然景观令人流连忘返。洞外山势雄伟，森林茂密，风景秀丽，气候宜人，鸟语花香，被列为国家森林公园。

3. 天龙山国家森林公园

天龙山国家森林公园原名方山，属吕梁山脉分支，海拔1700米，位于山西省太原市西南36千米处。天龙山屏峰黛立，松柏成荫，溪泉鸣涧，气候凉爽。早在东魏时高欢建了避暑宫，北齐高洋建了天龙寺，并都开凿了石窟。天龙山主要以佛教石窟闻名于世，共计25窟，虽为数不多，却包含了东魏、北齐、隋、唐、五代时期的作品，为"中国十大名窟"之一。天龙山森林公园的独特在于其有山有水有古迹。山峰层峦叠嶂，泉声淙淙不绝。飞禽走兽活跃山间，一年四季松柏常青。景区风光秀丽，山不高而挺拔，清幽凉爽；树不大而茂密，郁郁葱葱。

此外，山西省的国家森林公园还有：五台山国家森林公园、关帝山国家森林公园、管涔山国家森林公园、恒山国家森林公园、云冈国家森林公园、龙泉国家森林公园、赵杲观国家森林公园、方山国家森林公园、五老峰国家森林公园等。

山西，素有"表里山河"的美誉。亿万年的地质变迁，塑造出山西多样而独特的生态环境，赋予这里险峻秀美的自然风光，也孕育了丰富的动植物和矿产资源。这片土地值得我们倾心热爱、全力守护，每个人都应成为生态保护的坚定捍卫者与积极践行者。

【课后任务】

查找相关资料，选取你最喜欢的山西生态景点或自然保护区，整理相关资料形成一篇500字的导游词，并制作讲解视频发布在微信、抖音等平台。

单元二　山西生态文化景观

在华夏大地的北方，山西，这片古老而厚重的土地被群山紧紧环抱。太行、吕梁等一众山脉，恰似巨龙蜿蜒盘踞，它们不仅勾勒出山西独特的地理轮廓，更以亿万年的时光，深深蕴育着独特的晋地之风，历经千年岁月，风采愈发万般迷人。

太行山脉，峰峦连绵起伏、层峦叠嶂，雄浑壮阔的气势扑面而来，令人心潮澎湃。它宛如一位坚毅的卫士，镇守着山西的东大门，在漫长的历史长河中，阻挡了无数战火硝烟，静静见证着朝代的更迭与岁月的变迁。古代戍边将士曾在此坚守，他们的豪情壮志与这巍峨太行融为一体，化作不朽的精神力量，铸就了山西人坚韧不拔、勇于担当的精神品格。山间的古栈道、烽火台，虽历经风雨侵蚀，却依然顽强地挺立着，向世人诉说着往昔的金戈铁马，它们是山西历史沧桑的有力见证，也让晋风里多了一份热血铸就的铁血豪情。

吕梁山脉，则以其独特的身姿彰显着山西的豪迈与质朴。这里的山梁沟壑纵横，犹如大地的脉络，记录着生活的艰辛与希望。走在吕梁的山间小道，耳畔仿佛能听到悠扬的信天游，那高亢嘹亮的歌声，饱含着吕梁儿女对生活的热爱，对命运的不屈。它蕴含着山西人民对土地深深的眷恋，对美好生活的执着追求，这是晋风最本真的表达，质朴而又热烈，如同这片黄土地上生长的庄稼，充满了生命力。

山西的山，还是文化的摇篮。五台山，作为佛教四大名山之首，佛光普照，梵音袅袅。众多寺庙依山而建，错落有致，宛如一幅古朴的画卷。在这里，佛教文化与山西本土文化相互交融，碰撞出智慧的火花，形成了独特的宗教文化氛围，影响着一代又一代山西人，让晋风多了一份慈悲与包容，如同山间清澈的溪流，润泽着人们的心灵。而恒山，不仅有奇松、怪石、幽云、清泉等自然景观，宛如人间仙境，还承载着深厚的道教文化。悬空寺更是巧夺天工，镶嵌在悬崖峭壁之上，它以独特的建筑风格和精湛的技艺，展示着古代山西人民的智慧与创造力，成为晋风里独特的文化符号，让人不禁感叹古人的鬼斧神工。

山蕴，是山西人民的坚强脊梁，支撑着这片土地上的人们历经风雨；晋风是山西人民的精神家园，给予人们温暖与力量。山蕴晋风，二者相互交融，激励着一代又一代山西人在这片土地上拼搏奋斗，传承着山西的文化与精神，让山西大地在岁月的长河中熠熠生辉。

一、山蕴晋风

（一）太行山大峡谷

太行山大峡谷自然风光旅游区位于山西省壶关县东南部，地处山西与河南的交界处，距离太原市约250千米，距郑州市约280千米，共有景观400余处，其中主要景点44个。旅游区占地面积达93平方千米，林草覆盖率高达74.9%。这里千峰竞秀，万壑争奇，独特的地形地貌和珍稀动植物资源共同造就了太行山大峡谷奇异的自然风光。太行山大峡谷是峰的海洋、石的国度、洞的世界、水的宝库，也是植物生长的乐园和动物栖息的天堂。风景区内风光旖旎，景色奇异，太行风采汇聚于奇峰洞壑之间。林海、悬崖、山石、清泉、瀑布、溶洞、庙宇以及丰富的传说，虚实相间，明暗交错，光影斑驳，奇险并存，宛如天成。

太行山大峡谷的自然景观特点集雄、险、秀、幽、奇于一体。太行山群峰神奇秀异、雄浑秀美、峭壁林立，纵横交错的长崖将太行山大峡谷的"险"展现得淋漓尽致。大峡谷最让人陶醉的是其秀美的山水，二者动静结合，巧妙融合，形成了极具美学价值的地质地貌景观。丰富的水资源使得大峡谷的空气湿度明显高于周边地区，这里常年云雾缭绕，群峰时隐时现，展现出一种朦胧的和谐美。这种美与幽深曲折的峡谷、神秘莫测的溶洞相得益彰，共同营造出一种幽深的意境，给人以神秘莫测的感受。太行山大峡谷的"奇"主要体现在奇峰林立、奇石遍布、奇洞各异，众多石、峰、洞被赋予了动人的传说。

（二）恒山

恒山，地跨大同、朔州、忻州三市，亦称北岳，与东岳泰山、西岳华山、南岳衡山、中岳嵩山并称为五岳。北岳恒山，是海河支流桑干河与滹沱河的分水岭，同时作为大同盆地和忻定盆地的界山。恒山呈西南—东北走向横亘于大地之上，其西南端与云中山、管涔山等山系相接，向东北延伸与六棱山形成连续山体，最终以余脉形式延展至河北省境内。恒山在山西省境内长约

恒山山脉

250千米，宽约20千米，平均海拔为1500米至2000米，山体两侧均有断层，北坡陡峭，断崖陡壁如削，外长城依山蜿蜒而筑，雄伟壮观。雁门关、宁武关、平型关等著名关隘，自古就是兵家必争的战略要地。南坡倾斜稍缓，逐渐过渡到繁峙、代县的滹沱河谷地。

恒山，号称108峰，横跨晋、冀两省。它西衔雁门关、东跨太行余脉，南障三晋大地，北瞰云州、代州（今山西省代县），莽莽苍苍，横亘塞上，巍峨耸立，气势雄伟。恒山自然景观的宏观特征是群峰奔突，气势磅礴。整个恒山，海拔在2000米以上的山峰比肩而立，重重叠叠，展现出异常博大雄浑的气势。恒山地处塞北高原之上，天气晴朗之日居多，云雾缭绕之时较少，无论是登高远眺还是抵近细观，都能给人以雄旷高远之感。

（三）五台山

山西五台山地处五台县、繁峙县、代县交界处，北濒滹沱河谷地，西南衔接系舟山

脉，东连太行山脉，与四川峨眉山、安徽九华山、浙江普陀山并称中国四大佛教名山，驰名中外。

五台山的山体主要由古老结晶岩构成，北部切割深峻，五峰耸立，峰顶平坦如台：东台望海峰、西台挂月峰、南台锦绣峰、北台叶斗峰、中台翠岩峰。五峰之外的区域称台外，五峰之内的区域称台内，台内以台怀镇为中心。五台山最低处海拔仅有624米，最高处北台顶海拔为3061.1米，有"华北屋脊"之称。山中气候阴冷，台顶终年有冰，盛夏天气凉爽，故又称清凉山，为避暑胜地。五台山自然植被以草地为主，由草甸、草原、灌丛构成，是优良的草场。

1982年，五台山被列为首批国家级风景名胜区。此外，五台山还拥有世界文化景观遗产，国家AAAAA级旅游景区，国家地质公园，国家森林公园，国家自然与文化双遗产，中华十大名山之一等殊荣。

（四）太岳山

太岳山，亦名霍太山，最高峰海拔高达2566.6米，群峰连绵，层峦叠嶂，宛如巨龙腾空，直插云霄，其雄浑壮观之姿，傲立于晋中、晋南盆地之巅。在太岳山国家森林公园内，野生动植物资源极为丰富，种类繁多，构成了一个绚烂多彩的自然世界。其中，木本植物多达233种；草本植物则涵盖了62科，超过500种；野生动物亦有166种之众，包括46种兽类和120种鸟类，其中不乏金钱豹、原麝等国家一级保护动物。

如今，太岳山国家森林公园已发展成为一处综合性旅游胜地，拥有八大景区，超过600个景点。这里以自然山水为基底，森林风光为主体，人文景观为点缀，集避暑休闲、观光览胜、探险探秘、登山攀岩、野营露宿、狩猎体验、佛事活动、科学考察、教学实习、温泉沐浴等多种功能于一体，为游客提供了丰富多样的旅游体验。

（五）历山

历山是中条山的主峰，总面积为100平方千米，主峰海拔2358米，与翼城、垣曲、阳城毗连衔接，境内峰峦叠翠，直插云霄，是山西省南部最高的山。历山奇妙独特，景色迷人。山下仰望，奇峰峭壁，挺拔俊秀，林木参天，高耸入云。山上观望，平坦辽阔，山花烂漫，芳草遍野，奇花异草，争相吐艳。周围峰谷相连，林木挺拔，云雾缭绕，变幻无穷，一年四季景色各异。烈日盛夏，山风沁人，气候凉爽。严寒隆冬，雪景诱人，冰凌倒挂，大山森林银装素裹，仿佛成为冰晶的世界。

（六）芦芽山

芦芽山地处山西省吕梁山脉的北端，宁武县、五寨县、岢岚县交界处，因形似"芦芽"而得名，海拔2736米，是高山峻岭中挺拔的一座雄峰。这里峰峦重叠，沟壑纵横，崖沟跌宕，溪水淙淙，有大小瀑布30余处。山峰尖峭，怪石嶙峋，林木茂密。每有云雾萦绕，雄峰突兀，如同青翠的"芦芽"破土而出，生机勃勃，引人入胜。这里四季风光不同，四时景象殊异，可谓春来十里杏花，盛夏万岭流云，中秋层林尽染，隆冬素裹山川，堪称黄土高原上的绿色明珠。

（七）北武当山

北武当山位于方山县境内，吕梁山脉中段，主峰香炉峰的海拔为2254米，总面积约80平方千米。它集"雄、奇、险、秀"于一身，是吕梁山的一颗明珠，素有"三晋第一名山"之称，是我国北方道教圣地之一。

北武当山主峰四周几乎都是陡壁悬崖，只有一条人造"天梯"可供登临。游人攀登，每一步都可听到悠扬顿挫的"石音"，形成独特的"石乐"绝景，故称"仙音阶"。许多树形怪异的奇松构成北武当山的一大景观，主要有：鸳鸯松、迎客松、托天松、母子松、擎天探海松等。与奇松相映成趣的是怪石景观，如古猿望日、石猪受难、九龙出洞、石象守山、天壶倾露、石羊朝圣、石龟下蛋、石虎、石蛤蟆等。最称奇的是"龟蛇斗智"石："蛇石"双目相对，"龟石"尾临悬崖。崖畔峭立万斤重石，用力一推或经风一吹，便呈摇摇欲坠之状，令人心悬，故而又称"风动石"。沿着石阶攀援而上，随处可见悬崖峭壁，其中舍身崖、千仞壁、鹰嘴崖等令人瞩目、惊叹。山上山下垂直分布的植被，其色彩和花期随季节的变化，又给北武当山披上了"春粉、夏艳、秋红、冬白"的盛装。

二、水样年华

在山西这片被群山深情环抱的土地上，水，宛如灵动的诗篇，编织着独属于三晋大地的水样年华，与雄伟的山川一同，勾勒出山西的独特风姿。而黄河，无疑是这诗篇中最激昂的乐章。

黄河，这条中华民族的母亲河，自北向南奔腾而来，在山西境内流淌960余千米，途经忻州、吕梁、临汾、运城4市19县，如一条巨龙，环绕三晋的整个西部与南部。它以磅礴的气势，劈开黄土高原，造就了无数震撼人心的自然景观。壶口瀑布，便是黄河在山西奏响的最强音。滔滔黄河水至此，如万马奔腾，收束为一股洪流，倾泻而下，形成"千里黄河一壶收"的壮丽景观，巨大的轰鸣声仿佛在诉说着岁月的沧桑与历史的厚重，其雄浑的气魄，让每一位观者都深深感受到大自然的伟力与黄河独特的魅力。

汾河，作为山西的母亲河，黄河的第二大支流，悠悠流淌，承载着千年的历史与文化。它发源于管涔山，一路奔腾，润泽着广袤的三晋大地。"泛楼船兮济汾河，横中流兮扬素波"，千年前的诗句，生动描绘出汾河的雄伟壮丽与清澈灵动。曾经，汾河太原城区段生态环境遭到破坏，经过20余年的持续修复治理，汾河变身"天然氧吧"、鸟类天堂，如今又现"一川清水、两岸锦绣"的美景，每一滴河水都流淌着山西人民对美好生活的向往与追求。

除了黄河与汾河，山西还有众多河流如璀璨繁星。沁河发源于沁源县，属黄河水系，为山西省境内八大河流之一，长度仅次于汾河。它从山西中部的霍山山地起源，自北向南流，穿过高原，切开太行山后注入黄河。桑干河位于大同市云州区，它与沁河等河流穿梭于山谷之间，或湍急，或平缓，共同奏响了山西的水之乐章。

山西的湖泊，如珍珠般点缀在大地上。晋阳湖，作为华北地区最大的人工湖，水域广阔，波光粼粼，是城市的生态绿肺。瀑布与清泉，为山西的水增添了别样的魅力。深山之中，清泉潺潺流淌，滋养着周边的动植物。

山西的水，以其多样的形态，或奔腾，或静谧，滋养着这片土地，孕育着深厚的文化。黄河作为其中的核心，承载着山西的历史记忆，见证了山西的生态变迁与经济发展。它们共同陪伴着山西人民走过悠悠岁月，成为山西不可分割的一部分，与雄伟的山一起，构成了山西独特的生态与人文景观，书写着属于三晋大地的传奇。

（一）黄河

黄河流经山西省的西部和南部边境。在北部西面的一段是晋、陕的分界线，南面的一段是晋、豫的分界线。黄河从内蒙古高原折头南下，在偏关的老牛湾进入山西，穿行在晋陕峡谷地带。黄河在山西境内纵贯南北，水流湍急，到达风陵渡后，因被华山阻挡而折向东流，最后由垣曲县流出山西。北部兴建的万家寨引黄入晋水利枢纽工程是规模最大的工程，南部在吉县的壶口形成了著名的壶口瀑布，是全国第二大瀑布。

（二）汾河

汾河是山西第一大河，也是黄河第二大支流，发源于宁武县管涔山脉楼子山下的水母洞，汾源处建有"雷鸣寺"，泉水喷溢，声如雷鸣，因而得名。汾水从石崖壁上龙口中奔涌而出，流量为0.2～0.4立方米/秒，汾源处建有一面积为6.5平方米的水塘——"汾源灵沼"。汾源泉水终年流淌，寒冬不冻，荒旱不枯，清澈见底，水底卵石清晰可辨。

汾河从"汾源灵沼"流出，纵贯省内中部，全长695千米，流经忻州、太原、晋中、吕梁、临汾、运城6个地市34个县市，在河津市禹门口跃入黄河。流域面积39741平方千米，约占全省总面积的1/4，年径流量5.5亿立方米，养育了全省41%的人民。汾河水量比较丰富，但水量变化大，含沙量也比较大。她世世代代哺育了三晋儿女，称得上是山西人民的母亲河。

然而，长期以来，在汾河流域的开发建设中，汾河水体受到了严重污染。山西省人民政府为了改善汾河流域的环境，利用2年左右的时间（1998—2000）完成了汾河太原城区段的治理美化工程，建起了汾河公园，成了太原市区一道美丽的风景线。景区北起胜利桥上游155米，南至南内环桥下游125米，全长6000米，宽500米，占地300万平方米，把河道治理、环境保护、城市绿化有机结合起来，进行环境综合整治，保持了城市滨河区良好的自然生态，实现了人与自然和谐共生、城市发展与环境建设的协调发展。

（三）沁河

沁河是山西第二大河，发源于沁源县西北的太岳山，流经沁源、安泽、沁水、阳城等县，穿越太行山后，向南进入河南并注入黄河。全长456千米，在山西省境内长363千米，流域面积为19315平方千米。沁河在山西省境内水量丰富，水质清澈，含沙量较少。

（四）宁武天池

宁武天池位于宁武县境内的山岗上，这些山岗上散布着一些冰川作用下形成的高山湖泊，从而形成了以天池为主的高山湖泊景观。天池由三个相连的湖泊组成，即马营海、琵琶海、鸭子海。这三个湖泊水深10米，总面积0.8平方千米，蓄水总量达800万立方米。高山环抱中的天然湖群，湖水清澈宁静，苍松翠柏掩映其中，宛如一串晶莹碧绿的宝石镶嵌在高山之巅。

（五）运城盐池

盐池，又名盐湖，诞生于距今约4000万年的新生代喜马拉雅山构造运动时期。当时，中条山快速上升，到第四纪初期（距今约160万年），受地壳板块"新构造运动"的影响，中条山北麓断裂下沉，形成狭长的陷落地带，并接受各种盐类沉积物的溶解和聚集。这里冬季多西北风，夏季多东南风，气候条件独特。冬季，寒冷的西北风使池内饱和的盐卤遇冷结晶；夏季，烈日蒸晒使卤水自然成盐。盐池是国内罕见的内陆产盐地。它位于运城市南郊，东西长30千米，南北宽5千米，总面积130平方千米。盐池所产的盐是水卤经日光曝晒而成，颜色洁白、品质优良、味道纯正，含有多种钠钙物质。盐池的开发历史约有4000年，人工垦晒盐从唐尧时期开始，是中国最古老的盐池之一。

（六）晋阳湖

晋阳湖位于太原市晋源区，距市区3千米，南接历史悠久的古晋阳城和驰名中外的晋祠旅游胜地。湖水由汾河西干渠引入，面积4.8平方千米，水深平均4米，最深处达8米。晋阳湖水质良好，湖中盛产鲢鱼、鲤鱼、罗非鱼等鱼类，全年水产量达236吨。晋阳湖原本是新中国成立初期人工开挖的太原某热电厂的蓄水池，后来发展成为华北地区最大的人工湖。如今，它已被开发成晋阳湖公园，公园内有生态鸟岛、沙滩浴场、体育公园、大地艺廊、映月艺廊等休闲场所。晚上，还有《如梦晋阳》水上文化与旅游创意表演，成为了当地人休闲娱乐的上佳去处。

（七）壶口瀑布

壶口瀑布是中国第二大瀑布，是黄河上最大的瀑布。壶口瀑布以其落差之大和水势之猛，形成了特有的四大景观：水里冒烟、彩桥通天、群龙戏浪、谷涧起雷。千百年来，诗人们用"收来一曲水，放出半天云""浪花喷五色，湍势吼千牛""水底有龙掀巨浪，岸旁无雨挂长虹"等充满激情的诗句来赞美壶口瀑布的粗犷险峻、豪迈奔放、雄浑壮观和绮丽多姿。《黄河大合唱》的词作者光未然正是在观赏壶口瀑布时，被其壮观的景色所震撼，从而激发了创作这部作品的灵感。多年来，壶口瀑布不仅以其壮观的自然景观吸引着无数游客，更成为了广大青少年和学生进行爱国主义和黄河文化宣传、学习、教育活动的重要场所。这些活动也进一步提升了壶口瀑布的知名度和影响力，使其成为更多人心中向往和敬仰的地方。

（八）娘子关瀑布

娘子关不仅凭天下第九关为人熟知，还以其山明水秀的宜人景色闻名遐迩，娘子关瀑布悬流百尺，顺悬崖峭壁而下，形成了一幅绚丽的"水帘瀑布"，如喷珠散玉直泻谷底，悬空飞洒、珠花四射，如白帘挂在此壁前，形成高达20多米的水帘。天气晴好时，在阳光的映衬下，水帘呈五彩飞虹之状，蔚为壮观。瀑布旁又有水帘洞、趵突泉等景点，景色极为优美。这里家家流水，处处涓泉，组成一幅"小桥，流水，人家"的天然画卷。成就了"人在水上住，清泉屋下流"的自然风光，颇有些江南水乡的味道，"水上人家"由此得名。

【课堂寄语】

通过本次学习，我们欣赏到了山西生态景观所蕴含的美。面对丰厚的自然宝藏，我们在欣赏、享受的同时，还要肩负起保护开发、永续利用的责任，把家乡美丽的山川河流一代代传承下去。

【课后任务】

太行山生态景观有哪些？搜集山西太行文化中你感兴趣的生态景观，并计出它的位置和特点，分享到自媒体平台。

单元三　山西生态文化旅游发展现状

近年来，山西全力打造国际知名文化旅游目的地，持续塑造"华夏古文明、山西好风光"的形象。依托独特的生态和文化优势资源，山西推动文化与旅游融合，创新产品供给，坚持以文塑旅、以旅彰文，促进文化和旅游深度融合发展。这些努力旨在加快形成山西文化旅游产业发展的新优势，吸引越来越多的游客来感受三晋大地的生态之美、城市风貌和历史风华。山西正全力向国际知名文化旅游目的地的目标迈进。

一、山西生态文化旅游区

山西的旅游资源十分丰富。山西省人民政府在生态整治和环境治理方面持续努力，加强生态景区配套设施和旅游公路建设，加大景区周边环境整治力度，提升服务质量，推进旅游服务标准化，创新体制机制，探索适应生态文化旅游业态特点的改革模式，以充分发挥山西丰富的文化与自然遗产资源潜力。为此，山西先后设立了太原西山、右玉、左权、平顺、方山、陵川、乡宁和偏关等八个生态文化旅游示范区。

（一）太原西山生态文化旅游开发区

2017年，经山西省人民政府批准，太原西山生态文化旅游开发区设立。该旅游开发区总规划面积为483平方千米，以生态文化旅游和新能源微电网产业为主导产业，包括北部山水生态休闲示范区、中部特色产业转型示范区、南部文化传承与休闲片区。

北部山水生态休闲示范区涵盖崛围山风景名胜区、一线天景区，以及西山国家矿山公园、西山煤电厂区、矿坑等旅游资源，重点发展观光游览、休闲度假、大健康等产业，旨在建设集山水风景观光游览、户外运动拓展、生态康养度假、晋中特色民宿体验、浅山农业观光等功能于一体的综合片区。

中部特色产业转型示范区以矿山工业文化与生态环保文化为主题，打造集特色文化体验、科普教育、休闲娱乐于一体的主题游览片区，包括科教文创小镇、新能源示范区、体育健身休闲园、矿山大地艺术公园、生态休闲度假区等项目。

南部文化传承与休闲片区涵盖天龙山—晋祠风景名胜区、蒙山大佛、太山龙泉寺、店头古村等代表性资源，集聚了西山主要的国家级文物保护单位和多处重量级文化遗产。该片区以晋阳文化为主线，构建集晋祠祭祀文化、地域民俗文化、佛教文化、历史古道文化等多重文化体验于一体的文化与旅游功能区域。

（二）右玉生态文化旅游开发区

右玉生态文化旅游开发区于2017年经山西省人民政府批准设立，以生态文化旅游、特色农产品及食品加工、新能源产业为主要发展方向。该开发区总规划面积为417.38平方千米，包括杀虎口—右卫文化创意园、环县城生态产业园、苍头河湿地体验带三大功能区，形成了"构建一个产业基地，打造五大特色基地"的建设思路。精心设计了红色右玉精神研学、绿色生态休闲康养、金色西口文化体验"三大精品旅游线路"，并积极与省内外旅行社合作，将这些精品线路融入其旅行规划之中，成功打造了"春有探春之旅、夏有避暑之旅、秋有丰收之旅、冬有冰雪之旅"的"四季之旅"生态文化旅游品牌。

（三）左权生态文化旅游示范区

左权生态文化旅游示范区是2017年11月由省政府批准设立的省级开发区，规划面积为396平方千米。示范区围绕"清凉夏都、红色左权"的建设目标，突出"太行风光游、民歌海洋游、红色文化游"三大特色，重点发展生态旅游、文化体验、休闲康养、避暑度假、红色教育等旅游产业，是集红色文化、绿色生态、产业互融为一体的综合性开发区。目前，示范区内有国家AAAA级旅游景区2家，国家AAA级旅游景区5家，重点景区包括龙泉国家森林公园、麻田八路军总部纪念馆、桐峪1941等。

（四）平顺生态文化旅游示范区[1]

平顺生态文化旅游示范区总规划面积为349平方千米，于2019年经山西省人民政府批准设立，由西沟、太行水乡以及通天峡—神龙湾—风子岭三个片区组成。近年来，该示范区凭借辖区内丰富的文物资源和独特的历史、地理空间布局，聚焦于"风光游、红色游、古建游、乡村游"四大旅游业态，致力于打造"国际一流康养旅游度假目的地"。依托平顺独特的文化与旅游资源，示范区积极招商引资，推进项目建设，通天峡景区创建国家AAAAA级景区的进程正在稳步推进，太行水乡、神龙湾、红色西沟等景区也在提质增效。此外，平顺县拥有32个中国传统村落和15处全国重点文物保护单位，太行天路、潞党参大道等景点吸引了无数游客，文物古建声名远播，岳家寨、虹霓、神龙湾等传统村落更是成为了热门的"网红打卡地"。

（五）方山生态文化旅游示范区

方山生态文化旅游示范区总规划面积为305平方千米，于2019年经山西省人民政府批准设立。近年来，方山县以红色文化、生态文化、廉政文化为引领，致力于打造集山水观光、生态养生、乡村休闲、文化体验等旅游娱乐于一体的文化旅游胜地，并逐步形成了"问道北武当、养生梅洞沟；学廉于成龙，写意张家塔；左国城里话匈奴，北川河畔戏清流"的方山大旅游圈。未来，示范区计划建设2个国家AAAAA级旅游景区、6个国家AAAA级旅游景区，并同步实施15个乡村旅游项目。

（六）陵川生态文化旅游示范区

陵川生态文化旅游示范区于2019年经山西省人民政府批准设立，主导产业为文化旅游和康养产业。该示范区由南北两个片区构成：北片区面积为295平方千米，核心景点包括王莽岭风景区、棋子山森林公园、锡崖沟等；南片区面积为230平方千米，核心景点有上云台风景区、凤凰欢乐谷、塔水河遗址等。依托王莽岭、锡崖沟等资源优势，示范区积极包装、打造并引进一批文化与旅游产业项目，旨在推动文化旅游与其他产业的融合发展，进一步完善文化与旅游产业体系，培育文化与旅游新业态，从而将陵川这块清凉、形胜、文化之地，打造成为人人向往的文化旅游目的地，实现生态效益向经济效益的更好转化。

（七）乡宁生态文化旅游示范区

乡宁生态文化旅游示范区于2020年经山西省人民政府批准设立，主导产业为文化旅游、紫砂文创和葡萄酒酿制。示范区总规划面积为368平方千米，下辖黄河特色生态产业园、云丘山生态度假园和黄河民俗风情园。其中，云丘山景区是国家AAAAA级旅游景区，围绕古村落、康养基地、万年冰洞等资源，着力打造山西旅游知名品牌。同时，示范区依托紫砂

---

1. 平顺生态文化旅游示范区：让传统村落焕发新活力[N].山西日报，2024-08-08.

陶小镇，打造集紫砂文化、研学体验、创意工坊、旅游休闲、文化交流、商务会展、技能培训及生态旅居等功能于一体的文化旅游综合体。此外，示范区还积极挖掘黄河文化，致力于打造万宝山景区和黄河观光风情体验带。

（八）偏关生态文化旅游示范区

偏关生态文化旅游示范区于2022年经山西省人民政府批准设立，由老牛湾黄河人文景观旅游区、水泉—柏杨岭长城风光旅游区、青杨岭森林康养旅游区和偏头关边塞军事文化旅游区四个旅游区组成。示范区突出"黄河文化的保护和传承"这一主线，致力于打造具有深度体验感的沉浸式景区，同时建设望得见山、看得见水、记得住乡愁且富于烟火气的特色村庄。老牛湾黄河国家文化公园正逐步成为黄河流域生态保护和高质量发展的重要标杆。此外，示范区深入挖掘以自强不息精神为主的西口文化、以汇通天下精神为主的商贾文化、以忠贞卫国精神为主的军事文化以及以艰苦奋斗精神为主的治黄文化，旨在构建起体现中华民族根与魂、富有偏关特色的黄河文化保护传承弘扬体系。

二、山西生态文化旅游线路

（一）休闲生态·红色记忆游

线路:灵丘县旅游集散中心—灵丘县博物馆—觉山寺—沿河村—北泉村—车河有机社区—龙渠沟有机社区—花塔民俗村—杨庄白求恩特种外科医院—八路军359旅部石矶旧址—平型关大捷遗址—八路军将领临时住所旧址—平型关长城

线路介绍：通过游览著名的八路军首战大捷发生地平型关及其周边旅游景点，让游客充分体验太行山抗日革命老区这些宝贵的红色文化旅游资源，并在广大游客群体中深入开展爱国主义教育、革命传统教育和理想信念教育。

沿线周边主要景区：灵丘县博物馆、白求恩特种外科医院旧址、八路军359旅旅部石矶旧址、觉山寺、沿河村（旅游示范村）、北泉村（旅游示范村）、车河有机社区（旅游示范村）、花塔民俗村、平型关大捷遗址等。

沿线特色美食：苦荞凉粉、黄烧饼、灵丘麻花、李家熏鸡等。

精品非遗、文创产品：草编、面塑、麦秸画等。

（二）文化忻州·享自在生活游

线路：忻州古城—云中河—奇顿合温泉—佛光寺—五台山—雁门关—芦芽山—万年冰洞—老牛湾

线路介绍：该线路整合了忻州市的重要旅游资源和高等级旅游景区，以"五台圣境净化心灵，雁门雄关激荡心灵，黄河岸边愉悦心灵，芦芽山上陶冶心灵，奇顿温泉洗涤心灵"为贯穿主题，全面展示了当地的佛教文化、古城古建文化、黄河文化与风情、温泉休闲等多元化、高品质的旅游产品。

沿线周边主要景区：禹王洞景区、天涯山景区、憨山文化旅游景区、宁化古城景区、赵杲观景区。

沿线特色美食：台山蘑菇、莜面窝窝、红面鱼鱼、炖羊肉、酸捞饭、豆腐丸子等。

精品非遗、文创产品：忻府八音、代县挠阁、原平凤秧歌、五台山等文创产品。

（三）清凉忻州·避暑胜地休闲游

线路：宁武芦芽山—万年冰洞—忻州陀罗山—忻州禹王洞—五台山—繁峙龙虎山—代县赵杲观—代县白人岩—原平大龙门牡丹山庄—原平天涯山

线路介绍：该线路整合了我市的自然旅游资源，充分发挥五台山、芦芽山等独具特色的自然优势，旨在打造夏季避暑胜地，服务太忻一体化发展，让忻州成为太原人民的避暑首选。

沿线周边主要景区：禹王洞景区、天涯山景区、憨山文化旅游景区、宁化古城景区、赵杲观景区。

沿线特色美食：忻州杂粮、绿色玉米、台山蘑菇、莜面窝窝、红面鱼鱼、炖羊肉、酸捞饭、豆腐丸子等。

精品非遗、文创产品：忻府八音、代县挠阁、原平凤秧歌、五台山文创产品。

（四）冰雪忻州·乐享冬季温泉游

线路：忻州云中河冰雪运动中心—忻州云中河房车营地—忻州北合索温泉—忻州秀容古城

线路介绍：该线路整合开发了我市的冬季旅游资源，推出了全层次、全系列的冬季旅游产品，旨在弥补北方景区可观赏季节短、可游玩项目少等短板，形成集冬季冰雪运动、温泉休养、古城观光、小吃品尝于一体的全新冬季旅游体验。

沿线周边主要景区：禹王洞景区、貂蝉故里文化园景区、天涯山景区、大龙门牡丹山庄等。

沿线特色美食：忻州杂粮、绿色玉米、莜面窝窝、红面鱼鱼、豆腐丸子、定襄蒸肉、定襄黄烧饼等。

精品非遗、文创产品：忻府八音、五台山文创产品。

【课堂寄语】

通过本次学习，大家了解了山西生态文化的类型。正是这些山体、水系、动植物等自然元素，构成了山西丰富的自然资源和美丽的生态环境。作为新一代的青年，保护好山西的生态宝藏，推动绿色发展是我们义不容辞的责任。我们要为山西深厚文化和自然生态的可持续发展贡献自己的力量。

【课后任务】

利用周末或节假日，实地感受山西生态环境的多样性，用语言和镜头传播山西生态旅游的魅力。

【专题小结】

本专题介绍了山西生态文化的概况，重点阐述了山西深厚的文化和自然生态的类型，并详细介绍了具有代表性的山体、水系、动植物等山西生态文化元素。在此基础上，我们整理了山西生态文化旅游发展的现状，引导学生认识到山西生态文化旅游资源保护和开发的重要性，并熟悉山西生态文化旅游发展的基本情况。

【复习思考】

1. 山西有哪些生态资源？
2. 山西有哪些经典的生态旅游线路产品？

【拓展实训】

近年来，山西生态文化建设取得了显著的成果。你的家乡的生态环境发生了哪些变化呢？请实地考察并查阅相关资料，制作一个5分钟左右的视频，宣传自己家乡的自然风貌、秀美景色，以及地方政府为生态环境保护所采取的重要举措和取得的显著成果。

专题六　山西古建文化与旅游

　　山西，拥有中国最恢宏的土木盛宴。每一座古代建筑（以下简称"古建"）都是留存千百年的历史遗珍，让我们一起走进山西的古建世界，欣赏一次跨越千年的艺术巡演。

古建瑰宝

【学习目标】

素质目标：1. 树立对山西古建文化的自豪感，增强对山西历史文化的认知与自信；

　　　　　2. 欣赏古人的建筑技艺，强化对工匠精神的认知；

　　　　　3. 理解文物保护的迫切性和重要意义，树立文物保护观念。

知识目标：1. 了解山西古建的数量、分类及分布情况；

　　　　　2. 掌握山西古代建筑的历史文化特征（重点）。

能力目标：1. 能够利用所学的知识，分析家乡古建的历史价值和艺术特征；

　　　　　2. 能够模拟讲解 2~3 个山西的代表性古建（难点）。

【案例导读】

1. 案例介绍

天龙石窟佛首回归

　　2021年2月11日，农历春节除夕夜，在中央电视台春节联欢晚会上，一件刚刚回归祖国怀抱的珍贵文物——太原天龙山石窟佛首，引起了全国人民的广泛关注。天龙山石窟开凿于北朝晚期至隋唐时期，尽管规模不大，但其文化艺术价值却极高。例如，9号窟中的一尊十一面观音像，被我国著名雕塑家傅天仇先生和钱绍武先生誉为"堪称世界之最，也是我国古代雕塑艺术中最精美的典范"。然而，天龙山石窟也是20世纪前半叶被日本侵略者破坏得最为严重的石窟之一。在20世纪20至30年代，共有240余尊造像被盗掘出境。2020年，漂泊海外近一个世纪的山西天龙山石窟第8窟北壁主尊佛首，见图6-1，在国家文物局的斡旋下得以回归祖国，这一事件在全国引起了轰动。

图 6-1　回归的天龙山石窟第 8 窟北壁主尊佛首

2. 案例解读

文脉与国运相牵，千年天龙山，百年流失史，盛世归来路。太原天龙山石窟佛首的回归凝聚着海内外中华儿女珍视中华文化基因的爱国之心，成为中华民族伟大复兴之路的生动注脚。

3. 案例思考

山西古建在中国古建历史上的地位如何？对山西的文化与旅游业又具有怎样的深远意义？让我们通过这一专题的深入学习来找到答案。

【知识研修】

单元一　山西古建文化概述

俗话说，"地上文物看山西"。作为华夏文明重要发祥地，山西现存古建数量位居全国之首，其中诸多古建遗存以其精湛的营造技艺与深厚的文化内涵，代表着世界古建研究的顶尖水准。这些古建不仅是凝固的历史画卷，更是承载文明记忆的丰碑，历经岁月洗礼，依然以独特的艺术魅力与历史价值，向世人诉说着千年文明的沧桑变迁。

一、山西古建概述

（一）古建数量

山西是中国现存古建最多的省份。根据第三次全国文物普查数据，全国古建共有263885

处，其中山西拥有古建28027处，占全国总数的10.62%。在山西的这些古建中，有3处独立的世界文化遗产，分别为五台山佛教建筑群、大同云冈石窟和平遥古城。山西拥有全国重点文物保护单位531处，数量位居全国第一；省级文物保护单位408处，其中古建有173处，约占省级文物保护单位的42%；市、县级文物保护单位12466处，其中古建有5662处，约占市、县级文物保护单位的45%。[1]此外，山西的旧石器文化遗址、古代建筑、古代戏剧舞台数量均居全国之首，因此被誉为"中国古代建筑艺术博物馆"。

（二）古建类型

山西古建的类型丰富多样，涵盖寺庙、宫观、殿堂、塔楼、关隘、台坛、桥梁等，且在用料结构上，木构、石砌、砖筑、铜铸、琉璃装饰等应有尽有。在建筑形式上，庑殿式、歇山式、悬山式、卷棚式等传统屋顶样式，以及各式各样的瓦檐和木构架结构等也一应俱全。这些古建历经沧桑，展现出强烈的历史美感和无穷的艺术魅力，是名副其实的国之瑰宝。

另外，若从功能上来划分，中国古代建筑一般可以分为以下十种类型：

1. 娱乐性建筑：如乐楼、舞楼、戏台等。
2. 防御守卫建筑：如城墙、城楼、堞楼、村堡、关隘、烽火台等。
3. 纪念性和点缀性建筑：如市楼、钟楼、鼓楼、过街楼、牌坊、影壁等。
4. 陵墓建筑：如石阙、石方、崖墓、祭台以及帝王陵寝宫殿等。
5. 祭祀性建筑：如庙宇、祠堂等。
6. 园囿建筑：如御园、宫囿、花园、别墅等。
7. 桥梁与水利设施建筑：如石桥、木桥等桥梁建筑，以及堤坝、港口、码头等水利设施建筑。
8. 民居与日常建筑：如窑洞、茅屋、草庵等简陋民居，以及民宅、庭堂、院落等日常居住和活动的建筑。
9. 宗教祭祀建筑：如佛教的寺、庵、堂、院；道教的祠、宫、庙、观；伊斯兰教的清真寺和基督教的礼拜堂等。
10. 宫廷与官署建筑：如皇宫、衙署、殿堂、宅第等。

【延伸阅读】

中国最古老的戏台

山西现存金、元、明、清时期的古戏台达三千多座，数量约占全国古戏台总数的五分之四。其中，高平二郎庙戏台被认定为中国现存最古老的戏台。高平二郎庙坐落于高平市王报村，是一处保存相对完整的道教建筑群。庙内建于金大定二十三年（公元1183年）的

---

1. 数据来源：2016年5月原山西省文化厅在《山西省文化资源概况》中公布的文物资源统计数据。

戏台，距今已有840余年的历史，被文物专家确认为是我国目前发现的年代最早的戏台。据专家分析，二郎庙戏台在设计上已经考虑了扩大声学效果，其台基高度超过1米，通过抬高演员的位置，减少了声音在传播至观众席过程中的损耗。此外，戏台三面被厚墙围合，这样的设计不仅能够聚拢演员的声音，还能使声音集中向台口方向反射，其设计之独到，堪称中国建筑史上的一颗璀璨明珠，见图6-2。

图 6-2　高平二郎庙戏台

二、山西古建的历史发展脉络

山西现存木结构古建筑的数量冠绝全国，涵盖殿堂、楼阁、寺观、民居等多种建筑类型，营造手法丰富多样，因而被誉为"中国古代建筑的宝库"。从唐代遗构的雄浑大气，到明清建筑的精巧华丽，山西现存木结构古建筑完整呈现了千余年间中国古代木构建筑的演变脉络。其中，诸多建筑堪称稀世珍品，更不乏全国仅存的孤例，这些珍贵遗存不仅是研究中国古代建筑技术发展的实物标本，更是探究不同历史时期文化、宗教、艺术发展脉络的重要载体，具有无可替代的学术价值与文化意义。[1]

（一）原始社会建筑

旧石器时代，先民以采集渔猎为主要生存方式，石器、木器构成其生产生活的核心工具。为抵御自然威胁、保障族群繁衍，天然洞穴与崖棚成为理想的栖息之所。目前，山西省境内已发现15处此类岩棚与洞穴遗址，其中塔水河遗址、麻节洞遗址、南海峪遗址等均为极具研究价值的代表性遗址。

---

1. 张可玫.浅析山西古代建筑的发展脉络[J].文物世界，2017[2]:54-56.

新石器时代，人类在建筑技术上取得重要突破，掌握了夯土筑墙工艺与木结构榫卯技术。此阶段，窑洞、木构架建筑得以广泛应用与发展，初步确立了延续数千年的中国传统土木建筑结构体系。芮城东庄村遗址、北橄遗址、马家小村遗址、东下冯遗址等便是这一时期建筑发展的典型实证。

（二）奴隶社会建筑

夏商周时期，随着社会逐步向农业文明转型，科学技术迎来显著发展。在建筑领域，版筑法的发明为城墙营造提供了技术支撑，推动了城郭防御体系的构建。与此同时，土木混合结构的宫室建筑与高台建筑开始出现，陶质建筑材料的制作工艺趋于成熟并得到广泛应用，地下排水系统的铺设以及建筑装饰技艺的进步，共同构成了这一时期建筑工程技术发展的重要标志。

春秋战国时期的建筑已经大量使用青瓦覆盖屋顶，开始出现砖、彩画、陶制的栏杆和排水管等，建筑使用夯土抬高整体高度，规模比以往更为宏大。这个时期，中国建筑的某些重要艺术特征已初步形成，如方整的庭院、纵轴对称的布局，木梁架的结构体系和由台基、屋身、屋架所组成的单体造型，对后世的建筑规划、设计产生了深远的影响。

（三）封建社会建筑

1. 封建社会前期建筑（公元前475年至公元589年）

公元前221年，秦王朝终结数百年诸侯割据局面，建立起中国历史上首个中央集权制政权。在传统木构架建筑领域，秦朝将抬梁式结构技术推向新高度，尤其在大跨度梁架结构方面实现重大突破。在建筑材料应用上，陶质砖、瓦及陶管得到广泛使用与发展，瓦上出现了精美的图案，称为瓦当，这是中国建筑设计史上重要的一页。

两汉时期，抬梁式木构架建筑技术日臻成熟，梁、柱、斗拱结构在各类建筑中广泛应用。庭院式群体建筑的布局模式与基本形态已与后世建筑颇为相近。汉代制陶与烧造工艺独树一帜，画像砖、纹布精美的瓦当及模印砖极具时代特色，"秦砖汉瓦"的美誉由此而来。

北魏时期，佛教的兴盛推动了宫殿、佛寺等木结构建筑技术的发展。因缺乏同期建筑实物遗存，研究北魏建筑结构与风貌，主要依赖云冈石窟、天龙山石窟的雕刻，以及出土墓葬棺椁的构架形式。在该时期，木构架建筑结构逐渐从以土墙和夯土台为主要承重体系的土木混合结构向全木构架结构演进。

2. 封建社会中期建筑（公元581年至公元1279年）

中国木结构建筑体系在唐代达到成熟阶段。目前，国内留存的唐代木构建筑极为稀少，其中三座均位于山西省，分别是气势恢宏的五台山佛光寺东大殿、古朴典雅的五台南禅寺大殿，以及庄严肃穆的芮城广仁王庙正殿。唐代建筑以气魄雄浑、布局严整、风格开朗著称，建筑色调简洁明快，舒展平远的屋顶与朴实无华的门窗设计，尽显庄重典雅的东方美学特质。

唐五代时期的建筑布局延续汉晋北朝传统，并逐步完成从以佛塔为中心向以大殿或楼阁为核心的转变。庭院式建筑群由殿堂、门廊等建筑元素组合而成，大型寺庙多采用多院落布局形式，形成层次丰富的空间序列。

宋辽金时期，山西境内的木结构建筑发展呈现出多元繁荣的风貌，在建筑形制与技术上展现出鲜明的时代特征。相较于唐代建筑的雄浑大气，宋代建筑整体体量趋小，造型更富于变化，形成细致柔和的风格。这一时期，木结构建筑在唐代模数制基础上，进一步实现结构体系、建造工艺与工料估算的标准化与规范化。值得一提的是，宋代诞生了我国历史上首部官方颁布的建筑工程技术规范典籍 ——《营造法式》，对后世建筑的发展产生了深远的影响。

3. 封建社会后期建筑 （公元1279年至公元1911年）

山西留存的元代木结构建筑数量可观，现存350余座，分布范围覆盖全省，建筑类型丰富多样，涵盖衙署、戏台、佛寺、道观、民居等，诸多建筑在国内均属珍稀品类。在建筑结构创新方面，为拓展殿堂内部使用空间，元代的建筑普遍采用移柱法、减柱法，并大量运用大额式构架，辅以自然材与弯材，使建筑外观呈现出雄浑粗犷的气势，这成为山西元代建筑的典型特征。

明清时期，建筑发展较唐宋时代渐失创新活力，转而趋向程式化与装饰化。尽管官式建筑在这一时期已趋向定型化和标准化，但山西民间建筑却凭借鲜明的地域特色独树一帜，呈现出丰富多元的艺术风格。随着制砖技术的显著提升，砖构建筑数量激增，城墙普遍采用包砖砌筑工艺，大式建筑中更出现了"无梁殿"这一特殊类型，五台山显通寺无梁殿即为其中的代表之作。

三、山西古建的地域分布

山西的古建遗存数量庞大，无论是繁华的城市中心、静谧的深山密林，还是广袤的田间地头、起伏的平原山区，皆可见古建的身影。

（一）山西北部的砖石建筑

山西北部包括大同、朔州、忻州三市，统称晋北。该区域西临黄河，与陕西、内蒙古隔河相望；东倚太行山脉，接壤河北，历来是中原农耕文明与北方游牧文化的重要交汇地带。在古代，"堡"多作为屯军据点，同时也是和平时期官方指定的边境贸易集散地；而"城"则选址于险要地势或关隘附近，往往是区域性政治文化中心与军事决策者的所在地。此外，晋北境内的长城防御体系在古代军事防御中占据关键地位，自战国赵武灵王时期起，便在此修筑了楼烦关抵御匈奴，并设立云中、雁门、代郡等行政区域。历史上，秦代蒙恬北逐匈奴、汉代昭君出塞、唐代防御突厥，以及宋代杨家将抗敌等诸多典故，均发生在雁门关一带。

晋北也是佛教本土化的重要起点。公元5世纪，佛教传入山西北部，深刻影响了当地的文化发展。现存晋北地区的大量文物古迹中，保存完好且艺术价值极高的遗存多与佛教相关。从北魏时期的云冈石窟、悬空寺，辽金时期的华严寺、善化寺、应县木塔，到唐代的南禅寺、佛光寺等，皆是中国古代建筑艺术的杰出代表，承载着厚重的历史文化价值。

（二）山西中部的民居建筑

明清时期，晋商群体崛起并活跃于历史舞台。许多晋商在事业有成后回乡置业，在晋中、晋南及晋东南等地区兴建起供家族共同生活的深宅大院。其中，以太谷、祁县、平遥为核心的晋中地区，所存宅院保存得最为完整。这些民居建筑遵循坐北朝南的传统规制，规划布局严谨有序，采用木梁承重结构，辅以砖、石、土砌筑护墙；大院以堂屋为中心，内部雕梁画栋、装饰精美，外围高墙耸立、防御性强。聚族而居是其显著特征，灵石的王家大院、祁县的乔家大院与渠家大院、榆次的常家庄园，以及晋城皇城相府等，均为晋商民居建筑的杰出代表。

（三）山西南部的木构建筑

山西南部作为华夏文明重要发祥地之一，形成了深厚的祭祀文化，庙宇建筑林立。这些庙宇多采用木构建筑形式，唐、五代、宋、金、元、明、清各朝代均留下了标志性的建筑遗存。例如，平顺的天台庵正殿、芮城的广仁王庙等，还保留着典型的五代建筑风格；晋城的泽州青莲寺、长子的法兴寺、潞城的原起寺等，至今仍保存有唐代塑像、唐塔及石经幢等珍贵文物；高平开化寺的宋代佛教壁画、洪洞广胜寺水神庙的元代壁画，更是艺术瑰宝。尽管部分早期建筑历经多次修缮，但历史信息与纪年标识大多保存完好，其建筑形制与艺术构件鲜明地展现出各时代的风格特征，堪称中国古代建筑发展的实物史书。

晋南也是中国戏曲文化的发源地之一，现存戏台数量居全国之首。全国仅存的6座元代戏台中，晋南地区独占5座。此外，衙署、文庙、祠堂、钟楼、鼓楼等各类建筑遍布该地区，从不同维度展现了晋南多元的文化内涵与丰富的民俗信仰。

四、山西古建的文化特征

在灿烂辉煌的历史长河中，山西积淀了深厚的人文底蕴，大量珍贵的文物遗迹得以留存至今。这些古建呈现出鲜明的文化特征，集中体现在以下几个方面。

（一）山西古建多为宗教建筑

山西古建筑历史悠久、数量庞大，其中保存完好的建筑以宗教类遗存为主，佛教建筑尤为丰富，道教建筑次之。得益于历代帝王的推崇和民间信众的布施，这些古建筑不仅气势恢宏，更代表了各历史时期建筑艺术的最高水准。作为中国古代多民族融合的重要区域，山西以兼容并蓄的胸怀，见证了多元宗教信仰、艺术形式与建造工艺的交融碰撞。再加上历朝历代持续地营建与修缮，山西完整保留了从北魏至清朝各朝代、各类型的建筑典范。

例如，五台山的古建筑群就汇聚了多个朝代的佛教建筑遗迹，融合了佛教、道教等近十种宗教的庙宇，堪称中国古代建筑艺术博物馆；大同悬空寺作为国内罕见的儒、释、道三教合一寺院，历经1500余年各种自然灾害的侵袭，至今屹立不倒；云冈石窟作为中国规模最大的古代石窟群之一，以独特的中国式建筑与装饰风格，生动地展现了佛教艺术"中国化"的演进历程；太原蒙山大佛作为世界最早的大型石刻佛像之一，承载着1500年的历史沧桑；芮城的永乐宫是我国现存规模最大、保存最完整的道教宫观之一，与北京的白云观、陕西的重阳宫并列为全真道教三大祖庭，彰显了深厚的道教文化底蕴。

（二）山西古建多以木结构建筑为主

山西气候寒冷干燥，这种环境最大限度地避免了木头遭受虫蛀与糟朽。据统计，至2020年，全国共遗存元以前木构建筑628座，山西518座，占全国同期的82.48%[1]。有的地市县保存的木构古建数量甚至超过了全国其他省份加起来的总数。例如，晋城现存的宋金以前的木结构建筑占到全国总数的三分之一，如表6-1所示。

表6-1　山西历代古建数量分布情况表

朝代	山西	全国	占全国比例	代表性建筑
唐代前	—	—	—	恒山悬空寺（北魏）、大同云冈石窟（北魏）、解州关帝庙（隋代）
唐代	3	3	100%	五台县南禅寺大殿、五台县佛光寺东大殿、芮城县广仁王庙正殿
五代	4	5	80.00%	平顺天台庵大殿（后唐）、平顺县龙门寺西配殿（后唐）、大云院正殿（后晋）、平遥县镇国寺万佛殿（北汉）
宋代	34	47	72.34%	太原晋祠圣母殿
辽代	3	8	37.50%	大同善化寺大雄宝殿、华严寺薄伽教藏殿、应县佛宫寺释迦木塔
金代	120	138	86.96%	朔州崇福寺、五台山佛光寺文殊殿、大同善化寺普贤阁、应县净土寺大雄宝殿
元代	354	427	82.90%	芮城县永乐宫、浑源永安寺传法正宗殿、高平姬氏民居
合计	518	628	82.48%	——

（三）山西古建艺术在元代以前最为辉煌

山西古建以木结构遗存闻名遐迩，其拥有的元朝以前木构建筑数量位居全国之首。在建筑数量与艺术价值层面，山西古代建筑优势显著。从时间跨度看，唐代至宋代的木结构建筑艺术成就斐然，在全国范围内独树一帜。在民族文化融合方面，辽、金、元等少数民族政权统治时期，山西古建积极吸收汉族文化元素，诞生了众多规模宏大、风格独具的建筑精品。

1. 资料来源：山西省文物局网站。

例如，朔州的应县木塔堪称建筑瑰宝，整座塔未使用一根铁钉，却运用了多达54种不同形式的斗拱，种类之繁杂在国内极为罕见，因而享有"斗拱博物馆"的美誉；大同的华严寺作为我国现存规模最大且保存最为完整的辽金寺院建筑群之一，展现出辽金时期建筑的独特风貌；朔州的崇福寺被赞为"金代文化艺术殿堂"，寺内琉璃脊饰、雕花门窗、塑像、壁画及匾额，合称为"金代五绝"，充分彰显了金代建筑艺术的高超水准；太原的晋祠圣母殿内的宋代侍女彩塑，形态婀娜、栩栩如生，无疑是宋代雕塑艺术的杰出代表；永济永乐宫作为元代官式建筑的典型，现存壁画面积达1000多平方米，其中《朝元图》描绘了290位神祇人物，人物形象生动逼真，代表了元代壁画艺术的最高成就。

【延伸阅读】

中国古建的独特构件——斗拱

斗拱是中国木构架建筑结构的关键部件，也是中国古典建筑的显著特征之一。从柱顶上探出的一层层呈弓形的承重结构被称为拱，而拱与拱之间垫置的方形木块则被称为斗，这两者合起来便构成了斗拱。斗拱位于柱与梁之间，起着承上启下的作用，它能够将屋顶的重量传递给柱子，再由柱子传至台基。早在战国时代，就出现了斗拱的雏形。中国古建最为显著的特征之一便是大屋顶，而承托屋檐的重要构件正是斗拱。斗拱是我们的祖先所发明的，为中国古建所独有的力学与美学完美结合的产物。斗拱上承屋顶，下接立柱，在中国古建中扮演着至关重要的角色。正因为有了斗拱，中国古典建筑的屋顶才能够拥有深远的出檐，显得气势恢宏。此外，斗拱还是中国古建抗震能力的关键所在。如遇地震，斗拱通过其独特的起承转合结构，使得建筑体虽松而不散，仿佛太极般以柔克刚，能够有效地化解地震的冲击，见图6-3。

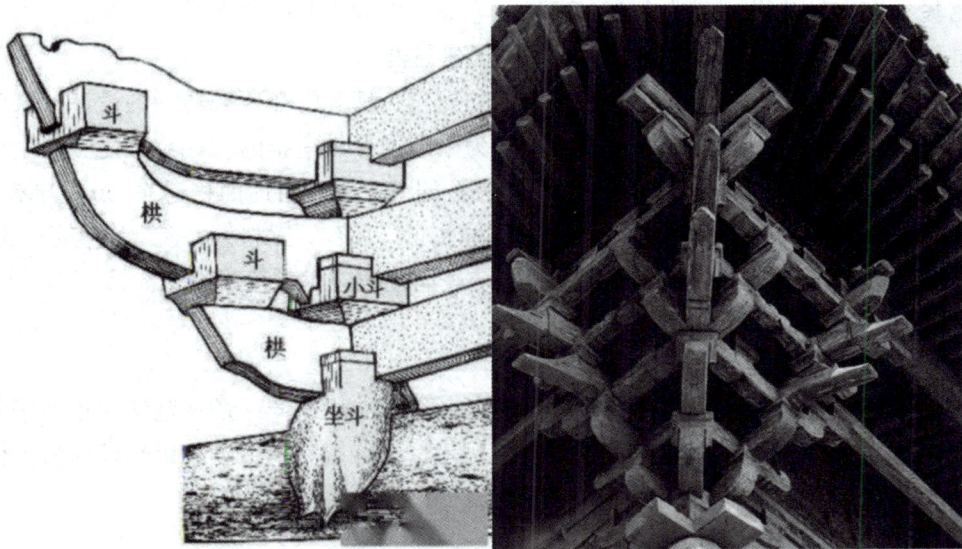

图 6-3　斗拱结构示意图

（四）山西古代砖石建筑的艺术成就显著

1. 古长城时间跨度最大

经统计，山西省境内现存长城遗存达4276处，总长度逾1400千米，分布于8市40个县，其中大同市以1878处长城遗存位列全省之首。[1] 山西长城遗址时间跨度从战国一直延续至明代，几乎完整涵盖了中国历代长城的修筑时期，是研究中国长城历史的核心区域。壶关县、高平市、陵川县等地的战国长城，为秦国所筑，承载着极高的历史研究价值。明代的山西长城分内、外两线，是护卫京都的战略防线：外线沿晋北边界，经吕梁山、恒山、太行山伸展，地势相对平坦，现存遗址多为石基、土墙和土垒；内线则依托吕梁山、管涔山的走势，地势险峻，以奇绝的防御工事著称。

2. 石窟艺术技艺精湛

山西是我国石窟及摩崖造像遗存的重要省份。截至2021年4月，山西已登记石窟寺（含摩崖造像）共计481处，其中石窟寺278处，摩崖造像203处，[2] 石刻及造像碑遍布全省各地。山西的石窟开凿始于北魏，于唐代达到艺术巅峰，宋、元、明、清历代持续营建，形成了完整的石窟造像艺术发展序列，清晰地呈现出公元5世纪以来中国佛教石窟艺术的演进脉络。现存石窟主要分布于晋北、太原、晋中、吕梁及晋东南地区，以大同的云冈石窟、太原的天龙山石窟为代表，集中展现了古代石窟艺术的精湛造诣。

3. 民居建筑保存完整、规模宏大

平遥古城

明清时期，随着晋商的崛起，以砖石为主要建材的山西民居建筑迎来了发展的鼎盛期。晋商虽然常年在外经商，却始终心系故土，他们将积累的财富投入家乡的建设，建造出众多豪华的宅邸。作为当时的金融重镇，祁县、太谷、平遥三县至今仍留存着大量保存完好的明清民居建筑群。

晋商遗留的民居建筑独具特色，以雄伟的规模、精美的雕琢和巧妙的设计，成为北方民居建筑中的典范之作。其中，平遥古城作为中国现存最完整的古代县城之一，生动展现了明清时期汉民族城市的规划与建筑风貌；灵石的王家大院占地面积达34650平方米，其建筑技术、装饰工艺和雕刻技法均达到了极高的水准，素有"三晋第一院"的美誉。这些建筑不仅是晋商辉煌历史的见证，更是中国传统民居建筑艺术的珍贵遗产。

【课堂寄语】

古建见证历史，文物承载文明。山西多姿多彩的文化遗产，是观览5000年中华文明的"金色名片"，也是一场从宏观到微观的美学展示。勤劳智慧的劳动人民巧妙地将古代建筑

---

1. 数据来源：山西省文物局网站。
2. 数据来源：山西省文物局网站。

中的哲学思想与审美情趣融为一体，同时汲取外来文化的精华，与本土艺术交融，使这些建筑成为历史文化与艺术的重要载体，散发出兼容并包、精益求精的文明之光。

【课后任务】

你的家乡有哪些古建文物？请你去找一找，看一看，分析它们符合哪种古建类型，并将它们的历史背景、艺术特点、保护状况等内容写成一份调研报告。

单元二　山西古建文化遗存

山西现存古建筑品类丰富、形制完备、品质精良，且历史年代序列完整，在很大程度上折射出中国古代建筑的发展演变轨迹，是中国古代辉煌文明的见证。

一、宗教建筑

（一）五台山佛光寺

五台山作为中国四大佛教名山之首，因峰顶平坦如台而得名。这里留存着自公元4世纪至19世纪的佛教古建筑群，规模宏大，集历代杰出建筑、精美彩塑及绚丽壁画艺术于一体。2009年，五台山被联合国教科文组织列入"世界文化遗产名录"，其寺庙建筑高度融合了中华千年的营造技艺，堪称艺术瑰宝。其中，以我国现存最早木构建筑的南禅寺，融合了北魏至清代多元风格的佛光寺、显通寺，以及塔院的舍利塔最为知名。

佛光寺被我国建筑学家梁思成誉为"中国第一国宝"，是我国现存规模较大、等级较高的唐代木结构建筑，被列为第一批全国重点文物保护单位。该寺始建于北魏孝文帝时期，唐代重建，现存殿、堂、楼、阁等建筑120余间，其用材粗大、屋面出檐深远、坡度平缓；殿堂高大雄伟、错落有致，布局疏朗有序，主次分明。历经千余年岁月，佛光寺始终未进行大规模落架重修，是世界建筑史上不可多得的"活化石"，见图6-4。

图6-4　五台山佛光寺

（二）大同华严寺大雄宝殿

位于大同市城区的华严寺，拥有深厚的历史文化底蕴，始建于辽代，被列为第一批全国重点文物保护单位。与国内多数坐北朝南的佛教寺庙不同，华严寺坐西朝东，这一别具一格的设计深刻体现了辽代契丹族"以东为尊，逐日而居"的生活习俗。

华严寺内有30余座单体建筑，分别有序地排列在南北两条主轴线上，整体布局严谨规整，是我国现存年代较早且保存状况良好的辽金寺庙建筑群。其中，上寺的大雄宝殿具有极高的历史价值，是我国现存规模宏大的辽金佛教殿堂之一。大雄宝殿正脊之上的琉璃鸱吻格外引人注目，其高度达4.5米。北端的鸱吻为金代遗物，南端的鸱吻则制作于明代，是中国古建上最大的琉璃吻兽之一，历经风雨，至今仍光泽熠熠，见图6-5。

下寺的主殿薄伽教藏殿，作为辽代木结构建筑的典型代表，生动地展现了当时精湛的建筑技艺与独特的风格。华严宝塔是我国仅次于应县木塔的第二大纯木榫卯结构方形木塔。宝塔下方有近500平方米的千佛地宫，是用约100吨纯铜精心打造而成，整体金碧辉煌，其规模与工艺在全国首屈一指，是传统建筑工艺与当代设计理念完美融合的经典之作。

图 6-5　华严寺正脊上的琉璃鸱吻

（三）平遥镇国寺万佛殿

镇国寺坐落于晋中市平遥县境内，始建于五代时期，迄今已有一千多年的历史。寺内的万佛殿始建于五代，殿外观古朴典雅，风格独特，建筑结构别具一格，是国内现存五代时期少有的木构建筑之一。在万佛殿内的佛坛之上陈列着11尊彩塑，均为五代时期的原作，人物面相丰满圆润，躯体线条柔美流畅，艺术价值极高，堪称珍贵文物，见图6-6。由于五代时期存续时间较为短暂，留存至今的文物建筑稀少，五代时期的彩塑更是罕见。基于此，万佛殿的建筑实体及其内部所存彩塑，为学术界深入探究中国建筑史与雕塑艺术史，提供了极为稀缺且具有重要实证价值的实物资料。

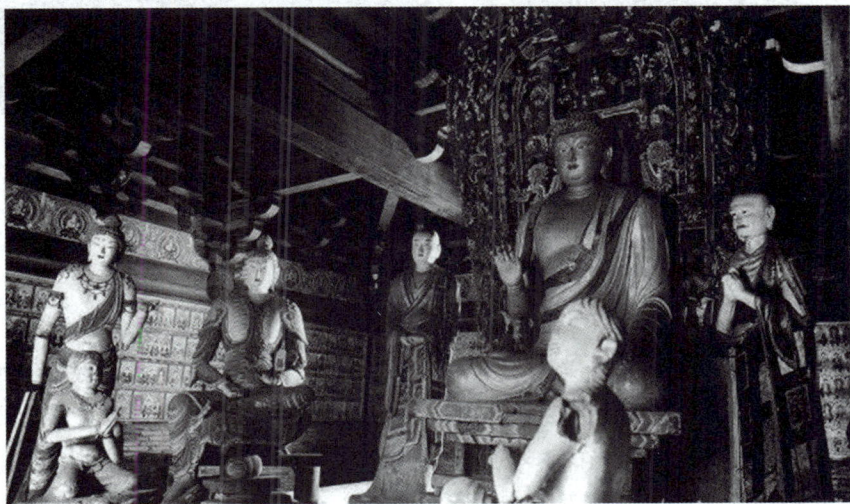

图 6-6　平遥县镇国寺的彩塑

（四）芮城永乐宫

芮城永乐宫，原名大纯阳万寿宫，位于山西省芮城县北郊约3千米处，北倚条山，南邻黄河，是为纪念道教八仙之一吕洞宾而建。

永乐宫始建于公元1247年至1358年间，是元代木结构宫廷式建筑群的代表，见图6-7。永乐宫以其举世闻名的壁画艺术著称，四大殿内绘有总面积逾1000平方米的壁画。元代工匠运用以线造型的传统技法，结合沥粉贴金等工艺，生动塑造出鲜活的场景与独特的艺术空间。

主殿三清殿内的《朝元图》堪称元代壁画艺术的巅峰之作。该壁画描绘了道教诸神朝拜元始天尊的宏大场景，共绘有286尊神态各异的神像。画面气势恢宏、色彩绚丽，人物形象或庄严肃穆，或飘逸灵动，神情刻画细腻入微，极具艺术感染力。壁画中神像平均身高约2.5米，男女老幼形态万千，衣冠服饰各不相同，展现出极为丰富的艺术造型。

图6-7　永乐宫三清殿

【延伸阅读】

永乐宫搬迁记

1959年，黄河三门峡水库开始兴建。由于永乐宫位于工程淹没区，为了保护这一珍贵的历史文化遗产，国务院决定投资200万元，将永乐宫整体搬迁至距离原址20千米的芮城县城北龙泉村附近。当年底，工程技术人员和500多名民工便投入到了搬迁工程中。在搬迁之前，原文化部安排中央美术学院及华东分院的师生，结合教学对壁画进行了原状临摹，历时七个多月，完成了960平方米壁画的临摹工作。搬迁过程中，沿途道路全部铺设了黄河细沙，以确保道路平整，行走时不致颠簸。壁画的包装间隙用棉花和木屑填满，然后进行捆装，捆绑好的画框下还垫有弹簧卡。此外，运输的司机还特意将车胎的气放出一些，以减少颠簸。为确保万无一失，装卸时都是在地面挖坑，使汽车驶入后与地面平齐，然后才进行装卸作业。历经二百多天的谨慎操作，全部壁画无一损伤地完成了搬迁。整个搬迁工程前后历时6年，直至1965年，永乐宫搬迁工程才全部完工。这一壮举开创了世界文物搬迁史上的一大奇迹，也开创了我国大型古代建筑及壁画搬迁保护的先河。永乐宫搬迁工程所展现的创新精神、敬业精神、工匠精神，值得被永远铭记。

二、木结构建筑

（一）恒山悬空寺

恒山悬空寺是国内仅存的佛、道、儒三教合一的寺庙，始建于北魏后期，古代工匠巧妙地运用力学原理，采用半插飞梁作为建筑的基座，并借助岩石的隐蔽支撑，使得梁柱上下一体、廊栏左右衔接，整体布局曲折蜿蜒，尽显奇巧之能事。悬空寺内供奉着多尊由铜、铁、石、泥等材质雕琢而成的佛像。在周边的岩石上，刻有"壮观"二字，是唐代诗人李白的墨宝。

悬空寺作为"世界十大最奇险建筑"之一，其建筑上不在巅，下不在麓，依山就形，巧俏幽伏于峭壁之上。远观之，悬空寺宛如玲珑剔透的浮雕，又好似凌空欲飞的仙界琼阁，淋漓尽致地展现了中国古代建筑技艺的精华，堪称古代建筑智慧与艺术完美融合的杰出典范，见图6-8。

图6-8　恒山悬空寺远景

（二）应县木塔

应县木塔，又名佛宫寺释迦塔，位于朔州市应县佛宫寺内，是现存最古老且体量最大的全木结构高层塔式建筑。木塔塔高67.31米，底层直径30.27米，平面呈八角形。该塔始建于辽代清宁二年（公元1056年），整座建筑未用一钉，全凭木材榫卯衔接，共采用54种斗拱，以精妙复杂的构造体系，被誉为"中国古建斗拱博物馆"，见图6-9。

国家文物局高度评价应县木塔，认为其是现存世界木建筑史的经典范例，也是中国建筑发展历程中的重要里程碑。在科学研究层面，木塔为抗震、避雷等课题提供了珍贵的实物样本；在历史文化领域，它更是研究特定时代经济、文化风貌的"活态史书"。

然而，由于年久失修，应县木塔当前倾斜问题严峻，存在倒塌风险，其中，木塔二层明层局部倾斜尤为突出，倾斜柱最大倾角达11.3°。鉴于木塔结构的复杂性及岁月侵蚀造成的损坏，木塔的修复难度极高，至今尚未形成安全可靠、全面完善的修复方案。

图 6-9　应县木塔

【延伸阅读】

疯狂的木头

7400吨木头是个什么概念？论重量来说，几乎与埃菲尔铁塔金属框架的重量相当。若是发挥极致的匠人精神，穷尽136年的光阴将它们一一拼接组合，便足以雕琢出一座900年不倒的建筑奇迹——应县木塔。

古人所钟爱的木头材料生得太过娇贵，怕水、怕火、怕虫蛀，更怕人为破坏，这些无可避免的短板使得木构建筑天生"短命"。比应县木塔早500年的永宁寺塔建成后仅16年便毁于雷火，而大明宫也在唐末的战火中毁于一旦。跟那些热衷于用石头垒房子的西方人相比，我们的祖先也并不傻。他们并非不知道，石头远比木头更为坚固。古人的想法或许有些浪漫到匪夷所思：他们相信木头是有生命力的。树木的春荣秋枯，就如同人的生老病死，是一个生命的轮回。用树木搭建的众生居所，便自然地拥有了自己的生命力。因此，他们倔强地使用着木头，数千年不变。中国人将榫卯的艺术雕琢到了极致，创造出不逊色于汉字的伟大发明——斗拱。数十个方形的"斗"与弯弓形的"拱"彼此榫卯交织，如同乐高积木一般搭建出一个无比精巧的承重结构。像这样的斗拱，在应县木塔上足足有240个之多。

如果说石头的特性是一种金属般厚重的"刚"，木头则代表了与之对应的"柔"。正是这种极致韧性的"柔"，造就了应县木塔历经40余次地震、200多发炮击而900年不倒的奇迹。

（三）晋祠圣母殿

晋祠圣母殿是宋代建筑的代表作，创建于北宋天圣年间（公元1023年至公元1032年），并于崇宁元年（公元1102年）重修。殿面阔七间，重檐歇山顶，通高19米，进深六间，殿堂梁架是中国现存古代建筑中遵循《营造法式》定制的珍贵实例。大殿前廊柱上雕饰有八条蜿蜒欲动的木龙，豪放健美。殿内陈列着四十三尊精美的宋代彩塑，主像圣母身着凤冠蟒袍，神态端庄。它们不仅是晋祠文物中的精华，也是我国古代泥塑艺术的珍品，见图6-10。

图 6-10　晋祠圣母殿内的彩塑

三、砖石建筑

（一）大同云冈石窟

云冈石窟

云冈石窟是中国古代规模宏大、雕凿技艺精湛的石窟艺术典范之一。其开凿于北魏时期，历时30余年，现存21个大型洞窟，大小石雕佛像总数逾5.1万尊。石窟沿武周山南麓东西绵延近3千米，最大的佛像高达17米，最小的佛像仅有几厘米。云冈石窟的雕刻艺术既传承了中国传统的雕琢技法，又融合了印度、波斯等外来的艺术元素，堪称北魏石窟艺术的杰作。其中，由高僧昙曜主持开凿的"昙曜五窟"（第16窟至第20窟）最具代表性，第20窟大佛见图6-11。这五座洞窟气势雄浑，雕刻风格古朴粗犷，带有鲜明的西域情调，是研究早期佛教造像艺术的重要实物资料。

（二）代县雁门关

雁门关位于忻州市代县以北约20千米的雁门山中，是长城上的重要关隘，以险峻地势闻名于世，素有"天下九塞，雁门为首"之称，在古代军事防御体系中占据重要地位。雁门关的历史可追溯至战国时期，赵武灵王曾在此抵御匈奴。此后，"汉高祖北征""昭君出塞""宋钦徽二帝北掳""杨家将镇守三关"等重大历史事件，均与雁门关有所关联。

雁门关长城始建于明万历三十三年（公元1605年），是在古长城基址上修复重建而成，城墙高8米至10米，全长5033米，每隔120米设一座敌楼，是明代长城建筑的典型代表，见图6-12。关城天险门外东侧的镇边祠，占地面积3190平方米，建筑面积1510平方米，是雁门关内极具历史与文化价值的古建筑群。

图 6-11　云冈石窟第 20 窟大佛

图 6-12　雁门关

（三）天龙山石窟

　　天龙山石窟位于山西太原市西南40千米处的天龙山腰，这里曾是北齐皇帝高洋之父高欢的避暑宫。石窟现存东魏、北齐、隋、唐等时期开凿的24个洞窟，内有1500余尊造像，以及浮雕、藻井、画像共计1144幅。各窟开凿年代跨度较大，其中以唐代开凿数量最多，达十五窟。东魏时期的石雕作品比例精准、形象写实逼真，充满着浓郁的生活气息；唐代的石雕则体态灵动、造型优美、刀法简练、衣纹流畅，展现出雕刻艺术的质感与神韵。第九窟"漫山阁"中的弥勒大佛坐像高约8米，比例协调、面容庄严肃穆；普贤菩萨的雕像神态安详、面带微笑，二者均为石窟艺术中的精品，堪称中国古代雕塑艺术的典范之作，见图6-13。

图6-13　天龙山石窟第九窟"漫山阁"中的佛像

（四）蒙山大佛

蒙山大佛坐落于山西省太原市，其开凿历史可追溯至北齐天保年间，比著名的乐山大佛还要早上162年。蒙山大佛是利用陡直的崖壁开凿而成的，佛龛采用摩崖敞口式设计，宽度为29.60米，进深17米，其平面形状大致呈半椭圆形。遗憾的是，佛像的头部已经遗失（现蒙山大佛为新修佛头）。

蒙山大佛是一座单体伟像，其颈部直径达到5米，高度超过2米，并雕刻有三条阴刻项线。从颈部至腹部的高度为22米，两肘之间的距离为22.70米。佛像的两肩宽阔而平整，整体身形壮硕。佛像的小臂长度为12米，宽度为2.80米，这部分保存得相对完好。佛像右手长度为3.10米，手掌及小指依然留存，而左手则已残损。在佛像的两手之下，是用条石补砌的双腿，高度为3米。由于大佛所在的岩体为疏松的砂岩，并受到了严重的风化与山体崩塌的影响，佛像的衣纹服饰已难以辨认，见图6-14。

图6-14　蒙山大佛

【课堂寄语】

山西宏伟的古代建筑群、承载着数千年的中华文化精髓，生动地展现着"立体的中国建筑史"。山西古建的数量之多、规模之大、构造之精巧、造型之美，在全国范围内均名列前茅。古代工匠们凭借着执着专注的精神、精益求精的品质、一丝不苟的态度以及追求卓越的价值观念，打造出了一座座令人叹为观止的艺术瑰宝。山西古建群，正是对工匠精神最为生动的诠释。

【课后任务】

除了文中提及的山西著名古建外，你还能列举出哪些山西的古建呢？请查阅相关资料，选择1～2处进行介绍，内容需包括它们的具体位置、建造年代、建筑特色、文化内涵，以及对当地旅游业的影响。

单元三 山西古建文化旅游发展现状

古建筑不仅承载着山西千年历史文化底蕴，更成为推动文旅融合发展的重要资源。近年来，随着山西文旅产业规模的不断扩容、品牌建设的持续推进、融合业态的创新升级、市场主体的培育壮大，以及融合机制的深化改革，古建文化旅游的吸引力日益增强，受到越来越多游客的青睐。

一、联动古建资源，构建文化与旅游产业集群

山西依托得天独厚的古建文化资源，带动城市及周边景区联动发展，计划构建11个文化特色鲜明的旅游产业集群。[1]

1.（云冈石窟—大同）文化和旅游产业集群：以世界文化遗产"云冈石窟"为核心，依托云冈学研究，推动大同古城与云冈石窟的差异化发展；同时，加强云冈石窟周边华严寺、九龙壁、善化寺等景区的建设，助力大同市境内的北岳恒山加速创建国家AAAAA级旅游景区。

2.（五台山—雁门关—忻州）文化和旅游产业集群：深入挖掘古建文化、生态文化、地质文化等，提升五台山文化的吸引力和影响力，并推动长城国家文化公园的建设；此外，促进五台山、雁门关与忻州的联动发展，丰富忻州古城的产品和业态，提升古城的夜间休闲品质。

3.（平遥古城—晋中）文化和旅游产业集群：以平遥古城的全面扩容提质、转型升级为引领，借助国际性会展活动，推出行摄平遥、夜游平遥、美食平遥等旅游产品；同时，围绕山西晋商文化、大院文化，带动王家大院、绵山、张壁古堡、红崖沟等景区的建设，全面推动晋中市文化和旅游业的多元化、融合化、生活化转型发展。

4.（右玉生态文化旅游示范区—朔州）文化和旅游产业集群：深入挖掘和弘扬右玉精神，以建设右玉国家级生态旅游示范区为引领，带动应县木塔、崇福寺、金沙滩旅游景区、朔州老城等景区的提质升级，提升朔州中心城区的核心地位，打造右玉精神实践高地。

5.（碛口古镇—吕梁）文化和旅游产业集群：围绕碛口古镇、北武当山、庞泉沟、抖气河等景区，推动大碛口综合旅游区项目的建设，打响"如梦碛口"文化与旅游品牌；结合吕梁市的黄河文化、酒文化，启动吕梁文创产业园的建设，推动非遗、工艺美术的产业

---

1. 资料来源：《山西省"十四五"文化和旅游产业融合发展规划》。

化发展，加快实现吕梁文化与旅游融合发展的新突破。

6.（壶口瀑布—临汾）文化和旅游产业集群：抓住建设黄河国家文化公园的契机，全面提升壶口瀑布景区的观景体验，加速推进壶口旅游区创建国家AAAAA级旅游景区的进程；推动壶口瀑布景区与壶口镇一体化规划建设，完善并提升产品业态，带动克难坡和人祖山景区的建设，塑造国家黄河文化名片。

7.（关帝庙—运城）文化和旅游产业集群：以关帝庙为核心，加快推进创建国家AAAAA级旅游景区的步伐，建设关羽文化产业园，积极举办关羽文化旅游节，擦亮"关羽"文化这块金字招牌；同时，结合关帝庙的建设，带动盐湖、五老峰、河津龙门景区、平陆茅津古渡等景区的协同发展，打造28个名人展馆、典故展馆等，促进运城市文化与旅游融合产业的转型升级。

8.（晋祠—太原）文化和旅游产业集群：以晋祠、太原都市区为核心，大力推进晋祠—天龙山国家AAAAA级旅游景区的创建工作，启动晋阳古城遗址公园的建设，带动博物馆、艺术馆、东湖醋园等文化与旅游融合产业园区的发展，做好文创、文化与旅游融合的文章，打造文化与旅游融合的"太原样板"。

9.（太行山大峡谷—八路军太行纪念馆—长治）文化和旅游产业集群：以太行山大峡谷为核心，推动太行水乡、中太行山国际旅游度假区等项目的建设，开发太行避暑、康养度假等文化与旅游产品；同时，以八路军太行纪念馆为核心，深入挖掘和保护红色文化资源，实施黄崖洞的提升工程，打造以武乡、黎城为主体的太行山红色文化和旅游带。

10.（沁河古堡群—晋城）文化和旅游产业集群：以沁河古堡群"申遗"为契机，以皇城相府为核心，创新文化旅游业态，开发设计文物古建研学游、古堡文化探秘游、古堡互动体验游、古堡影视体验游等高端、精品型的文化旅游产品；全面提升古堡群落内的配套设施，制定古堡及村落服务标准，打响晋城古堡文化旅游品牌。

11.（娘子关—阳泉）文化和旅游产业集群：结合长城国家文化公园的建设，全面提升娘子关景区的品质与等级；以娘子关景区为核心，依托太行山生态景观、长城文化资源，联动藏山、百团大战遗址公园、固关、冠山书院、大汖古村、小河等景区的建设，打造阳泉市文化与旅游融合的样板，并积极融入京津冀协同发展的大局中。

二、创新形式，构建古建文化与旅游项目

（一）领略山西古建的魅力 ——"重走梁林路"

"重走梁林路"是山西省文化和旅游厅深度挖掘本省旅游资源优势，以梁思成、林徽因于20世纪30年代四次考察山西古建筑的真实历史为依托，精心打造的历史人文沉浸式文旅体验项目。该项目以梁、林二人的文化典故与古建探寻历程为核心，针对古建爱好者、摄影创作者、亲子研学群体、小众访古游客等细分客群的不同需求，构建起覆盖广泛的旅游产品体系，致力于为每位游客提供优质的旅游体验。

1. 古建探秘之旅——"重走梁林路·天下大同"

这条线路串联起千年历史脉络，以梁思成纪念馆为起点，带领游客踏上追寻梁思成、林徽因足迹的旅程。漫步云冈石窟，游客可沉浸于精湛的石刻艺术；驻足应县木塔，沿着先辈的考察之路回溯往昔，在历史与现实的交织中，感悟他们探索古建的坚韧与执着。

线路行程：梁思成纪念馆—善化寺—华严寺—悬空寺—净土寺—应县木塔—云冈石窟—大同市博物馆—塞外长城—大单巴教堂

2. 探幽访古之旅——"重走梁林路·晋中纪行"

该线路专为小众文化访古爱好者定制。行程自晋祠博物馆出发，游客得以深度探寻三晋大地的深厚历史文化。游客还将走进被誉为华夏瑰宝的"一城二寺"世界文化遗产地，寻觅林徽因笔下充满诗意的水磨坊遗迹。此外，游客还可走访襄汾的山西民居，踏访晋中留存的古老遗迹，开启一场小众而独特的访古之旅。

线路行程：晋祠博物馆—镇国寺—双林寺—平遥古城—太符观—药师七佛多宝塔—峪道河考察—广胜寺—丁村民居—霍州署—天龙山石窟

3. 极致风光之旅——"重走梁林路·行摄山西"

这条线路专为摄影与人文风光爱好者打造。游客可领略山西魔鬼城的日落美景、苍茫原野上绚烂的落日余晖、璀璨的星空银河、神秘的万年冰洞，以及独特的黄土地貌。

线路行程：应县木塔—大同土林—乌兰哈达火山—摩天岭长城—大单巴教堂—乾坤湾—老牛湾—五台山—万年冰洞—碛口古镇—李家山—波浪谷—雨岔—壶口瀑布

4. 亲子研学之旅——"重走梁林路·五台密码"

这条线路非常适合亲子家庭，父母可以带着孩子踏上一场关于"艺术与美"的纯粹之旅，在孩子的心中播下传统文化的种子。

线路行程：忻州古城—五台山修渊岛壁画馆—南台—佛光寺—塔院寺—菩萨顶—东台—北台—黛螺顶—汀熙书舍

5. 艺术饕餮之旅——"重走梁林路·壁上云烟"

这条线路专为彩塑、壁画、建筑及人文历史爱好者打造。"重走梁林路·壁上云烟"将带领游客走进"壁上世界"，探访中国雕塑史上的"悬塑绝唱"——隰县小西天，以及堪称古代壁画巅峰之作的永乐宫。游客置身于艺术殿堂，感受"艺术之始，雕塑为先"的深刻内涵。

线路行程：镇国寺—双林寺—王家大院—隰县小西天—广胜寺—天台庵—大云院—龙门寺—法兴寺—开化寺—府城玉皇庙—晋国博物院—青龙寺—马村宋金代砖雕墓—永乐宫—广仁王庙

6. 晋地宝藏之旅——"重走梁林路·古建之光"

这条线路专为首次到访山西的游客设计，以备受关注的"硬核网红"山西博物院为起点，串联晋祠、南禅寺、佛光寺、五台山、悬空寺等知名景点，最终抵达雁门关。这条线路汇聚山西古建精华，堪称"重走梁林路"系列产品中的标杆线路。

线路行程：山西博物院—晋祠—南禅寺—佛光寺—五台山—悬空寺—大同市博物馆—华严寺—善化寺—云冈石窟—应县木塔—雁门关。

（二）古建精华的浓缩——古建筑博物馆

山西古建筑博物馆位于太原市，以太原纯阳宫为馆址，占地面积达1万余平方米，既是全国重点文物保护单位，也是国家二级博物馆，馆藏文物珍贵丰富。近年来，该馆通过创新陈列展览形式、开发文化创意产品、深化馆校合作等举措，持续拓展社会教育功能，提升公共服务水平；同时，古建筑博物馆在打造特色研学品牌、拓展研学空间、丰富研学内容方面不断探索，旨在增进学校师生对古建筑文物文化内涵的理解与认同，推动传统文化的创造性转化和创新性发展，充分发挥馆舍空间的文化价值。

山西文物数字博物馆是由山西省文物局倾力打造的"一座永不落幕的博物馆"，以"表里山河，臻藏晋显"为主题，通过整合文物精品、导览资讯、经典展览、公众教育、学术研究、互动科技等数字资源，构建起"一库两端六应用"的文物数字化展示利用体系，为公众提供查询、浏览、检索、导览、鉴赏、互动等一站式服务。

（三）古建数字藏品——国宝记忆在云端

2022年，山西推出"古建有画说"公益数字文创藏品计划。该计划面向社会公众，以免费形式限量发行五款共5万份山西古建数字藏品。藏品以山西省国宝级的不可移动文物——佛光寺、飞虹塔、永乐宫、晋祠、平遥古城等为原型，经艺术再创作，形成了一系列展现古建筑文化的数字藏品。此计划通过将古建与数字技术深度融合，旨在吸引年轻群体了解古建背后的中华文化故事。用户不仅能在线上领略山西古建之美，还可依托区块链技术，在云端永久收藏这些数字藏品，让千年古建文化以数字化形态焕发新生，古建数字藏品收藏证书见图6-15。

（四）实景"剧本杀+"——新方式赋能古建文化与旅游

作为全国古建遗存最为丰富的省份之一，山西省文化和旅游厅、山西省文物局联合各大景区，在推进古建筑保护工作的同时，深度挖掘地方历史文化资源，通过打造"剧本杀+景区""剧本杀+演艺"等文旅融合模式，为古建筑活化利用注入全新动能，开创多元文化旅游体验新范式。

晋城市被誉为"古堡之城"，现存117处古堡建筑，大多保留了完整的形制与原始的生活风貌。其中，皇城相府景区推出的沉浸式大型实景演艺剧目《古堡十二时辰》，以古建资源富集的阳城县为故事背景，依托真实历史事件创作剧情，将地方婚嫁习俗、古代人文地理、生活风尚、货币金融、农事节庆、戏曲杂耍等文化元素融入其中，全景式地展现了晋城古堡的独特历史魅力与人文风情。

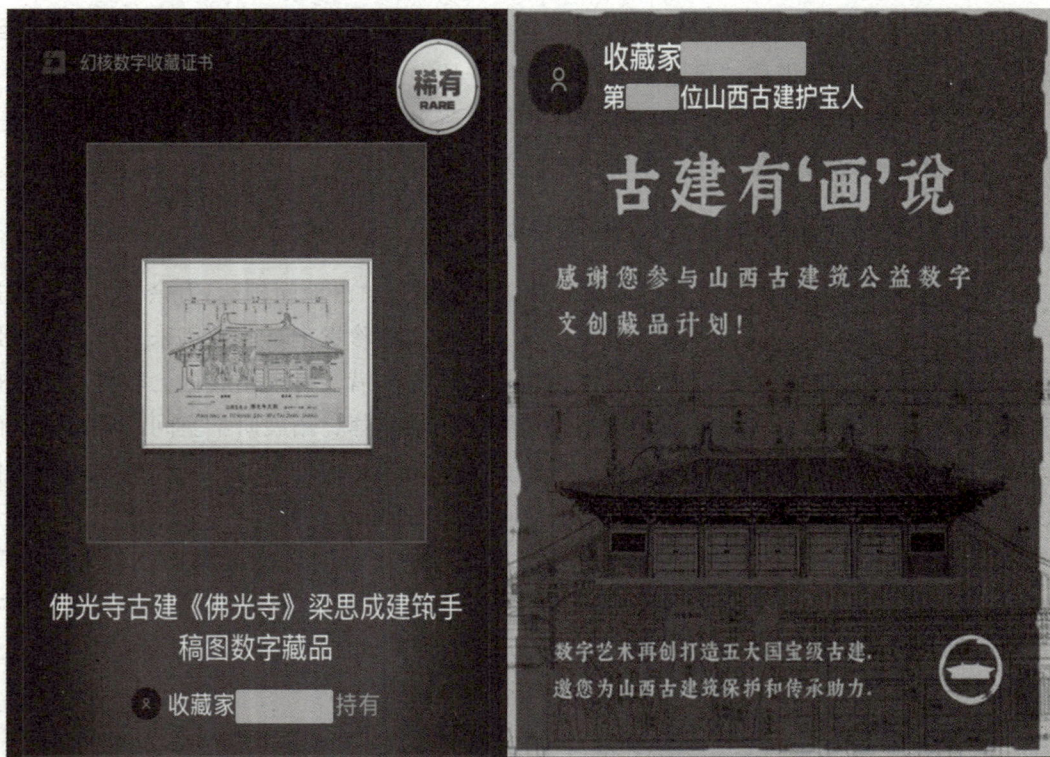

图 6-15　古建数字藏品收藏证书

三、古建演艺产品，助力文化与旅游融合

在山西文旅融合发展的进程中，各类融合项目不断推陈出新。《再回相府》《又见平遥》《又见五台山》《古堡！古堡！》等一系列旅游演艺剧目应运而生，它们深挖古建背后的文化内涵，为古建旅游增添了丰富的文化底蕴，有力推动了古建旅游产业的蓬勃发展。

（一）沉浸式实景演出——《又见平遥》

2013年，平遥古城推出实景演出《又见平遥》。该剧以清朝末期为时代背景，讲述了平遥城票号东家赵易硕不惜散尽家财，带领232名镖师远赴沙俄，以生命为代价保回了分号王掌柜唯一血脉的故事。《又见平遥》将晋商恪守道义的精神内核、晋中的民俗风情与历史事实巧妙融合，让观众对晋商精神有了更为深刻的认识。

《又见平遥》在剧场设计上突破了传统户外山水实景演出的固有模式，演出的场景移到了室内空间，巧妙地将平遥古城元素与舞台表演融为一体。在90分钟的观演过程中，观众穿梭在镖局、赵家大院、古街市、南门广场等多个主题空间，沉浸式体验清末平遥的市井百态，观众既是历史场景的旁观者，也是故事发展的亲历者。

（二）大型古堡实景剧——《古堡！古堡！》

2019年，位于山西阳城县的国家AAAAA级景区皇城相府推出了大型古堡实景剧《古堡！古堡！》。该剧以晋城地区的古堡文化为背景，讲述了采桑女蚕姑与生意学徒铁生相遇相恋的浪漫故事。《古堡！古堡！》通过声、光、乐、景的精妙配合与演员的精彩演绎，特别是将国家级非物质文化遗产"打铁花"融入其中，展现了一幅兼具地方风情与家国情怀的历史画卷。此外，该剧以小见大，折射出在时代变迁中，生活在古堡中的千百个家庭繁衍生息的历程，传颂了中华文化中对"家"的精神信仰。

（三）史实古建舞剧——《寻找东大殿》

舞剧《寻找东大殿》以1937年梁思成、林徽因等人赴山西寻找佛光寺的真实历史为线索，在时空交织中，讲述了中华文化追寻者与捍卫者的动人故事。舞台上，一根根朴实无华的木头，或方或圆，切口各异，却又完美契合，严丝合缝，仿佛被赋予了生命，灵动地完成了从木头到榫卯的蜕变。舞者以凝练的肢体语言，诠释了中国古建之美，彰显了榫卯结构中蕴含的民族智慧与精神内涵。

四、古建保护与利用

古建保护是一项功在当代、利在千秋的事业。保护工作不仅是相关部门和当地政府的责任，更需要全社会的关注和参与。要切实推动古建保护工作取得实效，科学的顶层设计、合理的规划方案和高效的执行策略缺一不可，唯有如此，才能让古建保护取得实效，使其在新时代焕发新的生机，为子孙后代留存宝贵的精神财富。

（一）古建保护任重道远

在山西古建保护体系中，低级别不可移动古建文物的保护现状尤为值得关注，其整体态势不容乐观。低级别不可移动文物通常涵盖那些具备一定历史、艺术及科学价值的一般性古建、古窑址等文化遗迹。就山西地区而言，高级别的古建由于其突出的历史文化价值和显著的社会影响力，大多已被纳入较为完善的保护机制中，得到了妥善的维护与管理。然而，数量庞大的低级别古建却面临着截然不同的境遇。这类古建在长期的历史演进过程中，因缺乏足够的关注与资源投入，普遍存在不同程度的损坏，其保护工作迫在眉睫。同时，如何对这些低级别古建进行合理的活化利用，充分挖掘其潜在价值，使其更好地融入现代社会发展进程，也成为当前古建保护领域亟待解决的重要课题。

（二）博物馆化是古建保护与利用的有效途径

古建的博物馆化作为一种创新性的古建保护路径，是借鉴博物馆所具备的多元功能来达到对古建的有效保护。具体而言，其主要借助藏品研究、陈列展示和宣传教育等手段，将古建视作核心文物展品予以全方位呈现，以此实现古建保护与利用的协同共进、互利共赢。古建本身就是兼具真实性与艺术性的独特展品，而古建的博物馆化则有助于深挖古建的丰富内涵，与在地传统文化相结合，精心匹配与古建相关的附属展品，使古建与展览内容相互补充、相得益彰，共同构建起"以文化人"的关键载体，从而在文化传承、知识传播和公众教育等方面发挥重要作用。

（三）数字赋能古建保护与利用

云冈石窟、永乐宫、五台山等全国重点文物保护单位，依托数字化技术，推动古建保护与利用工作进入高速发展的轨道。例如，云冈石窟深度挖掘数字化技术在文物保护传承中的优势，通过建立"数字档案"系统记录石窟的建筑结构、雕刻细节、历史沿革等信息，为科学保护提供翔实的数据支撑；云冈石窟还运用3D打印技术，创新采用分体打印、积木式安装的方式，开创了超大体量文物大比例复制的先河。

在游客体验层面，云冈石窟引入VR设备，使游客能够通过虚拟技术"真实"地目睹一座座石窟、一尊尊雕像。原本因地理及文物保护限制而不可移动的石窟艺术，借助数字化手段，以全新的展现形式、更具活力的年轻姿态"活"了起来，"动"了起来。历经千年岁月洗礼的石窟艺术，在数字技术的加持下，如同插上了腾飞的翅膀，突破时空限制，飞向"云端"，走向世界。

【课堂寄语】

山西的古建不仅承载着厚重的历史文化，还是特定历史时期社会风貌、建筑技艺与审美观念的生动写照。然而，在现代化建设持续推进的过程中，由于自然灾害、人为破坏等因素，致使众多古建处于濒危状态，它们的存续面临着严重的威胁。

鉴于此，做好文物保护工作成为我们在相当长时期内必须直面且着力攻克的重大课题。每一位社会成员都应积极投身其中，从自身做起，通过提升文物保护意识、参与相关保护行动、倡导合理的开发利用等方式，为保护古建文物贡献自己的力量。

【课后任务】

近年来，山西积极发展文化与旅游融合产业，不断打造具有文化特色的文化与旅游项目。请查阅相关资料，在分析家乡文化和旅游资源优势的基础上，为本地文化和旅游部门策划一个旅游项目或一条旅游线路。

【专题小结】

透过对山西古建的研究与欣赏，我们仿佛穿越时空，与先辈们展开对话，触摸到中华民族历史发展的脉络。对古建文化价值的体悟，不仅能够激发我们内心深处的民族自信心，更有助于传承和弘扬优秀传统文化。

在当代社会发展进程中，山西古建所闪耀的璀璨文化之光，具有重要的现实意义。它为我国的高质量发展提供了深厚的文化滋养和强大的精神动力。一方面，通过对古建的合理保护与利用，不仅可以发展文化旅游产业，带动地方经济增长，促进文化与经济的深度融合；另一方面，古建所承载的文化价值能够为科技创新、城市规划、社会治理等诸多领域提供灵感和借鉴，从而推动社会的全面进步。在古建保护利用之路上，我们应秉持科学、严谨、可持续的理念，充分发挥古建的文化价值，使其在新时代焕发出新的生机与活力，助力我们行稳致远，实现经济、社会与文化的协调发展。

【复习思考】

1. 请谈一谈你对"地上文物看山西"这句话的理解。
2. 山西古建具有哪些特点？请举例说明。

【拓展实训】

请利用假期实地考察一处古建遗存，深入了解它的时代背景、建筑工艺和文化价值，并撰写一篇500字的解说词。

专题七　山西长城文化与旅游

　　山西被誉为"中国长城博物馆"，那蜿蜒在华夏大地、仿若巨龙般的长城，其现存总长度的十分之一在三晋大地的崇山峻岭间游走。山西长城有着完整的谱系和清晰的脉络，囊括了从战国至明代的建筑遗迹，是一部鲜活的长城历史教科书。山西境内留存着不同历史时期的长城墙体，总里程达3500余千米，其时间跨度之长、形制完备程度之高，在全国首屈一指。长城不仅是砖石构筑的防御工事，更是一座文化的丰碑。在这里，农耕文明与游牧文明跨越时空，相互碰撞、交融，共同书写着中华民族多元一体的发展篇章。斑驳的长城砖墙，承载着千年来商贸往来、文化交流、民族融合的记忆，见证着华夏大地的沧桑巨变，也串联起中华民族厚重历史与灿烂未来。

【学习目标】

　　素质目标：1. 树立山西长城的文化自信；

长城博览在山西

　　　　　　　2. 培养坚韧顽强、兼容并包的优良品质；

　　　　　　　3. 确立忠诚爱国、求同存异、热爱和平的价值追求；

　　　　　　　4. 强化山西文化传播和传承的使命意识。

　　知识目标：1. 了解山西长城的修筑历史及其地理背景；

　　　　　　　2. 掌握山西长城的特征、类型及其精神内核；

　　　　　　　3. 掌握具有代表性的关隘、古堡古村、军民文化习俗等山西长城文化遗
　　　　　　　　存的基本情况；

　　　　　　　4. 熟悉山西长城文化保护的现状、长城文化旅游资源开发情况、长城文
　　　　　　　　化旅游宣传活动等山西长城文化旅游发展的基本现状。

　　能力目标：1. 能够全面介绍山西长城文化的丰富内涵；

　　　　　　　2. 能够深入挖掘山西长城文化遗存背后的历史故事；

　　　　　　　3. 能够欣赏并讲解雁门关等具有代表性的山西长城文化遗址；

　　　　　　　4. 能够客观评价山西长城文化旅游发展的现状及趋势。

【案例导读】

1. 案例介绍

长城脚下迎新春：观遗址、谈保护、添年味

　　2023年中国农历春节前夕，在山西最北端的大同市天镇县，温度已降至零下十几摄氏度。距离该县县城北约15千米，李二口长城傲立风雪之中，一群身着红色外套的志愿者，

正带着"春节礼物"赶来。

"这次，我们带了春联、手写'福'字，与村民们一起迎接新春。"袁建琴是名副其实的"长城卫士"，也是李二口长城的老朋友。十余年来，袁建琴一直义务保护长城。在她的影响下，如今，越来越多的人加入到保护长城的行列。

"他们每年春节都要来李二口村送温暖、送祝福。"说起袁建琴等老朋友，当地村民一点儿也不陌生，"因为他们，村民们对每天相依相伴的长城逐渐有了新的认识，都开始自觉参与到保护长城的行列。"

这次，作为大同市长城文化旅游协会会长，袁建琴带着协会20余名老中青少志愿者来到李二口村。观看李二口长城遗址、为村民发放春联、发放长城保护宣传单、唱长城歌曲、宣读长城保护宣言、在长城脚下捡拾垃圾……一天的行程安排得满满当当。

9岁的胡东佑，是志愿者中年龄最小的，从3岁起就跟随妈妈参加长城保护活动。尽管当天天气寒冷，胡东佑坚持与大人们一起在长城脚下捡拾垃圾，毫无怨言。他告诉记者，"我见过四季里不同样子的长城，如果以后有保护长城相关的职业，我想要去做。"

大学生李畅同样喜欢长城，比前曾多次参加保护长城徒步活动。在李畅看来，村民们常年住在长城脚下，对长城的感情不亚于志愿者，"希望让他们感受到社会的关爱，守护好家乡的长城。"

这几年，李二口村变化颇大。原来村民住的山腰旧址上，盖起长城博物馆；依托"长城一号"旅游公路，村民们在家门口吃上"旅游饭"。

2. 案例解读

长城是先辈们智慧与血汗的结晶，见证了朝代的更迭、岁月的变迁，是中华民族独一无二的文化标识。然而，岁月的侵蚀、自然的风化以及人为的破坏，正让如今的长城逐渐失去往日的灿烂与宏伟。部分墙体坍塌、砖石被盗、周边环境恶化，这些现状都在警示着人们，长城正面临着严峻的生存危机。近年来，从国家层面的政策推动，到地方各界的积极响应，越来越多的人怀着对长城的敬畏与热爱，加入到了保护长城的志愿活动中。他们来自不同的年龄阶层和社会背景，有的是有组织的团队，有的则是自发行动；有的是充满朝气的小学生，有的早已年过花甲，他们尽己所能，通过向当地村民和游客普及长城保护知识，分享保护长城对于传承民族文化、维护历史完整性的重大意义；还有很多的志愿者在长城周边担任环保员，清理垃圾，以实际行动践行着对长城的守护。

3. 案例思考

为什么会有人义务保护长城？保护山西长城的价值和意义何在？如何正确保护和传承山西长城文化遗产？

【知识研修】

单元一　山西长城文化概述

　　山西，宛如一座天然的长城历史博物馆，其类型分布齐全、谱系完整有序，宛如一部脉络清晰的史书，详尽地保留了从战国至明朝各个历史时期的长城遗址。这些遗址见证了不同民族在这片土地上的碰撞与交融，农耕文明与游牧文明曾在这里相互影响、彼此渗透。各民族在长城沿线往来贸易、互通有无，语言、习俗、艺术等文化元素在交流中逐渐融合，共同绘就了中华民族多元一体的绚丽画卷。

一、山西长城修建史[1]

　　根据2012年国家文物局的认定结果，山西境内的历代长城包含4000多个点、段，总长度达1400余千米。这些长城分布在山西8个市和39个县（市、区），建造时间涵盖了战国、汉、北朝（北魏、东魏、北齐）、隋、五代、明等多个历史时期。

（一）战国秦长城

　　据光绪年间《山西通志》考证，战国时期秦赵长平之战爆发。为实现"遮绝赵救及粮食"（阻断赵国援军与粮草供应）的战略目的，秦国在长治和晋城两盆地交界的山地沿线修筑了长城，这一军事工程在当时的战局中发挥了关键作用。时至今日，壶关、陵川、高平等地仍留存着断续的长城遗迹。

（二）东汉长城

　　东汉初期，卢芳与西羌、匈奴和亲结盟，夺取了五原、朔方、云中、定襄、雁门五郡的控制权，自立为汉帝。因飞狐道在军事与交通上具有重要战略地位，东汉政府命王霸率六千余刑徒，协同杜茂整治并守卫飞狐道。他们就地取材，以石垒土，修筑起从代郡至平城的防御性屏障。该段长城依地形选用不同建筑材料，其走向自今蔚县代王城起，向西经广灵、浑源，终至大同。

　　建武年间，马援率军自今阳高县出发，途经雁门、代郡、上谷等地，构筑了一系列障塞。根据张维华、王国良两位学者的研究，这些障塞由堡城和烽火台相连，并非是连续的城墙，其主要功能是传递军事信息和屯驻军队。考古人员在山西省左云县、右玉县发现了建武十二年（公元36年）的长城遗迹，在天镇县发现了建武二十一年（公元45年）的长城遗迹，这些发现使山西成为目前全国唯一确认存在东汉长城遗迹的省份。

---

1. 王杰瑜."长城博览在山西"的几点认识[J].史志学刊，2020(03):8-14. 刘菽，赵杰.山西长城的价值与保护开发[J].晋阳学刊，2020(05):123-126. 董耀会.山西长城文化遗产及长城旅游发展[J].史志学刊，2020(03):4-7.

（三）北魏"畿上塞围"

"畿"是指北魏都城平城（今大同市），"塞围"意为拱卫京城的防御工事。北魏太武帝在太平真君年间，征调司、幽、定、冀四州的十万民众，修筑了"畿上塞围"。该工程始于上谷（今山西广灵县以西），沿山西与河北的边界延伸至天镇县附近，继而转向西，环绕平城直至黄河东岸，纵横约千里，共历时一年九个月。

（四）东魏肆州长城

东魏虽然定都邺城，但高欢在晋阳设立的大丞相府才是当时的政治和军事中心。为了抵御北部柔然等势力的侵袭，高欢在管涔山与恒山相接的战略要地修筑长城，史称"肆州长城"。该长城现存遗迹主要分布在宁武县和原平市的北部，全长约75千米，部分段落保存较为完好。

（五）北齐长城

为了抵御山胡（属匈奴族）、突厥等势力的侵扰，北齐在山西的西北部大规模修筑了长城。如今，在吕梁山沿线的方山县等地，仍可见天保年间所建长城的遗迹；另有一段长城西起兴县黄河东岸，向东北经岢岚、五寨、宁武、原平、代县、山阴、应县、浑源，直至广灵，同样留存着天保年间的遗迹。在山西境内，除明长城外，北齐长城是保存得最为连贯、遗迹最为清晰的现存长城之一，具有极高的历史文化与考古研究价值。此外，在山西东南部泽州县与河南的交界地带，还保留着河清年间修筑的轵关长城，该段长城是专为防御北周军事进攻而修建的。

（六）隋长城

北周至隋朝时期，突厥成为威胁中原北境的主要势力，促使中原王朝多次开展长城的修筑工程，山西境内的长城建设尤为频繁。北周大象年间，修建了雁门至碣石的长城；隋朝开皇年间，不仅有稽胡参与修筑的长城，还有隋文帝下令修建的长城。在岢岚县发现的几段短长城，均与北齐长城相连，经考证是隋开皇年间修缮北齐长城的增筑部分。

（七）五代长城

根据《资治通鉴》记载，李克用与后梁争夺潞州（今长治市）时，后梁修筑了"夹寨"和"甬道"。现存遗迹位于沁水县十里乡孝良村北的雨峻山，呈东西走向，全长约10千米，墙体是由片石垒砌而成。长城西侧建有一座长方形障城，同样采用了石砌工艺。经考古人员对出土残瓷片进行考证分析，确认该遗迹为五代时期的遗存。

（八）明代长城

明代永乐至嘉靖年间，为抵御蒙古的侵扰，明政府在北部边防沿线设立辽东、蓟州、宣府、大同、偏头关（也称山西镇或三关镇）、延绥（也称榆林镇）、宁夏、固原（也称陕西镇）、甘肃九大边防重镇。此后，为拱卫皇陵、加强京城防御，明政府又在蓟州镇分设了昌镇和真保镇；到了万历年间，蓟州镇再被析置出山海镇，固原镇被析置出临洮镇。在山西境内有大同镇和山西镇，部分区域还留存有真保镇的墙体遗迹。

大同镇设立的时间较早，永乐元年（公元1403年）江阴侯吴高镇守大同，至永乐十二年（公元1414年），明政府任命都督朱荣为总兵官镇守大同，节制山西都司、行都司备御军马，大同镇正式设立。

山西镇则设立的时间较晚，成化三年（公元1467年），朝廷命署都督金事王信移镇代州，提督雁门关、偏头关、宁武关三关，此为三关镇的雏形。嘉靖年间，偏关副总兵移驻宁武并升任总兵，三关格局自此稳定下来。

真保镇的总兵驻于保定，分辖紫荆、倒马、龙泉、固关四路，各路设参将。其管辖长城北起紫荆关，经倒马关、龙泉关、娘子关，南至固（故）关。真保镇所辖的倒马关、紫荆关、蓟镇的居庸关合称为"内三关"。

二、山西长城修筑的历史地理背景 [1]

（一）山西居"天下之中"的地理区位

探寻山西长城的修筑历史，绕不开其"天下之中"的地理区位。山西地处中原农耕文明与北方游牧文明的交汇地带，这种特殊的地理位置，使其成为古代民族交融、文化碰撞的前沿区域。在漫长的历史进程中，为抵御北方游牧势力、巩固政权统治，中原王朝高度重视山西的战略地位，长城的修筑由此发端。山西的地理特质不仅决定了长城修筑的必然性，更在长城选址、走向规划和防御体系构建等方面发挥着深远影响。

（二）"京室之夹辅"之地的政治地位

山西史称"京室之夹辅"之地，历代王朝皆将山西视为核心战略要地。自商周至清末，尽管政权不断更迭，但大一统王朝都城的选址主要集中在西安、洛阳、安阳、北京、开封等城市。这五大古都呈扇形环绕着山西，凸显出历代王朝将国家安全与山西紧密关联的战略考量。山西独特的政治地理区位，主要基于两大因素：其一，北方游牧民族南下中原时，山西往往是必经之路，游牧势力的存在长期对中原王朝构成重大威胁，因此，王朝定都时多优先考虑接近威胁源，而非单纯以经济中心为选址依据；其二，山西东倚险峻的恒山，西临黄河天险，地势险要，明末清初的地理学家顾祖禹曾评价："是故天下之势，必有取于山西也"，道出了山西在战略布局中的关键地位。

---

1. 王杰瑜."长城博览在山西"的几点认识[J].史志学刊，2020(03):8-14.

（三）农耕文明和游牧文明交融的文化特点

山西地处内蒙古高原向华北平原的过渡地带，独特的地理位置使其成为历史上南北文明交融的枢纽区域。仰韶文化起源于华山脚下，红山文化崛起于燕山地带，两大文化在此碰撞、交流与融合。

南北朝时期，北方长城沿线的游牧文明与中原黄河流域的农耕文明形成南北并立的格局，而山西正处于两大文明区域的交汇通道，整体分布形似"工"字。北方少数民族南下时，太行山成为他们主要的迁徙通道；在入主中原建立政权后，他们又将山西作为稳固统治的战略要地与后方基地。这些民族迁徙活动虽然引发过阶段性的战乱，但也为山西注入了独特的文化活力与雄浑的气魄。

三、山西长城文化的内涵

（一）山西长城文化的特征

山西长城的历史是一部中华民族交融的史诗。自远古起，山西便如天然纽带，联结起中原华夏民族与北方各民族的文化脉络。作为中原农耕经济与北方游牧经济交汇的前沿地带，山西长城承载着军旅要道、茶马古道、民族通道、文化走廊等多重功能。

山西长城文化内涵丰富多元，既包括以城墙、堡垒、烽火台、燧堡为核心的军事防御体系；也涵盖以边境贸易、互市往来为表征的经济活动；既有游牧文明与农耕文明交融形成的独特边塞风情，又展现着以人口迁移为表象的民族融合历程；与此同时，山西长城文化还孕育出了源于屯田军户、后达鼎盛的晋商文化。

（二）山西长城文化的类型

1. 军事文化

山西长城的历史宛如一部跨越千年的军事斗争长卷，沿线的烽燧、关隘、城堡等军事设施，共同构筑起古代军事文化中严密而完备的防御体系。历史上，李牧、卫青、霍去病、李广等将领多次在雁门关等地御敌于外；平阳公主曾在娘子关筑城设防，统领军队抵御外敌。抗战时期，中国军民在平型关、雁门关、阳明堡等地奋勇抗击日本侵略者，用热血谱写了保家卫国的壮烈诗篇。

作为庞大的军事防御工程，山西长城的意义不仅是服务于军事战争，更重要的是，它长期遏制了北方游牧民族南下的势头，有效地保护了中原先进的农耕文明和生产力，维系了中原地区农业生产的稳定和社会秩序的安宁，为中华文明的传承与延续提供了坚实的保障。

2. 边塞文化

农耕文化和游牧文化在山西北部长期碰撞、深度交融，催生出与长城紧密相连的边塞文化。边塞文化的精髓在于其兼容并蓄、海纳百川的包容性，以及不失坚毅张扬的地域个性。频繁的民族征战催生出边关古村镇的军事建筑文化；而民族间关系的缓和则促进了边关居住文化的兴起。随着多民族之间的交流日益密切，边关古村镇成为了民族文化交融的熔炉，兼具军事特色和民族融合印记的民间艺术，也在传承中不断焕新。

此外，山西长城的边塞文化还包含着独具特色的生态文化。以右玉县为例，当地通过长期植树造林、积累防风固沙技术，成功地改变了当地多沙干旱的自然面貌，造就了边塞地区独特的绿色景观。

3. 边贸文化

马市是明代长城沿线九边地区民族贸易的重要场所，也是长城内的汉族与长城外的蒙古族、女真族等少数民族在指定区域开展定期互市交易的场所。以隆庆和议为分水岭，马市的发展可分为前后两个阶段：隆庆议和前，宣府、大同、山西三镇虽已开设马市，但这些马市时开时闭，且为官营性质；隆庆和议后，中三边（宣府、大同、山西）的汉蒙贸易蓬勃兴起，民间贸易逐渐占据主导地位。马市的兴盛让昔日的战场转变为蒙汉两族互通有无的繁华集市。随着战争的远去，商人的驼队越过长城，晋商实现了"货通天下、汇通天下"的商业传奇，"草原丝绸之路"也由此开启。曾有这样的诗句来赞美当时交易繁忙、一片安定的盛世景象："天王有道边城静，上相先谋马市开。万骑云屯星斗暗，三秋霜冷结旋回。"

【延伸阅读】

隆庆和议

隆庆和议是明朝隆庆年间，在内阁大臣高拱、张居正等人的筹划下，明朝与蒙古达成了对俺答汗的封王、通贡和互市的协议。明朝封俺答为顺义王，开放十一处边境贸易口岸，使蒙古人能够通过贸易获得中国的资源。

隆庆和议结束了明朝与蒙古近二百年的敌对状态。明朝在成功铲除赵全等汉奸之后，削弱了鞑靼内部的组织力，自那时起到明朝灭亡，明朝与蒙古之间绝少爆发大规模的战争。

（三）山西长城文化的精神内核 1

1. 坚韧顽强的民族性格

在漫长的长城守护历史中，山西人民不仅铸就了中华民族坚韧不屈、自强不息的精神品格，也形成了安分守己、循规蹈矩、克勤克俭、隐忍顽强的性格特质。以长城沿线的右玉县为例，当地几代人矢志不渝地推进植树造林、改善生态，将曾经风沙肆虐、贫瘠荒芜的土地，变成了绿树成荫、空气清新的"塞上绿洲"，这一壮举，正是对"功成不必在我，功成必定有我"的生动诠释与传承弘扬。

---

1. 师坚毅，邢晓亮.山西长城文化旅游的资源禀赋[J].文化产业，2018(14):8-11.

2. 忠贞不渝的家国情怀

山西因其"居天下之肩背"的战略地位，成为无数戍边将士守土卫国的重要屏障，长城不仅见证了中华儿女以国为家、家国一体的崇高信念，更承载着深厚的民族精神与爱国情怀。山西长城沿线的爱国故事源远流长：历史上，李牧率军大破匈奴，令其数十年不敢南侵中原；杨家将自杨信至杨文广，祖孙四代驰骋疆场、浴血奋战，满门忠烈名垂青史；抗日战争时期，中国军民在平型关、雁门关、阳明堡等长城关隘英勇御敌，赋予了长城不畏强敌、众志成城的时代内涵。

3. 兼容并包的和合思想

历史上，长城虽然以抵御游牧民族侵袭为重要功能，但在和平时期，它也成为各民族交往融合的重要通道和经济互通、文明传播的桥梁。长城文化中蕴含的贵和谐、尚中庸、兼相爱、交相利理念，契合了我国传统文化中治国、处世、为人的重要准则，彰显了"贵和尚中、善解能容，厚德载物、和而不同"的中华传统智慧。正是基于长城特殊的历史地位和作用，才孕育了北魏孝文帝汉化改革、赵武灵王胡服骑射等革新之举，以及刘邦白登山之围后的和亲政策、昭君出塞等历史佳话；才成就了晋商"货通天下、汇通天下"的商业传奇，以及晋蒙民众"走西口"的移民壮举。

4. 豪迈尚武的英雄主义

山西自古多良将，曹植《白马篇》中"白马饰金羁，连翩西北驰。借问谁家子？幽并游侠儿"的诗句，生动地描绘了山西、河北一带游侠义士的飒爽英姿。由于受长城文化的长期浸润，加上亲身经历过长城沿线的烽火岁月，他们的性格中普遍浸染着尚武、勇悍、豪爽、侠义的英雄主义特质。在历史长河中，山西涌现出众多杰出的军事家和政治家：战国时期的廉颇、赵奢、李牧；唐代的尉迟恭、薛仁贵、郭子仪；宋代的折从阮、呼延赞、狄青；明清时期的麻家将、孙传庭、任举等，他们在长城内外立下赫赫战功，名垂青史。近代以来，山西的咽喉要地——原平市，因涌现了徐永昌、续范亭、傅全有、赵尔陆等上百位将领，被誉为"将军之乡"。

【课堂寄语】

我们应深入探究山西长城辉煌的修筑历史，树立文化自信；同时，细致体悟山西长城文化的深厚内涵，积极传承长城精神，从而培养坚韧顽强、兼容并包的品格，树立忠诚爱国的价值追求。

【课后任务】

请查阅相关资料，进一步挖掘山西长城背后的历史故事，选取你感兴趣的故事并制作成短视频或撰写成短文的形式，可在微信、抖音等社交媒体平台上进行分享，让更多人领略到山西长城的独特魅力。

单元二　山西长城文化遗存

历史的烟云在山西大地沉淀下形制完备的长城遗址，以及星罗棋布的烽燧、关隘、城堡和卫所等建筑。它们矗立在绵延的长城防线上，镌刻着中华民族不屈的印记。此外，山西长城沿线还传承下来诸多军民文化习俗，同样是长城馈赠给我们的珍贵财富。

一、山西长城建筑遗存

（一）山西长城建筑的特点 [1]

1. 构筑时代多样

山西长城的时间跨度涵盖战国、汉、北朝（北魏、东魏、北齐）、隋、五代、明等多个历史时期，其构筑时代的丰富性在全国范围内名列前茅。

2. 长城长度显著

经国家文物局认定，我国历代长城总长度达21196.18千米，包含长城墙体、壕堑、单体建筑、关堡及相关设施等在内的长城遗产共计4万余处。其中，山西历代长城总长度约为1400千米，遗存的点、段数量超4000个。

3. 建筑分布广泛

山西长城分布在大同、朔州、忻州、晋中、长治、阳泉、吕梁、晋城8市39个县（市、区），涵盖多个历史时期修筑或沿用的长城墙体及附属设施。

4. 构筑形态和要素完备

长城墙体类型丰富，包括土墙、石墙、砖墙、木障墙、山险墙，以及山险利用、河险利用等特殊形式，各类墙体的构筑工艺及样式在山西均有清晰的实例。长城是由城墙、敌楼、关城、墩堡、营城、卫所、镇城、烽火台等多种防御工事结合而成的完整的防御工程体系，现存山西长城的城墙、关城、烽火台、敌楼等要素保存相对完整，体系完备。

5. 特色鲜明突出

一是北朝时期修筑的长城，在时代跨度、修筑长度及现存遗迹丰富度上均居全国首位；二是明朝时期修筑的长城在山西北部交汇，构成巨大的"人"字形格局，形成了独特的长城区域。该区域内，长城的单体建筑、关堡及相关遗存数量众多，在全国同类资源中处于领先地位。

---

1. 王杰瑜. "长城博览在山西"的几点认识[J].史志学刊，2020(03):8-14.

（二）著名关隘

1. 偏头关

偏头关位于偏关县的黄河之滨，与宁武关、雁门关并称"三关"。偏头关东倚丫角山，西临黄河，因地势东高西低而得名，现存的关城始建于明洪武年间，并在明宣德、天顺、弘治、嘉靖和隆庆年间多次修缮。偏头关地处黄河入晋南流的转折要冲，历来为兵家必争之地。古人赞曰："雄关鼎立宁雁间，山连紫塞长无边，地控黄河北岸险，金城巩固晋疆安。"关城平面形状不规则，东西长约1100米，东、西、南三门均设瓮城。城墙上部（离地约10米处）采用砖石砌筑，南门至西门段砖石大多保存完好；西墙、北墙以夯土墙为主，东部城墙已部分损毁。

2. 雁门关

雁门关又名西陉关，位于山西省忻州市代县以北约20千米的雁门山中，因山高风急，南飞的大雁需在此地盘旋三圈方可通过，故而得名。雁门关"扼守全境咽喉，地势控御中原"，是长城上的险要关隘，以"险峻"著称，素有"天下九塞，雁门为首"之誉。关隘由关城、瓮城和围城组成，关城城墙高约10米，周长约1000米，墙基为石砌，内夯土、外砌砖，墙垣上筑有垛口。2001年，雁门关被国务院公布为第五批全国重点文物保护单位；2017年，雁门关获批成为国家AAAAA级旅游景区，见图7-1。

图7-1　雁门关冬景

3. 平型关

平型关是明朝内长城沿线的一个重要关隘，地处山西省大同市灵丘县与忻州市繁峙县交界的平型岭脚下，因周边地形如瓶颈状而得名。金代称其为瓶形镇，明清时期则称其为平型岭关，后改称为平型关。明朝修筑内长城时途经平型岭，并于关岭之上筑城设堡。平型关城雄踞平型岭南麓，呈正方形布局，南、北、东三面各设一门，门额原镌刻"平型岭"三字（该门额现存于关堡遗址内），南、北两侧岭上的明长城遗迹至今犹存。

4. 杀虎口

杀虎口位于山西省朔州市的右玉县，山西和内蒙古的交界处，北依古长城，西临苍头河，自古便是南北交通要冲，迄今已有两千多年的历史，见图7-2。杀虎口古称参合口，是明长城北部的重要关隘之一。明代多次由此出兵征战，故得名"杀胡口"；后为促进中原与塞外贸易，改称为"杀虎口"。历史上，杀虎口战事频繁，尤以明正统至嘉靖年间为甚。清代以后，这里成为"走西口"的必经之地，也是晋商兴起与发展的重要通道。杀虎口不仅是明清时期山西历史的缩影，更是中国近代金融贸易兴衰的重要见证。

图 7-2　杀虎口

5. 娘子关

娘子关位于山西阳泉市平定县东北的绵山山麓，被誉为万里长城第九关，自古为兵家必争之地。娘子关原名"苇泽关"，因唐朝平阳公主曾率"娘子军"驻守此地而得名。娘子关之名最早见于金代元好问的《游承天悬泉》一诗，其中"娘子关头更奇崛"的诗句使其声名远扬。现存娘子关的关城始建于明代，古城堡依山傍水，地势险要，设有两座关门。

（三）著名古堡古村

1. 偏关老牛湾堡

老牛湾堡位于山西省偏关县城西北约40千米的老牛湾。黄河自内蒙古准格尔旗蜿蜒至此，向东南形成巨大的河湾，当地百姓形象地称之为"老牛横身"，老牛湾由此得名。这里是黄河进入山西的首站，也是明代长城老牛湾堡的筑设之地，自此黄河与长城并行，蜿蜒远去。老牛湾堡建于黄河大峡谷的悬崖峭壁之上，曾经是明长城防御体系中的屯兵城堡，设有兵营房舍，受自然侵蚀和人为因素的影响，如今仅存堡城的轮廓。古堡北端完好保存着一座砖砌空心二层敌楼，又名老牛湾墩，建于明万历年间，曾作为兵营瞭望之用，被誉为"天下第一墩"。

2. 右玉牛心堡

牛心堡位于山西省朔州市右玉县牛心堡乡牛心山的南侧。牛心山平地拔起、孤峰耸立、地势险峻，又地处西口古道要冲，战略地位极为重要，有右玉"第一要堡"之称。明嘉靖年间，蒙古鞑靼首领率兵围困右卫城，嘉靖帝急调大同镇各路兵马驰援才成功解围。战后，嘉靖帝嘉奖右卫军民，并拨款修建包括牛心堡在内的九座城堡，史称"灭胡九堡"。明代后期，蒙汉关系缓和，茶马互市兴起，牛心堡逐渐褪去军事色彩。清朝时期，国家统一、满蒙和亲，牛心堡彻底转变为民堡。如今的牛心堡虽已面貌大变，但其西北角仍保留着一段残缺的马面，厚重雄伟之态犹存。

3. 新荣得胜堡

得胜堡位于山西省大同市新荣区堡子湾乡的得胜堡村，地处晋蒙交界的饮马河西岸，自古便是连接晋北与内蒙古的交通要冲，见图7-3。得胜堡是由得胜堡、镇羌堡、四城堡、得胜口关构成的连环堡群，兼具边墙关隘、守关城堡、屯兵镇城和边塞马市等多重功能。作为明朝大同镇所辖的七十二城堡之一，得胜堡始建于嘉靖年间，旨在抵御蒙古瓦剌部的侵扰。除了作为军事堡垒，得胜堡还是蒙汉民族融合的重要场所。隆庆年间，明王朝与蒙古鞑靼部达成和议并开放互市，在大同、宣府等地设市，得胜堡马市便是九边地区11处马市之一，它在边贸中的重要地位，从明代一直延续至清及民国时期。

图 7-3　新荣得胜堡

4. 阳高大辛庄古堡

大辛庄古堡位于山西省大同市阳高县友宰镇的大辛庄村，原名"孤寨"，古时，此地被视为"凤凰觅食"的风水宝地。明嘉靖年间，当地的财主解铭在此建堡定居。此后，战乱频发、匪患猖獗，解铭又在旧堡的东侧新建一堡，用以储藏财物、安置家眷。大辛庄古堡紧邻桑干河南岸，凭借天然河防屏障，形成大堡套小堡的布局，军事防御功能显著，是民用与军用结合的典型古堡。如今，大辛庄古堡中的大古堡仅存残垣断壁，小古堡仍保存完好。值得一提的是，大辛庄古堡建在火山熔岩之上，堡内的古民居也都是用火山岩砌成，街道上随处可见火山熔岩的痕迹。经专家考证，此地曾有火山活动，因而造就了独特的地貌景观。

5. 天镇李二口长城

李二口长城位于山西省大同市的天镇县，修筑于嘉靖年间，是长城入晋的"第一站"。作为大同境内保存最完整的长城段落，李二口长城在晋北明长城的遗址中独树一帜，以"奇、伟、雄、绝"著称，南北段沿二郎山脊顺势蜿蜒，东西段则被称为"错长城"，沿山脚向东延伸。传说当年长城修筑到此处，一位将官进家喝了一碗水的工夫，士兵们就误修出了这一段长城。"修错"的长城在全国长城"家谱"中极为罕见，因此李二"错"墙也成为了大同"长城奇八景"之一。虽然民间传说十分有趣，但实际上，"修错"其实是明代防御政策调整的反映。李二口长城四季景致各异：春日杏映长城，盛夏绿荫边墙，仲秋长城红叶，初冬雪拥坚关。近年来，天镇县积极挖掘长城文化，把长城元素与古村落文化内涵有机融合，使其成为了集观光、采摘、休闲、娱乐、餐饮于一体的旅行目的地。

6. 天镇新平堡

新平堡，位于山西省大同市天镇县新平堡镇的新平堡村，是新平堡镇四大古堡（新平堡、平远堡、保平堡、桦门堡）之一。新平堡村的历史悠久，既是中国历史文化名村，也是中国传统古村落。此地地处山西、河北、内蒙古的交界处，素有"鸡鸣一声闻三省"的美誉。新平堡因军事防御的需要而兴起，自古以来就是兵家必争之地，明代时隶属九边重镇的大同；新平堡也因商贸往来而繁盛，历史上这里商贸发达，是晋商的发源地之一。明代隆庆年间这里更是成为了国家级蒙汉马匹交易市场，进一步推动了当地商业的发展与繁荣。

二、山西长城沿线的军民文化习俗

（一）围绕马市贸易展开的物资交流大会

隆庆和议后，以马市为核心的贸易市场在长城沿线广泛兴起，人为设置的贸易壁垒基本废除，民间经济交流空前繁荣。新平堡、得胜堡、守口堡作为重要的贸易城堡，每年都会定期举办大规模的集市。届时，交易双方都会精心筹备，所有贸易均在官府的严格监管下进行，开市后还会举行赏宴仪式。其中，得胜堡于阴历七月初三至七月十四举办的"会"，新平堡在阴历五月十八开展的"集"，经岁月沉淀形成独特的集市习俗。每逢开市，河北、内蒙古及周边地区的民众便会纷纷前来赶集，呈现出一派繁荣盛景。

（二）半农半牧区的生活方式

山西长城内外的汉族、蒙古族等各族民众在长期的交往中深度融合，致使各民族的经营模式、饮食习惯、婚俗、信仰等发生变化。例如，蒙古族南迁后，汉族向其学习牲畜饲养与畜产品加工技术，天镇的羊皮制作技艺和捻羊毛传统工艺便是例证；与此同时，蒙古族转变经营方式，从单一畜牧业走向集约化发展，通过"打草""建圈"等手段兼营农牧业。饮食方面，蒙古族原以"白食"（奶制品）和"红食"（肉类）为主，后来谷子、小麦、玉米等也逐渐融入他们的日常饮食。

（三）丰富多彩的民间艺术

1. 云冈大锣鼓

云冈大锣鼓，又名原平云冈大锣鼓、晋北大锣鼓、云胜大锣鼓，相传起源于北魏时期，最初是文人雅士和宫廷朝会赏玩的传统鼓乐，主要流行于晋北地区。凭借别具一格、变幻多姿的表演形式，云冈大锣鼓生动地展现了晋北劳动人民的生活意趣，也映照出诸多的历史风貌。云冈大锣鼓多次在国内外演出中脱颖而出，在国际乐坛颇具声誉。现有记录的鼓曲包括"穆桂英大破天门阵""关羽过五关""钟馗捉鬼""八仙过海"等。

2. 雁北耍孩儿

雁北耍孩儿，又称咳咳腔，是流行于山西省大同市及周边地区的传统戏剧，属于以曲牌名命名的戏曲声腔剧种，被认定为国家级非物质文化遗产。雁北耍孩儿的曲调古朴、婉约、豪放、细腻，乡土气息浓郁，在笛、笙、管、弦等乐器的伴奏下，唱腔优美动人，极具感染力。雁北耍孩儿堪称中国戏曲百花园中的独特存在，被专家赞誉为"戏剧史上的活化石"。

【课堂寄语】

长城辉煌的修筑历史孕育出类型多样的长城遗址和绚烂多彩的军民文化习俗。我们不仅要知晓山西有哪些长城文化遗存，更需要深度解读这些极具代表性的山西长城文化遗存背后的历史故事，从中探寻农耕文明与游牧文明演化、交融留下的历史印记，进一步感悟民族团结、天下大同的难能可贵，树立求同存异、热爱和平的价值观。

【课后任务】

1. 搜集有关山西长城文化遗存的著名诗词，并分享到微信、抖音等平台，尽你所能传播山西长城文化。

2. 查找相关资料，深入了解你最感兴趣的山西长城建筑遗存，整理相关资料形成一篇500字左右的导游词，并制作成讲解视频发布在微信、抖音等平台。

单元三　山西长城文化旅游发展现状

近年来，山西省委、省政府高度重视长城的保护与开发利用工作。从2017年提出打造"黄河、长城、太行"三大旅游板块的思路，到2020年启动《长城国家文化公园（山西段）建设保护规划》项目，如今的山西正在全力推进长城国家文化公园（山西段）的建设，旨在构建山西长城文化遗产保护廊道和文化旅游带，续写山西长城文化的新篇章。

一、山西长城文化保护与传承

（一）《山西省长城保护办法》

2021年，山西省人民政府颁布了《山西省长城保护办法》（以下简称《办法》），为山西省的长城保护工作提供了明确的依据与指导。《办法》强调，长城保护应遵循科学规划、原状保护、规范利用、属地管理的原则。《办法》的五大亮点包括：责任落实更加明确，规定长城所在地县级人民政府需与长城所在地乡（镇）人民政府签订长城保护责任书，进一步明确了保护管理主体责任；县级以上人民政府文物主管部门应设立长城违法行为举报平台，以加强社会力量的监督；明确省文物局负责制定长城日常养护规则，指导和规范长城保护机构做好日常养护和抢险加固工作；规定对长城进行利用时，需编制并展示长城利用方案，报省文物局备案；同时，严禁任何组织或个人非法占有长城建筑构件，或利用长城建筑构件修建除长城以外的建筑物。

（二）《长城国家文化公园（山西段）建设保护规划》

2022年6月，山西省人民政府印发了《长城国家文化公园（山西段）建设保护规划》（以下简称《规划》）。《规划》覆盖了山西省8市39县（市、区）的长城遗存分布区，涉及战国、东汉、北魏、东魏、北齐、隋、五代、明等历史时期修筑或使用的长城墙体及附属设施。

《规划》遵循"核心点段支撑、线性廊道牵引、区域连片整合、形象整体展示"的原则，以山西明长城为主线，串联沿线各类长城文物和文化、自然生态资源点，打造差异化的特色主题，全面展示长城的文化景观和文化生态价值，形成"一带、三段、六区、多点"的总体空间格局。

根据《规划》，山西将从八个方面推进文化和旅游深度融合：建设三条长城生态文化旅游廊道、打造一批标志性长城参观游览区、建设文化和旅游深度融合示范区、聚力打造长城系列文化旅游产品、开发长城品牌文化创意旅游商品、推出长城游览联程联运经典线路、加快培育一批特色文化旅游企业，以及进行"长城博览在山西"品牌的塑造和营销。

二、山西长城文化旅游资源开发

（一）山西长城旅游板块

2018年，山西省人民政府办公厅印发了《关于印发山西省黄河、长城、太行三大板块旅游发展总体规划的通知》（晋政办发〔2018〕58号），为三大板块旅游发展擘绘了宏伟蓝图。

《山西省长城板块旅游发展总体规划》（以下简称《规划》）的主体区涵盖大同、朔州、忻州3市的31个县，关联区则包括吕梁、阳泉、晋中、长治、晋城5市的13个县。《规划》对长城板块旅游的总体定位是：建设世界级文化遗产目的地和长城生态文化旅游带，空间布局为"一主一副多点、两轴一带四片"；关联区涉及的5市13县中，阳泉市平定县和晋中市左权县被列为重点发展区域，这两个县以娘子关、固关景区为引领，与太行山板块相交融，共同开发旅游产品。此外，《规划》还构建了长城人家、节事体验、军事体验、边贸风情、探奇揽胜、考古研学、康养会奖七大类旅游产品体系。

（二）山西长城一号旅游公路

长城一号旅游公路是山西省打造黄河、长城、太行三个一号旅游公路的关键一环，是推动山西长城沿线文化与旅游振兴、拉动县域经济发展、促进沿线农村人口增收致富的重要工程。根据山西省人民政府办公厅印发的《山西省黄河、长城、太行三个一号旅游公路规划纲要（2018—2025年）》，到2025年年底，将全面打通黄河、长城、太行三大板块的旅游大通道，其中，长城一号旅游公路覆盖大同市、朔州市和忻州市，串联了大同关堡群、雁门关、广武古城等100余个景点。

（三）山西长城文化旅游线路

2020年"游山西·读历史"活动推出了10条文化旅游线路供游客选择，其中与长城相关的文化旅游线路有两条，即"长城抗战文化游"：灵丘平型关大捷纪念馆—代县雁门关伏击战纪念地—代县夜袭阳明堡机场纪念地；"长城古堡古村游"：偏关老牛湾村—右玉牛心堡—新荣得胜堡—阳高大辛庄—天镇李二口村—天镇新平堡。

（四）山西长城文化旅游演艺

1.《天下大同》

舞蹈诗剧《天下大同》是山西省为庆祝中国共产党成立100周年精心打造的重点文艺作品。该剧由"一带一路""养蚕缫丝""追梦驼铃""平城丝画""瑰宝云冈""万里茶道""汇通天下""永恒丝路""天下大同"九个篇章组成，以创新的艺术语言和多元的表现形式，生动地诠释了"和平合作、开放包容、互学互鉴、互利共赢"的丝路精神。

2. 《长城长》

《长城长》是一部大型情景音乐舞蹈史诗,该剧以雁门关的历史文化为载体,在展现国家级文艺创作水平的同时,融入丰富的地方文化元素,艺术感染力与沉浸感兼具。整场演出通过"雄关漫道""驼铃声声""威武三关""众志成城""长城人家"五幕,在演绎雁门关及周边地区历史故事的同时,再现了质朴的忻州民俗风情和真实的历史场景。

三、山西长城文化旅游节庆活动

1. 塞上朔州长城旅游节

塞上朔州长城旅游节是朔州市委、市政府所确定的"一节三会"活动的核心内容。自2018年创办以来,该旅游节便成为朔州市展示长城文化、打造长城旅游目的地的重要平台。近年来,朔州借助塞上朔州长城旅游节的契机,充分展现了"大美朔州、生态朔州、旅游朔州"的良好形象,进一步强化了朔州与海内外的文化交流合作,显著提升了朔州文化旅游的知名度与影响力,为将朔州建设成为中国北方以"生态文化、长城文化"为标识的特色旅游目的地奠定了坚实的基础。

2. 天镇李二口长城文化节

李二口长城被列入第一批国家级长城重点段名单和国家长城文化公园重点项目,已成为山西"长城、黄河、太行"三大文化与旅游板块中长城板块的主打品牌。天镇县将李二口长城作为产业转型与乡村振兴的重点,依托古长城等旅游景点,深度挖掘边塞文化、长城文化、生态文化等旅游资源,构建起多元化的旅游产品体系,致力于打造边塞休闲旅游度假区和美丽乡村,有力推动了富民强县的进程。在以往的长城文化节期间,天镇县曾举办了红色记忆追寻、房车露营俱乐部活动、徒步游长城活动、"杏花仙子"摄影活动、艺术长廊展览等一系列主题活动。

【课堂寄语】

当前,从国家到地方均高度重视长城文化旅游资源的保护与开发利用,我们应时刻关注山西长城文化旅游资源的保护、开发和宣传状况,竭尽全力,积极参与到山西长城文化的保护与传承中来。通过参与保护长城的志愿服务、传播山西长城故事等多种途径,为山西长城文化的可持续发展贡献自己的力量。

【课后任务】

1. 深入了解山西三大旅游板块的基本情况。
2. 查找相关资料,选取一条自己最感兴趣的山西长城文化旅游线路,制作短视频或短文,向旅游者介绍该线路的基本情况及特色,并发布到微信、抖音等平台进行宣传推广。

【专题小结】

本专题全面介绍了山西长城文化的概况与遗存，重点阐述了山西长城文化的类型及其精神内核，并突出介绍了具有代表性的关隘、古村古堡、军民文化习俗等山西长城的物质与非物质文化遗存。在此基础上，本专题还整理了山西长城文化旅游的发展现状，旨在引导学生认识到山西长城文化旅游资源保护和开发的重要意义，并熟悉其基本情况。

【复习思考】

1. 山西长城文化的类型具体包括哪些？
2. 山西长城建筑遗存的特点是什么？
3. 请列举一些具有代表性的山西长城文化遗存，并讲述它们背后的历史故事。
4. 比较经典的山西长城文化旅游线路产品有哪些？

【拓展实训】

1. 参加一次保护或宣传山西长城文化的志愿活动。
2. 要求：自选时间，自选形式，期末需提交实践报告。

专题八　山西根祖文化与旅游

　　山西是中华民族重要的文明之"源"、文化之"宗"与精神之"根"，中华儿女从这里出发，跨越黄河，足迹远至海外。无论漂泊何方，中华儿女对故土的眷恋、对祖先的追思，以及与生俱来的民族认同感，在岁月流转中代代相传、从未间断，生动地诠释了中华民族血浓于水、叶落归根的强大凝聚力。作为中华民族的根祖之地，山西完整保存着华夏文明发展的历史脉络，见证了先民从穴居部落迈向文明社会的演进历程。

【学习目标】

素质目标：1. 树立山西根祖文化自信；

2. 具有中国传统重血缘宗族的根的意识；

3. 具有正确的孝悌观；

4. 坚定山西文化传播和传承的使命意识。

华夏寻根在山西

知识目标：1. 了解山西根祖文化形成的历史脉络；

2. 掌握山西根祖文化的特征和主要内容；

3. 掌握具有代表性的遗址遗迹、非遗传说、祭祀习俗等山西根祖文化遗存的基本情况；

4. 熟悉山西根祖文化保护的现状、山西根祖文化旅游资源的开发情况、山西根祖文化旅游宣传活动，以及山西根祖文化旅游发展的基本现状。

能力目标：1. 能够介绍山西根祖文化的丰富内涵；

2. 能够挖掘山西根祖文化遗存背后的故事；

3. 能够欣赏并讲解芮城西侯度遗址等具有代表性的山西根祖文化遗址；

4. 能够评价山西根祖文化旅游发展的现状及趋势。

【案例导读】

1. 案例介绍

"万流同归——黄河流域根祖文化展"在晋祠博物馆开幕

　　2023年7月6日，"万流同归——黄河流域根祖文化展"在太原市晋祠博物馆开幕。本次展览汇集黄河流域7省20余家文保单位的近百件（组）文物精品和内涵丰富的文化元素，展期三个月。

　　本次展览分为天、人、根、祖四个单元。第一单元"天"，介绍了黄河的形成与流域状况；第二单元"人"，讲述了黄河流域新石器时代的人类活动与相关文化；第三单元"根"，分别从文化、经济、政治的角度介绍黄河对于中华文明发展的意义与贡献；第四单元"祖"，展示了自黄河流域发展壮大的华夏文明，如何在历史的进程中走出摇篮，如种子般在宽广的天地中书写黄河文化的故事。

2. 案例解读

近年来，为深化山西根祖文化的保护与传承，太原市文物局指导晋祠博物馆牵头组建黄河寻根问祖文化联盟，成员涵盖黄河流域7省14家文物保护单位。为充分发挥联盟平台的作用，促进学术交流与良性互动，晋祠博物馆策划并推出本次展览。此次展览以提升文物保护利用效能为目标，致力于激活黄河流域根祖文化遗产的生命力，扩大其社会影响力，让观众在参观过程中感知中华民族的历史脉动，领略黄河流域根祖文化的深厚魅力。

3. 案例思考

黄河寻根问祖文化联盟成立的背景是什么？地处黄河流域的山西，与华夏文明和中华民族的起源、发展有哪些关联？

【知识研修】

单元一　山西根祖文化概述

一、山西根祖文化的历史脉络

山西根祖文化有两条历史脉络：一，山西是华夏文明之源；二，山西是中华民族之根。

（一）山西是华夏文明之源

中国是世界四大文明古国中唯一独立起源且文明从未中断的国家。如果将中国的历史文化比作参天大树或奔腾长河，山西的历史文化无疑是至关重要的根系与源头，它完整贯穿并演绎了中华五千年的辉煌历程。无论是根据文献记载和考古实证，还是结合山西历史文化的特质进行综合分析，这片土地都蕴藏着极为丰富的远古信息和根祖文化资源。

20世纪90年代，在山西垣曲县出土的"世纪曙猿"化石，被证实为世界上最早的高等灵长类动物（包括人类）的祖先。在山西这片古老的土地上，人类不仅出现得时间早，更制造出了中国最早的石器工具，点燃了"远古圣火"。芮城县西侯度遗址发掘的动物"烧骨"，经古地磁法测定，距今至少180万年，见证着早期人类文明的曙光。

循着西侯度遗址的文明脉络，从芮城西侯度文化开始，历经匼河文化代表的旧石器时代早期、丁村与许家窑文化代表的旧石器时代中期、朔州峙峪和吉县柿子滩文化代表的旧石器时代晚期，直至襄汾陶寺文化代表的新石器时代晚期，山西远古与上古文明发展脉络清晰、序列完整，文明演化从未间断。

山西的根祖文化底蕴深厚，位居"五帝"之首的黄帝在运城战胜蚩尤部族，推动了中华民族的首次大融合，奠定了五千年的国家根基；炎帝尝百草、制农具、教农耕、辟市场，开创华夏农耕、医药与商业文明，被尊为人文始祖与民本思想的倡导者。经专家考证，晋东南上党地区的高平，留存着丰富的神农炎帝历史遗存与翔实的文献碑记。

炎黄之后，尧、舜、禹三位杰出的部落联盟首领崛起于黄河流域，均在晋南建都立业。史书中最早出现的"中国"一词，即指上古虞舜时代以山西南部为中心的区域。尧在山西划定九州、初建"中国"、制定历法、发展农耕、兴办教育，并开创民主之风，最终禅位于舜，被尊为"民师帝范，文明始祖"。

山西夏县东下冯村发现的夏朝城堡遗址，以及晋南多处类似遗迹，与《禹贡》记载的冀州、太原，以及周人所述"大夏""夏墟"相吻合。根据古文献记载显示，夏人的主要活动区域涵盖晋南汾、浍、涑水流域，豫西伊、洛、颖水流域及关中平原。近年来，襄汾陶寺遗址的发掘为确认早期夏文化提供了关键的线索。百余处陶寺文化遗存以鲜明的时代特征昭示世人：当时中原大地的礼乐制度、阶级分化和国家形态已然萌芽或形成，标志着山西南部的夏文化绽放出文明时代的璀璨光芒。

（二）山西是中华民族之根

全世界华人共同尊奉炎帝与黄帝为中华民族的人文初祖。经考证，炎帝的主要活动区域集中在山西一带，高平现存有炎帝陵、炎帝行宫、寝宫、宗庙、高庙等多处古庙宇；在仰韶文化遗址的羊头山上，还留存有神农城、神农井、五谷畦等历史遗存；此外，山西有关记载炎帝活动的石碑石刻，以及与炎帝相关的古村名、地名和民俗也十分丰富。

海外华人常以"唐人"自称，而最早的"唐"指的便是陶寺遗址所在的古唐国（位于山西汾东一带），尧号称"陶唐氏"，《诗经》中的"唐风"也源于此。周成王"剪桐封地"，将弟弟叔虞分封于古唐国。叔虞在此治国，使当地繁荣安定，太原晋祠便是为纪念唐叔虞而建。叔虞之子姬燮继位后，将国号改为"晋"，开启了晋国的霸业。后世李渊父子从太原起兵，自称"唐王"，最终建立辉煌的唐王朝，追根溯源，其根基同样在山西。

山西是众多中华姓氏的发源地，中国人口最多的李姓、王姓、张姓、杨姓、赵姓等皆起源于此。山西地势险要，山河壮美，物产丰饶，每逢天灾战乱，各地人口便汇聚于此。在历代灾后重建的过程中，山西又成为重要的移民输出地。明朝洪武初年至永乐十五年的近50年间，明政府在山西洪洞大槐树下，组织了规模浩大的移民活动，参与人数达百万之众，堪称中国历史上规模最大、时间最长、范围最广的移民壮举。洪洞大槐树、唐代石经幢、树上的老鹳窝……不仅是移民历史的见证，更成为移民后裔心中的丰碑，被千百万移民后代视作"老家"的象征。至今，"问我祖先何处来，山西洪洞大槐树"的民谣仍广为流传。

二、山西根祖文化的内涵

（一）山西根祖文化的特征 [1]

1. 山西新旧石器遗存是中华文明的曙光

山西是我国旧石器时代文化遗存数量最多的地区之一，全国已发现的近200处古人类文化遗址中，山西占比近八成，同时，山西也是黄河流域新石器文化的核心区域，现存遗址多达千余处。这些遗址中出土的石制生产工具、陶制生活用具，以及居住址和陶窑等遗迹，生动地展现了山西新石器时代的文明成就。

2. 晋南地区是华夏根祖文化形成的中心

黄帝与蚩尤的大战发生在运城，晋东南的上党地区留存着大量与炎帝相关的遗迹，而女娲、嫘祖、后稷等传说也多源于晋南；尧都平阳、舜都蒲坂、禹都安邑，加之夏人主要活动区域也在晋南一带。诸多历史印记表明，晋南地区是华夏根祖文化形成的关键区域之一。

风陵渡轩辕黄帝
战蚩尤传说

3. 汾阴后土祭祀是华夏根祖文化的重要载体

根据万荣县后土祠保存完好的《历朝立庙致祠实迹》碑记记载，"轩辕氏扫地为坛于睢上，二帝八元有司，三王方泽岁举"，轩辕氏由此开创了中华民族历史上高规格、大规模、持续性祭祀后土的先河。汾阴"睢上"地处汾河与黄河的交汇处，历代皇家多在此举行祭祀后土始祖的大典。汉代将后土祭祀纳入国家礼制，明确规定："汾阴后土三年亲郊祠，泰山五年一修封"；唐、宋时期，祭祀规模进一步扩大。汉武帝刘彻、唐玄宗李隆基、宋真宗赵恒等帝王均在此留下墨宝，其中汉武帝的《秋风辞》堪称千古绝唱，宋真宗御制的《汾阴二圣配飨铭》碑则被誉为全国名碑之一。在民间，历代传承的后土祭祀习俗与当地的地理、气候、资源、人文环境相互交融，孕育出山西人崇祖、尚宗、重土的传统风尚。从古至今，无论是帝王将相还是平民百姓，皆对后土圣母尊崇有加，足见山西汾阴后土祠作为中华民族祭祖圣地的重要地位。

4. 大槐树迁徙活动是华夏根祖文化的凝聚与强化

明朝洪武年间，山西洪洞大槐树下的大规模移民活动可谓历史罕见，槐乡后裔的足迹自此遍布海内外。这场重大的历史迁徙，一方面促使大量山西先民移居四方，在异乡书写了耕垦拓土、繁衍发展的壮丽篇章；另一方面也让山西在特定历史时期成为根祖文化的重要发源地之一。

---

1. 郝光荣.山西省应进一步重视弘扬华夏根祖文化[J].前进，2008(09):32—35.

（二）山西根祖文化的主要内容

根祖文化通常被认为是由中国人传统的落叶归根和认祖归宗的思想、理念与情感所衍生出的一种文化。根祖文化起源于中原地区，以宗族血缘为纽带，主要通过祭祀仪式、氏族文化溯源、寻根祭祖活动等形式呈现，本质上是中华文化的根基与精神源泉。此外，根祖文化还涵盖姓氏文化、祭祀文化、宗族文化，以及在此基础上形成的民俗文化、道德伦理和文学艺术等。

著名考古学家苏秉琦曾指出，晋南地区是中华文化总根系中重要的直系分支，山西也被誉为"中华民族总根系中的直系"，其根祖文化包含以下核心内容：

1. 姓氏文化[1]

中华民族众多姓氏发源于山西，王、张、赵、魏、杨、郭、贾、郝、裴、傅等姓氏均源于此，上古母系社会八大姓之一的"妫"姓同样出自山西。作为全国姓氏排名首位的王姓，其根源可追溯至太原，并由此开枝散叶，遍布世界各地。身处异国他乡的王氏后裔历来有组织宗亲活动的传统，以此联络族谊、互助互爱。尽管太原王氏成员分散于全球，但他们血脉相连，情深义重，他们有一个共同的特点，即以"太原王氏"自称，并始终铭记始祖创业之地——太原。近年来，大批海外王氏宗亲团体，以及"上党连氏""霍州霍氏""平陆傅氏"等族群成员，不远万里回到祖居地寻根祭祖、投资兴业，这不仅彰显了血浓于水、叶落归根的华夏亲情，更体现出山西对华夏儿女强大的吸引力与凝聚力。

2. 祭祀文化

山西悠久的历史孕育出丰富多彩的祭祀文化。山西祭祀文化的内容涵盖后土文化、大槐树祭祖习俗、尧王传统祭祀文化、舜王传统祭祀文化、禹王传统祭祀文化和后稷祭祀等。其中，后土祭祀是华夏根祖文化的重要载体，汾阴后土祠更是中国现存有确切建造年代且建筑延续至今的古老祠庙之一。大槐树祭祖习俗于2008年6月7日被列入第二批国家级非物质文化遗产名录；尧王传统祭祀文化、舜王传统祭祀文化、禹王传统祭祀文化和后稷祭祀则被列为省级非物质文化遗产。

3. 德孝文化

河东地区的尧、舜、禹三位先贤，以德孝理念治理天下，使禅让与孝悌成为那个时代的标签，进而形成了影响深远的尧舜德孝文化。该文化是中华优秀传统文化的重要源头之一，也是尧、舜所倡导的文明道德准则。此后，德孝文化不断丰富和完善，最终发展成为中华优秀传统文化体系中重要的组成部分。

---

1. 李镇西.魂系山西[M]. 山西经济出版社，2009.

【课堂寄语】

山西是华夏文明的重要源头，也是中华民族的精神根系所在。无论身在何处，中华儿女对故土的眷恋、对祖先的追思，以及强烈的民族认同感，都在岁月流转中代代相传、绵延不绝，其中既承载着中国传统重血缘宗族的根文化，也蕴含着中华传统美德中的孝文化。我们应当深入领悟这些文化内涵，增强身为华夏儿女的自豪感，始终保持对民族和故土的敬畏之心，以及对宗亲长辈的感恩之情。

【课后任务】

请查阅相关资料，深入探究山西的姓氏文化。选取你最感兴趣的一个姓氏，制作成短视频或撰写短文，讲述其在山西的文化故事，并发布至微信、抖音等平台。

单元二　山西根祖文化遗存

山西根祖文化遗存丰富多样，不仅有物质形态的文化遗址，还涵盖了非物质形态的非遗传说、祭祀习俗等。

一、文化遗址

（一）芮城西侯度遗址

西侯度遗址位于山西省运城市芮城县风陵渡镇西侯度村附近，从时代划分来看，西侯度遗址属于早更新世，经古地磁断代技术初步测定，该遗址距今约180万年，是中国目前发现的最早的旧石器时代遗址之一。西侯度遗址发现于黄河中游左岸，地处高出河面约170米的古老阶地上，文化遗物与动物化石主要集中分布在平均厚度约1米的交错砂层内，见图8-1。1988年1月13日，西侯度遗址被国务院公布为第三批全国重点文物保护单位。

图 8-1　芮城西侯度遗址

（二）襄汾陶寺遗址

陶寺遗址位于山西省襄汾县陶寺村的南部，经中国社会科学院考古研究所联合山西省考古研究院、临汾市文物局等单位多年发掘与研究，陶寺遗址被初步认定为中国史前时期"都城要素最为完备"的城址之一。该城址的主要兴建与使用年代距今约4000年，城址的东北部是宫城和宫殿群所在的核心区域；宫城西南部为下层贵族居住区，南部设有仓储区。城址的南部是陶寺文化早期墓地，且单独圈建了一个小城作为宗教祭祀区，其中发现了"观象台"遗迹和中期墓地。遗址的西南部为手工业作坊区，西北部则是普通居住区。陶寺遗址出土了世界上迄今发现最早的观象台遗迹，以及龙盘、文字扁壶、鼍鼓、石磬、玉兽面和中国最早的"铜器群"等珍贵文物。这些重大考古发现证实，陶寺文化时期已现早期国家形态，礼制初步形成，是夏、商、周三代辉煌文明的重要源头之一，因此，陶寺遗址被视为中华早期文明的典型代表，也是实证中华5000多年文明史的重要支点。

【延伸阅读】

陶寺遗址发掘成果八大"最"

1. 陶寺遗址是史前东亚最大的城址。
2. 陶寺遗址的观象台是世界上最古老的观象台。
3. 陶寺遗址发现了世界上最早的测日影天文观测系统。
4. 陶寺遗址出土了到目前为止最早的文字，这些文字刻在扁壶残片上。
5. 陶寺遗址发现了中国最古老的乐器。
6. 陶寺遗址发现了中原地区最早的龙图腾，这种图腾在陶寺文化中象征着王权。
7. 陶寺遗址发现了世界上最早的建筑材料——板瓦。
8. 陶寺遗址发现了黄河中游史前最大的墓葬。

（三）万荣后土祠

万荣后土祠位于山西省万荣县西南黄河之滨的庙前村北，是全国重点文物保护单位。现存的后土祠虽然规模不及唐宋时期的壮观，但布局严谨完整，仍是国内现存规模最大的后土祠庙，见图8-2。近年来，国内各界人士、港澳台同胞及海外华侨纷至沓来，在此寻根祭祖、祭祀后土。人们祈愿后土圣母护佑九州大地五谷丰登、国泰民安、世道祥和、物阜民康，亦祈求阖家安康、兴旺顺遂、诸事如意。每逢后土圣母诞辰（农历三月十八）及十月初五庙会期间，善男信女、商贾游客云集，祠内摩肩接踵，热闹非凡。

（四）高平炎帝陵

高平炎帝陵位于山西省晋城市高平市的庄里村，俗称"皇坟"，陵后建有五谷庙。五谷庙创建年代不详，最迟在宋代已见记载，现为市级文物保护单位。该庙坐北朝南，规模宏大，四周筑有城墙，分上下两院。在五谷庙的中轴线上，舞台、献台、山门、南道、正殿等建筑依次排列。庙院原有众多碑石，现仅存正殿与东西厢房。在东厢房后墙上有一块"炎帝陵"的石碑，为明万历年间所立。

图 8-2　万荣后土祠

（五）尧都尧庙

尧庙位于临汾市尧都区秦蜀南路，是历代国君祭祀帝尧和海内外中华儿女寻根祭祖的重要场所，为山西省重点文物保护单位。尧庙始建于西晋时期，主要由山门、五凤楼、尧井亭、广运殿、寝宫等古建筑群构成，院内还保存着柏抱槐、柏抱楸、鸣鹿柏、夜笑柏等汉代古树景观。清代以前，每年的4月28日都会在此举行祭尧仪式与庙会；康熙帝巡幸后，将其定为皇会，各地民众纷至沓来，皇会规模居华北之首。

（六）盐湖舜帝陵

舜帝陵位于山西省运城市的鸣条岗西端，是"五帝"之一舜帝的陵庙，现为全国重点文物保护单位、国家AAAA级旅游景区，分为舜帝大道、舜帝广场、舜帝公园、舜帝陵庙四个区域。舜帝陵冢的历史可追溯至大禹时期，舜帝陵庙始建于唐代，是景区内年代最久、规模最大、影响最深的古迹。陵庙又分神道、陵园、皇城三部分，神道上的连理神柏举世罕见；陵冢之上的五子古柏苍劲古朴；皇城城墙巍峨耸立，庙内建筑布局规整、保存完好。

（七）芮城大禹渡黄河风景区

大禹渡黄河风景区地处山西省芮城县东南的黄河之滨，作为山西省的南大门，这里依崖傍水，风光秀丽，景色宜人，素有"黄河明珠""北国江南"的美誉。该风景区集黄河文化、大禹文化、佛教文化与现代水利文化于一体，成为黄河中游极具特色的水利旅游目的地。正如诗句所云："万里黄河神游处，千年驿道大禹渡。"黄河两岸以大禹命名的千年古渡仅此一处，当地流传着诸多与大禹治水相关的传说和故事。此外，大禹渡黄河风景区生态环境优良，百万林木四季常青，空气负氧离子含量颇高，因而被誉为"森林氧吧"。

（八）洪洞大槐树

洪洞大槐树寻根祭祖园旅游景区位于山西省的洪洞县，是国家AAAAA级旅游景区和山西省重点文物保护单位，见图8-3。该景区划分为"移民古迹区""祭祖活动区""民俗游览区""汾河生态区"和"根祖文化广场"五大主题区域，拥有碑亭、二三代大槐树、千年槐根、祭祖堂、广济寺、石经幢、移民浮雕图、中华姓氏苑等多个景点。根据相关文献记载显示，从明朝洪武三年（公元1370年）至永乐十五年（公元1417年），在山西洪洞大槐树下共开展过18次大规模的官方移民活动，移民主要迁至河北、河南、山东、安徽、江苏等18个省（市）。历经600年的迁徙与传承，如今但凡有华人聚居的地方，大概率就有大槐树移民的后裔。

洪洞大槐树

图8-3　洪洞大槐树

【延伸阅读】

一些有关大槐树移民的故事

据说当年移民时，官兵用刀在每人小趾甲上切一刀为记。至今凡大槐树移民后裔的小趾甲都是复形（两瓣）。当时，为防止移民逃跑，官兵把他们反绑起来，然后用一根长绳联结起来，押解着移民上路。人们一步一回头，大人们看着大槐树告诉小孩："这里就是我们的老家，这就是我们的故乡。"至今移民后裔不论家住在何方何地，都说古大槐树处是自己的故乡。由于移民的手臂长时间捆着，胳膊逐渐麻木，不久也就习惯了，以后迁民们大多喜欢背着手走路，其后裔也沿袭了这种习惯。

在押解过程中，由于长途跋涉，常有人要小便只好向官兵报告："老爷，请解手，我要小便。"次数多了，这种口头的请求也趋于简单化，只要说声"老爷，我解手"，就都明白是要小便。此后，"解手"便成了小便的代名词。

二、非遗传说

（一）尧的传说

尧的传说广泛流传于山东省菏泽市牡丹区和山西省绛县，是国家级非物质文化遗产，其具体归属地为山西省绛县。据绛县尧寓村村民世代口传及相关文献记载，尧诞生于尧寓村，村内保留有陶唐遗风、庄严配天、创建寨记、古驿道碑等古石碑，以及东尧岭尧王庙、西尧岭全神庙、村前三官庙、中尧岭尧王出生秘洞等遗址。在东尧岭和西尧岭还发掘出新石器时代的遗址，其中很多遗迹都承载着尧的故事。民间有关尧的传说内容丰富、情节曲折动人，代表作品有《尧王兴拜年》《娥皇女英拜寿》等。

（二）舜的传说

舜的传说作为山西省运城市的民间故事，已入选国家级非物质文化遗产。舜，又称虞舜，是有虞氏部落首领，也是神话传说中的三皇五帝之一。《孟子·离娄篇》记载："舜生于诸冯，迁于负夏，卒于鸣条，东夷之人也。"舜父瞽叟目盲，生母早逝，继母与异母弟象曾多次谋害他。在尧的两位女儿相助下，舜化解危机。舜以勤劳善良、孝顺正直著称，兼具卓越才干与高尚品格。《墨子·尚贤下》载："昔者舜耕于历山，陶于河濒，渔于雷泽，灰于常阳，尧得之服泽之阳，立为天子。"传说中，舜还是箫的发明者。经四岳举荐，尧将女儿许配给舜并禅让帝位。舜后传位给禹，最终南巡时崩于苍梧之野，常被尊为春神与农业神。舜的传说遍布全国，民众将其生平、品德与诸多地名、冢祠、风物相联系，衍生出各类神话故事，赞颂其明德、孝悌、忠君等高尚品质。

（三）大禹治水

大禹治水的传说是山西省省级非物质文化遗产。河津市黄河龙门景区位于河津市龙门村。相传，大禹为治理黄河水患凿开龙门，使河水奔涌而下形成壮观瀑布。大禹凿龙门，是中华民族史上第一次有意识、大规模与自然抗争的伟大壮举，因此，龙门被誉为华夏文明第一门。为纪念大禹的功德，人们誉龙门为禹门，山西河津人于汉代在龙门东岸石岩上创建了大夏禹庙。

（四）嫘祖养蚕

嫘祖养蚕传说是山西省省级非物质文化遗产。嫘祖与炎帝、黄帝同处一个时代，皆被尊为人文始祖。作为黄帝正妃，她曾在夏县西阴村传授百姓植桑、饲蚕、织丝之术，并孕育出辉煌的"西阴文化"。此后，养蚕业从黄河流域逐步传至全国各地。经考古研究证实，山西夏县西阴村是我国乃至世界蚕丝文化的发祥地，昔日"丝绸之路"上交易的上等锦缎，多印有"西阴"的字样，以纪念蚕丝文化的故乡——西阴。

（五）稷王传说

稷王传说是山西省省级非物质文化遗产，其核心内容围绕姜嫄履帝迹生弃、后稷教民稼穑展开，在稷山县及周边地区广为流传。稷山历史悠久，是中华民族的发祥地之一。中国农业始祖、五谷之神后稷曾在此传授农耕技术，并开创了绵延数千年的农耕文明。当地留存着大型祭祀后稷庙宇——稷王庙，以及稷王山、稷王塔等遗迹，周边县区也有相关遗址，如新绛县阳王的稷益庙、闻喜县后稷被弃的冰池等。

三、祭祀习俗

（一）大槐树祭祖习俗

山西洪洞大槐树移民构成中国历史上规模最大的移民运动，它直接涉及1230个姓氏和汉、回、蒙古等多个民族，移民迁徙地遍及全国。时至今日，大槐树移民后裔已布满全球。几百年来，他们利用各种机会回到大槐树下祭祖，形成了丰富的移民传说和悠久的祭祖传统，大槐树也因此而成为中国人寻根问祖的象征。2008年，大槐树祭祖习俗被列入第二批国家级非物质文化遗产名录。

（二）祭祀后土活动

作为历史悠久、底蕴深厚的一项传统民俗，祭祀后土活动承载着丰富的文化内涵。《历朝立庙致祠实迹》碑上记载："轩辕氏祀地祇，扫地为坛于雕上"；明代后土碑亦载："轩辕扫地之处"……这些珍贵史料证实，位于万荣县汾阴雕上的"扫地坛"是中华民族早期重要的祭祀场所，堪称华夏祭祀文化的发源地。原立于汾河与黄河交汇处的"扫地坛"因黄河泛滥而淹没，现存于后土祠秋风楼下的建筑为清代移建之物。坛门上方镶嵌的"扫地坛"的砖雕匾额，与明代"轩辕扫地之处"的碑记相互辉映，共同见证了这一古老祭祀传统的历史价值与文化意义。2006年，后土文化成功申报为山西省级非物质文化遗产。

【课堂寄语】

山西根祖文化遗存底蕴深厚、形式多样。我们不仅要掌握这些遗存的基本信息，更要仔细品读这些代表性遗存背后的传说典故和历史渊源，领悟山西根祖文化遗存的独特价值，树立文化自信，以更强的使命感传承和传播山西根祖文化。

【课后任务】

1. 广泛收集山西根祖文化遗存中入选国家级、山西省级非物质文化遗产的代表性项目，并通过微信、抖音等新媒体平台进行分享，助力山西根祖文化的弘扬与推广。

2. 查阅相关资料，选择一处你最感兴趣的山西根祖文化遗址，深入挖掘其历史文化内涵，撰写一篇500字左右的导游词，并制作成讲解视频发布在微信、抖音等平台，向更多人展现山西根祖文化的魅力。

单元三　山西根祖文化旅游发展现状

一、山西根祖文化保护与传承

山西根祖文化既是山西人民的宝贵精神财富，也是极具地域特色的文化遗产。在当代社会，山西人民始终珍视并坚守着这份文化传统，积极推动根祖文化的传承与发展，为社会的进步贡献自己的力量。

为进一步加强山西根祖文化的保护与传承工作，黄河寻根问祖文化联盟成立。该联盟是由太原市文物局统筹组织，太原市文物保护研究院晋祠博物馆牵头，联合山西、陕西、甘肃等7省（自治区）的14家文博单位，包括晋祠、黄帝陵、伏羲庙等知名文化场所，以及复旦大学、中国人民大学等7家联盟学术委员会暨"省校合作"院校共同发起。联盟以挖掘、整理以"根祖文化"为代表的黄河文化，梳理华夏文化的历史脉络，揭示其蕴含的时代价值；该联盟还致力于凝聚黄河流域各级文物保护单位的力量，协同开展黄河文化与祭祀文化研究，着力打造黄河流域中华人文始祖发源地文化品牌，为推动黄河流域高质量发展、满足人民群众精神文化需求提供文化支撑。

二、山西根祖文化旅游资源开发

（一）山西根祖文化旅游区

山西省旅游工作会议曾提出打造山西旅游三大品牌，即晋北佛教古建文化游、晋中晋商民俗文化游和晋南黄河根祖文化游，晋南黄河根祖文化旅游区的概念由此诞生。该旅游区主要涵盖临汾、运城两市，以中华民族发祥地——中华史前三圣尧舜禹建都立业的活动遗址"尧都平阳、舜都蒲坂、禹都安邑"为主线，串联起洪洞大槐树、关帝庙、鹳雀楼、唐代铁牛群、普救寺、芮城永乐宫、五老峰、黄河小浪底库区、陶寺遗址、丁村文化等核心旅游资源。

【延伸阅读】

运城打造华夏文明根祖文化国际旅游目的地

运城是中华民族的重要发祥地，历史文化悠久，人文资源丰富。这里有跨越时空的人类远古文化，垣曲县发现的"曙猿"化石，把人类起源的时间向前推进1000万余年，被誉为人类萌发的"一缕曙光"；180万年前的用火遗址——芮城县西侯度，见证了人类第一把文明之火在这里点燃；这里有光耀千秋的黄河根祖文化，"大河顾我掉头东"，黄河在这里给了运城一个巨大的怀抱，女娲补天、黄帝战蚩尤、尧王访贤、舜耕历山、禹凿龙门、大禹治水等与黄河有关的美丽传说也都在此诞生……这里最早叫中国，这里是人类之源、文明之源、农耕之源、华夏之源、百元之源！在全国的发展格局中，将运城打造成华夏文明根祖文化国际旅游目的地，是近年来运城市委"三个战略定位""四大战略目标"的重要内容。这一定位和目标立足运城实际、符合国家发展大势，为大运城建设注入了新的内涵，赋予了新的动能。

（二）山西根祖文化旅游线路

1. 山西根祖文化经典的旅游线路为：大槐树—广胜寺—尧庙—华门—壶口瀑布—舜帝陵—关帝庙—运城盐湖。

2. 与根祖文化相关的组合线路主要有：（1）隰县小西天—大槐树—苏三监狱—尧庙—姑射山—丁村民居；（2）壶口瀑布—云丘山—万荣东岳庙—稷王庙—李家大院—笑话博览园—舜帝陵—运城盐湖；（3）司马光祖墓—池神庙—关帝庙—五老峰—普救寺—开元大铁牛（蒲津渡遗址）—鹳雀楼—芮城永乐宫。

（三）山西根祖文化旅游演艺

1.《大河之东》

《大河之东》是山西运城市以国家级非遗绛州鼓乐为核心元素，融汇鼓、乐、歌、舞、戏等多种艺术形式，将传统民间艺术与现代舞台表现手法巧妙结合而打造的大型鼓乐舞诗。《大河之东》采用单元体情景舞章结构，由序幕和"鼍鼓启农""战鼓英豪""花鼓传家""年鼓闹春"四个乐章及尾声组成，生动地展现了在新时代背景下，河东人民迈向民族复兴征程昂扬的精神风貌。运城市旨在通过《大河之东》这张文化名片，讲述运城故事，将华夏根祖文明传承给中华儿女，并将河东最具特色的鼓乐舞诗发扬光大。

2.《大槐树移民情景剧》

《大槐树移民情景剧》是洪洞大槐树寻根祭祖园旅游景区在节假日期间免费向游客上演的大型实景演出，重现了明洪武年间的移民历史。当年，官府为推行移民政策，在广济寺前的大槐树下张贴告示，宣布平阳府民众需按比例外迁，唯广济寺周边驻军区域的民众可免迁。故土难离的乡民纷纷聚集至此，却仍不幸被集中迁移。剧中，被绳索捆绑的乡民在官兵的押解下，含泪告别大槐树，生动地演绎了那段波澜壮阔的迁徙历史。

三、山西根祖文化旅游宣传活动

（一）尧都文化旅游节

为弘扬尧文化，塑造"尧都·中国文明从这里开始"的文旅新形象，展示尧都发展成果，山西省临汾市尧都区自2018年起每年举办尧都文化旅游节。首届（2018 年）至第三届（2020年）以"寻根尧祖·圆梦中华"为主题，开展论坛、交流、招商推介及群众文化活动；2021年因故暂停；2022年第四届以"寻根尧祖·德耀中华"为主题，打造"华夏文明之源·德孝文化之魂"文旅品牌。2023年第五届与2024年第六届均以"溯源华夏·最初中国"为主题，旨在挖掘尧文化内涵与当代价值，助力临汾文化旅游高质量发展，为实现"三个努力成为"目标和建设"三区三地"提供精神支撑。目前，尧都文化旅游节已成为临汾特色鲜明的节会品牌与对外展示窗口。

（二）洪洞大槐树寻根祭祖节

洪洞大槐树寻根祭祖节，又称洪洞大槐树文化节，是洪洞大槐树寻根祭祖园旅游景区于每年清明节前后举办的大型文化活动。1991年4月，洪洞县委、县政府以"文化搭台，经济唱戏"为理念，首次举办该活动，截至2024年底，已连续成功举办34 届。活动以清明节为主祭日，每年都会吸引数万各界人士前来参与，涵盖重点移民省市代表和全球大槐树的后裔，人们归乡祭祖，寄托对故土的深厚眷恋。该活动不仅密切了故土与移民后裔的联系，更有力地推动了当地经济的发展。

（三）运城舜帝德孝文化节

运城舜帝德孝文化节自2010年创办，旨在弘扬中华民族德孝文化，传承道德文明，倡导敬老爱老助老风尚，促进社会和谐。每年文化节期间，运城通过举办德孝实践先进典型颁奖典礼、民俗表演等活动，传播德孝忠义精神，在全社会营造树大德、行大孝、尽大忠、明大义的良好氛围。

【课堂寄语】

寻根觅祖既是文化传承发展的根基，也是社会繁荣、把握未来的关键。我们应当持续关注山西根祖文化旅游资源的保护与开发，肩负起传承华夏根祖文化的使命，积极参与根祖文化的宣传推广，让山西深厚的文化基因得以延续。

【课后任务】

1. 了解运城打造华夏文明根祖文化国际旅游目的地的进展和成果。

2. 查找相关资料，选取一条你最感兴趣的山西根祖文化旅游线路，制作成短视频或短文并发布到微信、抖音等平台进行宣传。

【专题小结】

本专题系统梳理了山西根祖文化的概况和遗存，着重阐释了其文化特征与核心内容，详细介绍了遗址遗迹、非遗传说、祭祀习俗这三类具有代表性的根祖文化遗存；同时，本专题还整理了山西根祖文化旅游发展的现状，旨在帮助学生认识到保护和开发根祖文化旅游资源的意义，并熟悉其基本情况。

【复习思考】

1. 山西根祖文化的特征主要体现在哪些方面？
2. 山西根祖文化的主要内容有哪些？
3. 请列举一些具有代表性的山西根祖文化遗址，并简述它们背后的历史故事。
4. 比较经典的山西根祖文化旅游线路产品有哪些？

【拓展实训】

1. 深入实地，对山西根祖文化相关的传统祭祀活动进行一次深度调研。
2. 要求：自选时间，自选形式，期末提交实践报告。

专题九　山西晋商文化与旅游

在中国明清至近代的经济发展历程中，纵横欧亚的晋商成就斐然，备受瞩目。以山西太谷、祁县、榆次、平遥等为代表的商人群体，开拓商贸版图，经营领域广泛；他们率先涉足金融领域，创办的钱庄票号实现资金通汇全国，雄踞商界长达五百余年，缔造了空前的商业繁荣盛景，在中华大地上留下了璀璨夺目的商业文化印记。

著名文化学者余秋雨在散文《抱愧山西》一文中写道："在十九世纪乃至以前相当长的时期内，中国最富有的省份不是我们现在可以想象的那些地区，而竟是山西。直到二十世纪初，山西仍是全国的金融贸易中心。"

称雄明清的晋商

【学习目标】

素质目标：1. 树立晋商文化自信；

2. 秉持诚实守信、开拓进取、团结协作、务实奉献的价值观念；

3. 强化传播和传承晋商文化的使命感。

知识目标：1. 了解晋商的历史背景；

2. 掌握晋商文化的含义及丰富内容；

3. 熟悉具有代表性的晋商足迹、晋商大院、晋商会馆、山西票号等晋商文化遗存的基本情况及其显著特点；

4. 了解晋商文化保护现状、晋商文化旅游资源开发情况及晋商文化旅游宣传活动等晋商文化旅游发展的基本态势。

能力目标：1. 能够准确阐述晋商文化的丰富内涵；

2. 能够生动讲解乔家大院等具有代表性的晋商文化遗存；

3. 能够积极传播晋商精神；

4. 能够客观评价晋商文化旅游发展的现状及未来趋势。

【案例导读】

1. 案例介绍

英国汇丰银行经理眼中的晋商[1]

1888年，英国汇丰银行一位经理即将离开中国时，对山西票号、钱庄经营人有过这样一段评论："我不知道我能相信世界上任何地方的人，像我相信中国商人或钱庄经营人那

---

1. 渠绍淼.晋商兴盛溯源[M].山西人民出版社，1996.

样快……这25年来，汇丰银行与上海的中国人作了大宗交易，数目达几亿两之巨，但我们从没有遇到一个骗人的中国人。"

2. 案例解读

诚信是中华民族的传统美德，在市场经济环境下，它是维系各市场交易主体的重要纽带。从经济学视角来看，诚信有助于降低交易成本；从法律层面而言，诚信也是法律的基本准则之一。晋商以诚实不欺、义利并重的经营理念闻名遐迩，梁启超曾赞誉晋商"笃守信用"，这一特质也给来华经商的外国人留下了深刻的印象。1888年清末时局动荡，晋商并未趁机谋取私利，依然恪守修身正己之道，其操守令人钦佩。

3. 案例思考

明清时期，晋商称雄商界长达五百余年，除了秉持诚实守信的经营理念，还有哪些关键因素促成其成功？晋商留给后世最珍贵的精神财富是什么？

【知识研修】

单元一　晋商文化概述

一、晋商的历史背景[1]

（一）明朝以前：早期发展

山西商业资本底蕴深厚，历史源远流长。早在先秦时期，晋南地区便出现"日中为市，致天下之民，聚天下之货，交易而退，各得其所"的商业活动。

从周秦至隋唐，山西虽已涌现出部分大商人，但相较其他地区，他们缺乏组织性，尚未凝聚成强大的商人团体。

隋唐五代时期，晋州、潞州、泽州、太谷、平定、大同等新兴商业城镇纷纷兴起。李唐王朝于太原起兵，并将太原定为北都，汾河两岸商业繁荣。唐代诗人韩愈以"朗朗闻街鼓，晨起似朝时"的诗句，生动描绘了太原的繁华盛景。

宋代，蜀南、南商、北商等地方商帮声名远扬，山西商帮与徽州商帮也在此时崛起，成为近世商业发展的重要力量。彼时，山西地处北方边陲，宋王朝所需战马多依赖辽国供给，而辽国对宋朝的手工业制品需求旺盛。公元996年，宋朝在山西边境地区设立榷场，与辽国人进行互市贸易。

元代，战争虽对工商业有所冲击，但元朝结束了宋、辽、金割据的局面，实现了大一统。尤其是元代驿站体系的完善，极大地拓展了商业活动的范围。据《马可波罗行记》记

---

1. 李镇西.魂系山西[M]. 山西经济出版社，2009.

载，"从太原到平阳（临汾）一带的商人足迹遍布全国，获利丰厚"。

（二）明朝：势力兴起

晋商的崛起得益于明朝"开中制"政策的推行。明朝初期，朱元璋为肃清残余势力、巩固政权，多次派兵征战塞北。为解决边军粮饷问题，洪武三年（公元1370年）起，朝廷在辽东、宣府、大同、延绥等九个军事重镇实施"开中"政策，商人通过提供力役或实物，换取盐引专卖权；朝廷则根据边防需求，定期或不定期招募商人输粮。这一政策对毗邻九边的省份极为有利，山西、陕西商帮凭借临近边镇的地理优势，率先成为获得官方认可的官商群体。明代沈思孝曾在《晋录》中记载"平阳、泽、潞，豪商大贾甲天下，非数十万不称富"。

此外，山西丰富的矿产资源，以及初具规模的手工业和加工制造业，为晋商的发展奠定了物质基础；由于晋南地区人多地狭，外出经商成为人们的谋生手段，晋中商人当时已遍布全国各地，北京城曾流传这样一句话："京师大贾数晋人"。

随着商业竞争日趋激烈，晋商为了壮大自己的力量，维护自身的利益，晋商的商业组织开始出现。早期，资本雄厚的晋商通过出资雇佣当地商人，以"朋合营利"的形式组成松散的商人群体，后来发展成"东伙制"，类似现代的股份制，这一创新成为晋商长盛不衰的一个重要因素。晋商发展的鼎盛期是在清代，其标志性事件便是会馆的设立。会馆最初以联络同乡感情为目的，后逐渐演变为维护同行或同乡利益的组织。

（三）清代：全盛与衰落

清代，晋商的经营领域从盐业拓展至棉、布、粮、油、茶、药材、皮毛、金融等诸多行业，贸易版图也从国内延伸至俄罗斯、朝鲜、日本等国家，开辟了纵横欧亚的茶马古道。晋商的服务对象上至朝廷官宦，下至乡野边民，成为当时国内实力最为雄厚的商帮。尤其是"汇通天下"票号体系的形成，商业资本与金融资本深度融合后，晋商一度掌控了全国的金融命脉，富甲一方，赢得了"汇通天下"的美誉。

明末时期，部分晋商以张家口为据点，往返于关内外开展贸易，不仅为满族政权输送物资，还传递文书情报。晋商的贸易活动为后金政权提供了重要物资支持，因而受到后金政权的礼遇与重视。

清兵入关后，蒙古地区纳入清王朝版图，归化城（今呼和浩特）商业日益繁荣。康熙年间，晋商深入蒙古草原贸易，使松辽平原和蒙古草原成为新的贸易市场。当时，蒙汉贸易主要经由张家口（东口）和杀虎口（西口）。张家口的"八大家"名商皆为山西人，其中祁县范家创办的"兴隆魁"规模最大，是清代对蒙古和俄国贸易的第二大企业。在对蒙贸易的西口——杀虎口，晋商常在大青山、西营一带进行交易，凭借清政府的政策优待获取丰厚利润。由山西人创办的"大盛魁"堪称行业翘楚，从业人员多达六七千人，民间甚至流传"大盛魁"的财富足以用五十两重的银元宝从库伦（今乌兰巴托）一路铺到北京。在宁夏，众多知名商号也多由万荣、平遥、榆次、临猗等地的晋商开办，当地半数的枸杞药材掌握在山西人开设的"庆泰亨"手中。

晋商还积极拓展国外市场，从陆路对俄贸易最早且最多的就是晋商，他们在莫斯科、圣彼得堡等十余个俄国城市设有商号或分号。此外，晋商在朝鲜、日本的贸易活动也十分活跃。例如，榆次的常家专营夏布出口和从朝鲜进口人参的贸易，被称作"人参财主"；介休的范家则几乎垄断了对日本生铜进口和百货输出的贸易。

然而，清末民初之际，由于内忧外患加剧，加上晋商自身因循守旧、受传统观念桎梏等因素，这个曾经辉煌的商帮逐渐走向衰落。

二、晋商文化的内涵[1]

（一）晋商文化的含义

晋商之所以能在明清时期缔造辉煌的商业成就，成为蜚声海内外的商业群体，很大程度上得益于晋商文化的深厚积淀。在晋商发展的鼎盛时期，晋商文化体系已日臻完善，其核心在于将"仁、义、礼、智、信"等传统文化精髓内化为晋商群体的精神根基。这些价值理念不仅构成了晋商精神的内核，更持续指导并维系着他们数百年的商业实践，成为晋商基业长青的根本动力。

学界普遍认为，晋商文化是晋商创造的物质财富与精神财富的集合，涵盖了商业组织制度、商业技术、经营艺术、城乡建筑、商业教育等整个商业文明体系。学者孔祥毅在其著作《晋商学》中进一步阐述道，晋商文化是在对晋商创造的物质财富和精神财富进行概括的基础上形成的一大商业文明体系，内容丰富多彩，包括财富积累、商路开拓、商业组织、企业制度、经营艺术、商业与金融技术、商业伦理、商业思想、商业教育、科学研究、文学艺术、社会文化、建筑居住、祭祀习俗等诸多要素，是一个博大精深的智慧宝库。

本书将晋商文化总结为晋商在商业活动中创造的物质财富和精神财富所构成的商业文化体系，其中，精神财富主要包括晋商伦理和精神、经营艺术、企业组织和管理方法等；物质财富则包括晋商大院、会馆等建筑，以及算盘、票据等商业工具，这些皆能展现晋商独特的文化风貌。

（二）晋商文化的主要内容

1. 儒贾相通的商业伦理——晋商伦理文化

晋商以儒家思想为经营准则，堪称儒商典范。他们既传承了山西经商的传统，又以儒家文化与道德来规范自己的行为、经营策略和价值取向。他们以"仁、义、礼、智、信"为核心，构建起独特的经商理念和价值体系，不断丰富着晋商文化的内涵。

晋商深知"仁"的要义，讲究"和为贵"，对待伙伴、相与皆以仁爱之心相待，互相扶持，这不仅激发了伙伴的积极性，也形成了相与之间在生意危难时互相帮扶的传统。晋

---

1. 申小玉.论晋商文化的传承与发展[D].南京师范大学，2011.

商所奉行的"义"体现在他们对社会、乡民、同行的义举上，他们秉承着"国家有难，匹夫有责"的理念，在国家危难时慷慨解囊；对乡民，他们乐善好施，每遇天灾人祸，均开仓放粮，支锅施粥；对同行，他们讲道义，坚持"先义后利、义利相通"的原则，公平竞争，危难中相互扶持。晋商也重视商业礼制的建设，"礼"字直接体现在他们的商谚中："家有家法，铺有铺规。"晋商在几百年的经营过程中，不断总结发展出完善又严明的店规、铺规和号规，对东家、掌柜、伙计、学徒的行为职责都做了明确的规定。"智"则体现在晋商的精明能干上，尤其是他们在经营策略和手法上的不断创新。"信"则是中国传统文化中的道德标准，也是晋商的伦理和规范。晋商学徒的道德培训内容第一句便是"重信义、除虚伪"，晋商供奉关羽便是对信义精神的遵循。

2. 独一无二的经营艺术——晋商经营文化

晋商在长期的经营活动中，形成了独特的经营艺术，这些经营艺术构成了晋商文化中的精华部分，例如诚实守信和审时度势。

诚实守信——晋商视商誉为生命，坚持信用第一，做买卖脚踏实地，不冒险取巧。盈利时不骄傲，亏损时不气馁，宁赔本也不做玷污商号招牌的事。当时百姓购买晋商的商品，只认商标，不还价。

审时度势——战国时大商人白圭把经营术概括为"人弃我取，人取我与"，晋商也有商谚称："屯得应时一货，自有赚钱之时""人叫人，观望不前；货叫人，点首即来"。

3. 高效全面的企业管理——晋商管理文化

晋商的企业管理制度主要包括企业治理机制、人力资源管理机制和财务会计制度。

晋商的企业治理机制包括企业股份制、两权分离制和联号制。企业股份制是晋商创造的中国最早的企业制度，由贷金制、合伙制、伙计制发展而来，并因此区别于中国其他商帮的企业经营制度；晋商实施资本所有权和经营权分离的两权分离制，奉行"用人不疑，疑人不用"的信条，通过明确财东和经理的职权和义务，实现经营利益的最大化；联号制即由财东投资创办若干个不同行业，且各自独立核算所经营的商号或票号，这些商号或票号在业务上相互联系、相互服务、相互支持。

晋商的人力资源管理主要包括员工选拔与培育机制、人力资本制、学徒制和薪酬激励机制。晋商的成功，用人是第一要素。其用人的原则是用乡不用亲、择优保荐、破格提拔。新员工选拔制规定，所有员工必须具备两个条件：一是必须为山西省人，这样便于管理且惠及同乡，利于增强凝聚力；二是必须有家道殷实者的担保，并进行相应的考察与考试，测试合格者则被纳入人力资本制。人力资本制是晋商的特殊制度，清朝人徐珂将其归之为"出资者为银股，出力者为身股"，身股即人身股，掌柜和伙计的"人身股"与财东的"银股"一起参与企业利润分红，这极大地激发了员工的积极性。学徒制规定新员工进入商号后，须经过一段时间的训练才能独立工作。晋商对新员工的培养基本形成"徒弟—师傅—掌柜"的阶段。薪酬激励机制主要体现在人身股分红、薪金、应支、伙食、衣资等方面。

在明清时期的商业活动中，晋商对会计核算和财务管理进行了创新与发展，形成了独特的财务会计制度，这些制度涵盖了龙门账财务稽核、记账货币制度、转账制度、银行清算流程、银行密押机制、资本管理策略、风险基金设立和安全支付措施等方面。晋商创造的龙门账是中国早期的复式记账法之一，至今仍是科学的会计原理之一。

4. 文化深厚的晋商宅院——晋商大院文化

晋商大院是几百年来晋商重商立业和巨大财富的象征，也是晋商文化的物质载体。这些民居大院折射出的是当时晋商的伦理思想和艺术价值，它们共同构成了晋商文化丰富的内涵。

晋商大院的建设无不寓意深远，充分体现了晋商"天人合一""中庸之道"等哲学思想。院落布局往往蕴含整体寓意，如乔家大院布局巧妙，形成一个完整的双"喜"字形，寓意着欢乐祥和；太谷三多堂院落则呈"寿"字形结构，寓意多子、多福、多寿；王家大院内部相通的雨道皆呈现"王"字格局，暗含着对加官晋爵的渴望。

从建筑学角度来看，晋商大院同样具有很高的艺术价值。院落建设坚固如城堡，楼高院深，防御性极强；而且，院子被设计成戏台院、栏杆院等多种形式，木雕、砖雕、石雕等雕刻工艺精湛，镂空设计巧妙，使得整个建筑的立体感极强，雕梁画栋间也蕴藏着丰富的文化内涵。晋商大院占地面积庞大，建设工艺精巧，游人至此无不惊叹其宏伟与精美。

【延伸阅读】

新晋商联合会

"新晋商"一词意指新时期的晋商，严格意义上说是指新时期祖籍山西的商人。他们与"旧晋商"相比，已不局限于发展盐业，票号等传统老字号；足迹遍布全国甚至世界各地，向各类新兴产业伸展触角，如钢铁、代工、房产等行业，并在各个领域取得骄人成绩，树立起与旧晋商迥然不同的新晋商形象。

新晋商联合会是为了团结新晋商力量，推动山西对外开放与山西率先在中部崛起，更好地迎接全球化带来的挑战，把握信息时代的发展机遇，在国家有关部委和山西省委、省政府、省政协有关领导的倡议和指导下，在关心、支持、推动晋商研究发展相关人士的支持下，在国内外享有盛誉的山西籍企业家、资深政要人士、著名经济学家共同参与下，经省民政部门批准设立的联合组织。

【课堂寄语】

晋商文化的内涵丰富，晋商本身的优良特质及其创新的经营理念对我们价值观的形成具有深远的指导意义。我们要从晋商的经营理念中汲取智慧，以优秀传统文化和道德来规范自己的行为；同时，我们也要学习新晋商代表人物的优良特质，始终保持对家乡和家乡人民的热爱，并为之付出努力。

【课后任务】

1. 查找相关资料，了解晋商由盛转衰的原因，思考晋商的衰落给你带来了哪些启示，并制作成短视频或短文，在微信、抖音等平台表达你的观点。

2. 查找相关资料，选出你最喜欢的晋商代表人物，整理出与他相关的事迹，制作短视频或短文，讲述这位晋商的故事，并在微信、抖音等平台发布。

单元二　晋商文化遗存

全国各地留存的晋商活动的遗址、遗迹数不胜数，近距离触摸晋商当年用过的器物，仍能感受到其往昔的雄风与气魄。晋商的辉煌成就还孕育了影响深远的精神文化遗产，习近平总书记在山西考察时曾指出："山西自古就有重商文化传统，形成了诚实守信、开拓进取、和衷共济、务实经营、经世济民的晋商精神。"

一、晋商足迹

（一）省外足迹

甘肃的老西庙、新疆的古城塔、昆明的金殿铜鼎、江苏扬州的亢园、安徽亳州的花戏楼等，大多出自晋商之手。以晋商字号命名的城市街巷至今沿用，如张家口的日昇昌巷、包头的复盛西巷、呼和浩特的定襄巷和宁武巷等。东北流传着"先有曹家号，后有朝阳县"的谚语，内蒙古有"先有复盛公，后有包头城"的说法，西北亦有"先有晋益老，后有西宁城"的传说。

（二）省内足迹

1. 杀虎口

杀虎口是中原与蒙古、俄国等地进行贸易的必经之路，也是曾经盛极一时的"大盛魁"商号的发源地。因此，这里不仅是明清山西历史的缩影，更是中国近代金融贸易兴衰的见证，它不仅承载着晋商商帮的光荣与梦想，更铭刻了山西人西口移民谋生的血泪与悲情。

2. 明清一条街

明清一条街（南大街）坐落于平遥古城的中轴线上，古街上，票号、钱庄、当铺、药铺、肉铺、烟店、杂货铺、绸缎庄等古店铺多达百家。尽管历经百年风雨，处处尽显沧桑，但那曾经号令天下的风骨犹存。这条狭窄的商业古街曾是晋商风流人物在"朝晨午夕街三市"的繁华中弄潮商海、纵横驰骋的舞台，见证了中国近代金融发展的黄金时期。

3. 碛口古镇

碛口古镇凭借黄河水运的便利，在清朝乾隆时期及其后的200多年间里，一直是中国北方享有盛名的商埠重镇和山西重要的水陆交通枢纽，被誉为"水旱码头小都会，九曲黄河第一镇"。东西南北的货物在碛口古镇集散，也使其成为山西晋商商铺、字号密度最为集中的地区之一，见图9-1。

图 9-1　碛口古镇

二、晋商大院

深邃富丽的
山西大院

（一）乔家大院

乔家大院，又名在中堂，坐落于山西省祁县的乔家堡村，始建于清乾隆年间，是清朝时期闻名遐迩的商业金融资本家乔致庸的宅邸。乔家大院的平面布局巧妙地呈现双"喜"字型，是一座全封闭式的城堡式建筑群。乔家大院的设计精巧绝伦，建筑气势恢宏，布局严谨有序，外观威严挺拔，内饰富丽堂皇，其彩绘与雕刻工艺精湛，线条流畅清晰，造型栩栩如生，每一处构思均独具匠心，无一雷同。因此，乔家大院被誉为"北方民居建筑的一颗明珠"，素有"皇家有故宫，民宅看乔家"之美誉。此外，《大红灯笼高高挂》《昌晋源票号》《乔家大院》等多部影视剧曾在此取景拍摄。乔家大院于1985年被改建为民俗博物馆，1986年11月1日正式对外开放。2001年，乔家大院被中华人民共和国国务院公布为第五批全国重点文物保护单位。

（二）王家大院

王家大院位于山西省灵石县城东的中国历史文化名镇——静升镇，是由静升王氏家族历经明清两朝、长达300余年精心修建而成的宏伟建筑群，包括五巷六堡一条街，总面积达25万平方米，被誉为"三晋第一宅"，见图9-2。对于王家大院，清华大学教授王鲁湘曾发出这样的赞叹："王是一个姓，姓是半个国；家是一个院，院是半座城"，这句话生动地反映了王氏家族的鼎盛与荣耀。

图 9-2　王家大院

（三）常家庄园

常家庄园坐落于榆次东阳镇的车辋村，是一处备受赞誉的"八可庄园"，"八可"即"可居、可读、可修、可思、可赏、可游、可悦、可咏"。庄园的主人常氏家族世代秉承着"学而优则贾"的家训，是儒商之家的典范。他们将才华横溢的文化人才输送到商界，实现了经济理性与道德理性的完美结合，成为了清代享誉海内外的儒商望族。如今，经过修复的常家庄园保留了原庄园遗存的半条街，形成了"一山、一阁、两轩、四园、五院、六水、九堂、八贴、十三亭、二十五廊、二十七宅院"的独特格局。

（四）曹家大院

曹家大院坐落于太谷县城西南的北洸村，是晋商巨富曹氏家族的豪华宅邸。曹家在鼎盛时期，于北洸村相继建造了一批规模宏大、富丽堂皇的宅院，总占地面积达1万平方米，其中，以"福""禄""寿""喜"字形建造的四座大院最具代表性。幸存至今的"寿"字宅院，原本是曹氏家族中一个分支的堂名，人们习惯上称之为以"多福、多寿、多子"为寓意的"三多堂"。院内的楼阁瓦舍错落有致，建筑雕梁画栋，既体现了东方建筑的独特风格，又巧妙融合了欧洲文化的元素。除了精美的雕刻外，曹家大院还留存有大量明清时期的家具，其中具有代表性的家具是一扇以100个寿字组成的"百寿大屏风"。

（五）渠家大院

渠家大院位于山西省晋中市祁县的东大街，距离乔家大院仅5千米，是一处始建于清乾隆年间的汉族民居建筑。大院当年的主人在祁县县城内拥有40个院落，因此人称"渠半城"。如今，开发出来的渠家大院由8个大院、19个小院和240间房屋组成，是全国罕见的五进式穿堂院。渠家大院院内栏杆院、明楼院、统楼院、戏台院等巧妙组合，错落有致，其屋顶形态各异，包括歇山顶、悬山顶、卷棚顶、硬山顶等多种样式。院落之间以牌楼、过厅相隔，明楼、统楼形成了丰富的过渡空间。目前，渠家大院已改建为晋商文化博物馆，向游客系统地展示晋商发展与衰落的历史。

【延伸阅读】

梁思成眼中的晋商大院

20世纪30年代，建筑大师梁思成先生在山西考察古建时，深邃富丽的晋商住宅院落给他留下深刻印象。他在当时的记录中写道："这种房子在一个庄中可有两三家，遥遥相对，仍可以想象到当日的气焰，其所占地面之大，外墙之高，砖石木料上之工艺，楼阁别院之复杂，均出于我们意料之外许多"；"由庄外遥望，十数里外犹见，百尺矗立，崔巍奇伟，足镇山河，为建筑上之荣耀。"

三、晋商会馆

（一）北京阳平会馆

阳平会馆坐落于北京前门外的小江胡同，清嘉庆七年（公元1802年），由山西平阳府及周边20余县商人联合修建。会馆由戏楼和三进四合院组成，戏楼是北京现存规模较大、保存比较完整的清代风格民间戏楼佳作。

（二）江苏苏州全晋会馆

苏州全晋会馆又名山西会馆，光绪五年（公元1879年）由山西寓苏晋商集资共建。全晋会馆是苏州历史上众多会馆、公所中现存最完整、并具有代表性的古建筑群，是苏州现存最为精美的古戏台之一。古戏台坐南朝北，戏楼分为两层，低层为仪门及两廊，楼层由北伸出式戏台、横列五开间的后台和左右各纵联五间的厢楼组合而成。戏台台顶的穹窿藻井直径约4米，深约1.3米，由324只黑色蝙蝠浅雕与306颗云头圆雕榫卯构件组成18层螺旋向上的蟠龙纹饰，不仅彰显了绝妙的古典建筑艺术之美，更起到了"余音绕梁，三日不绝"的扩音作用。

（三）内蒙古多伦县山西会馆

山西会馆坐北朝南，坐落于多伦县旧城的西南角，由住宿区、娱乐区、商业议事区、关帝庙四个部分组成。山西会馆除古建筑外，还有万斤铜钟、铁铸香炉、砖雕木刻等，都是值得一观的艺术精品。历史上，会馆进行过多次的重修和扩建，有记载捐款的山西籍客商就达千余户，足见当时在多伦经商的山西人数之多、多伦商业之发达。2006年，山西会馆被评为全国重点文物保护单位。

四、山西票号

晋商经营盐业、票号等商业活动，其中尤以票号最为出名。在晋商辉煌的历史进程中，他们树立了三座丰碑，即驼帮、船帮和票号。日昇昌票号是中国第一家专营存款、放款、汇兑业务的私人金融机构，开创了中国银行业的先河。该票号由山西省平遥县西达蒲村的富商李大金出资，与总经理雷履泰共同创办。总号位于山西省平遥县城内繁华的西大街路南，辉煌时期，分号遍布全国各大中城市及商埠重镇，以"汇通天下"而闻名于世，见图9-3。

图 9-3 日昇昌票号

五、晋商精神

（一）诚实守信

晋商深受儒家思想的影响，始终奉行诚实守信的精神。他们在经营上严谨认真，一旦承诺，便终生不渝。晋商在长期的商业实践中总结出了许多关于诚信经商的商谚，如"售货无诀窍，信誉第一条"等。"诚信不欺，以义制利"是晋商在经营活动中严格遵循的基本准则和为商之道。所谓"诚"，即真实无欺，信守承诺。信誉是晋商经营取胜的法宝，"宁叫赔折腰，不让顾客亏"是晋商的信条。所谓"信"，不仅仅是指重信誉、讲信用，更多是指践行契约精神，这体现了现代商业文明的特征。在经营过程中，晋商不惜亏本，也要维护信誉，这实际上是捍卫自己经商的信条和商德的尊严。从这个意义上说，晋商精神融合了现代商业文明的有益元素，实现了传统中华商德的传承与创新，这也是晋商与外界的生意往来能够历经数百年而兴旺不衰的原因。

（二）开拓进取

晋商身处地理环境相对封闭的黄土高原，因有太行山脉、吕梁山脉和黄河天堑的阻隔，想要发展壮大，晋商必须勇敢地走出去。晋人有"走西口"的传统，经过一代又一代人的不懈努力，他们冲破了大山大河的阻隔，走出了一条致富之路。晋商的历史是山西人不断开阔眼界、解放思想的历史；也是山西人不断突破传统束缚、大胆开拓、学习众家之长、丰富自我、强大自我的历史。在"万般皆下品，唯有读书高"的时代背景下，山西人"崇商重利"的价值追求和"人弃我取，人无我有"的经营策略，以及"人身股"、两权分离等商业制度的创新，无疑是非常具有前瞻性的思想解放行动与实践。

（三）和衷共济

晋商非常重视对"和气"理念的践行。对内，他们要求店内伙计和睦共事，大掌柜更需以身作则，摒弃居高临下、颐指气使的作风，成为"和气"的表率；对外，他们秉持"圆活、谦恭、和平、应酬为本"的服务准则，无论是王公贵族还是平民百姓，皆以热情态度相待。晋商强调员工在与顾客交流时，应态度谦逊、言辞真诚，时刻注重自己的言行举止。此外，晋商注重维护同行之间的和谐关系，他们认为，商业竞争不应演变为恶性对立，并坚决反对同行之间相互诋毁、拆台的行为，倡导在竞争中互助合作，共同拓展市场。

（四）务实经营

晋商经营以务实为本，反对虚浮不实的商业行为。在观念上，晋商突破传统认知，认为士、农、工、商虽然社会分工不同，但地位平等，积极扭转了"学而优则仕"的固有观念，形成了"学而优则贾"的价值导向，并将儒家的诚信、仁义、忠恕等精神融入商业活动，丰富了儒家思想的商业内涵。在经营实践中，晋商坚持因地制宜、按需供给：边境屯兵需粮，便开展军粮贸易；蒙古牧民有喜食肉饮砖茶的习惯，他们便自设茶庄加工供应；牧民有对结实耐用斜纹布的需求，他们便将布料裁剪成不同规格的蒙古袍料，满足牧民多样化的选购需求。

（五）经世济民

晋商尊崇关羽，遍布全球的关帝庙成为晋商弘扬"忠义"精神的载体。关羽所代表的"义"分为"小义"和"大义"两个层面：救济灾民、兴修公益设施等善举属于"小义"；维护国家安定、稳固边疆则为"大义"。晋商这种"以义为核"的商德文化，凝聚着历代晋商的价值追求与爱国情怀，是其长盛不衰的精神支柱。

【课堂寄语】

晋商大院不仅是晋商文化的代表，更是中华优秀建筑文化的瑰宝。我们要深刻领悟晋商大院所蕴含的价值意义，学会从多角度欣赏晋商大院之美。晋商精神是晋商文化的内核，其丰富内涵意义深远。我们要从中汲取营养，树立诚实守信、开拓进取、团结合作、务实奉献的价值追求，并自觉将其转化为自己的实际行动，做晋商精神的传人。

【课后任务】

1. 搜集晋商大院中你感兴趣的富有寓意的楹联匾额，并分享到微信、抖音等平台，尽你所能传播晋商大院文化。
2. 查找相关资料，深入了解你最喜欢的晋商大院，写一篇500字左右的导游词，并制作成讲解视频发布在微信、抖音等平台。

单元三　晋商文化旅游发展现状

晋商文化作为独特的文化现象与精神财富，具有深远的研究价值和传播意义。加强晋商文化遗产与资源的保护利用，需通过修复维护、展览陈列、数字化整理等手段，实现文化遗存的有效存续；同时，应依托创作开发、文旅活动、网络传播、市场推广等多元路径，扩大晋商文化创新成果的社会关注度与影响力。

一、晋商文化保护与传承

（一）国家级晋中文化生态保护实验区

2010年，原文化部批准设立国家级晋中文化生态保护实验区。该实验区地处山西中部，涵盖晋中市11个县（市、区）、太原市4个县（区），以及吕梁市4个县（市），共19个县（市、区）。晋中文化生态保护实验区以"一带（农耕文化带）、一廊（晋商文化走廊）、一区（方言文艺区）、一圈（节庆文化圈）"为鲜明的地域特色，保存着相对完整的文化生态体系。学术界普遍认为，该试验区在中华民族多元一体文化格局中具有突出地位，其历史典型性、资源多样性、遗存传承性等均为华夏传统文化的典型代表和重要组成部分。

（二）晋商博物院

晋商博物院坐落于山西省太原市杏花岭区府东街101号，依托山西督军府旧址兴建，是一座融合文物古建、园林景观与展览展示功能的地方人文历史博物馆。该博物院集收藏、展览、议事、接待、外联等多元功能于一体，以晋商历史及其商业文化为核心展陈内容。其中，《天下晋商》专题展由序厅、晋商源流、海内称雄、汇通天下、万里茶道、晋商精神六个部分构成，系统地梳理了晋商发展的重要节点与成就，全景再现了晋商纵横欧亚九千里、称雄商界五百年的辉煌历史，多维度诠释了"诚实守信、开拓进取、和衷共济、务实经营、经世济民"的晋商精神内核。

二、晋商文化旅游资源开发

（一）晋商文化旅游区

《晋中市"十四五"文化和旅游发展规划》（以下简称《规划》）制定了建设文化特色鲜明的国家级旅游休闲城市目标，并提出了"一核引领、两极提升、三圈互动"的空间优化布局。"一核引领"，即发挥太原—晋中城市群引领作用，以榆次区、太谷区为核心，实施城市旅游品牌提升计划，全面提级城市休闲功能，形成山西中部城市群文化旅游一体化综合服务引领核。"两极提升"，即做强世界遗产文化旅游增长极，做精大院古堡文化旅游增长极，牵动榆次老城、常家庄园、太谷古城等景区持续领跑全市全省。"三圈互动"即以太原为中心，打造三大旅游圈：由榆次区、太谷区、寿阳县组成的都市休闲旅游圈；由平遥县、祁县、介休市、灵石县组成的晋商文化旅游圈；由左权县、和顺县、榆社县、昔阳县组成的太行风光旅游圈。此外，《规划》还提出了打造晋商文化国际品牌的构想，重点打造"一城一院一古镇"，即平遥古城、乔家大院、静升古镇，为晋商文化旅游的发展指明了方向。

（二）晋商文化旅游线路

1. 晋商民俗旅游经典线路为：榆次老城—常家庄园—乔家大院—平遥古城—日昇昌票号—王家大院。组合线路包括：
（1）晋祠—天龙山石窟—榆次老城—常家庄园—乔家大院—渠家大院；
（2）山西博物院—晋祠—曹家大院—平遥古城—双林寺—镇国寺—王家大院；
（3）中国煤炭博物馆—晋祠—平遥古城—绵山—张壁古堡—王家大院—资寿寺。
2. 山西大院旅游经典线路为：常家庄园—乔家大院—王家大院—柳氏民居—皇城相府—李家大院。组合线路包括：
（1）晋祠—常家庄园—乔家大院—曹家大院—平遥古城—王家大院；

（2）皇城相府—郭峪古城—柳氏民居—海会寺—九女仙湖—皇城相府生态村；

（3）舜帝陵—李家大院—万荣笑话博览园—飞云楼—秋风楼—万荣西滩。

（三）晋商文化旅游演艺

1. 《又见平遥》

《又见平遥》大型实景演艺项目是山西省"十二五"期间推动能源大省向文化大省转型的重点旅游项目，讲述了一则关于血脉传承的感人故事：清末时期，平遥古城票号东家赵易硕耗尽家财，从沙俄赎回分号王掌柜的唯一血脉，同兴公镖局232名镖师一路护送。七年后，赵东家与镖师全部遇难，却换得王家血脉存续。演出将舞蹈艺术与晋商文化深度融合，以悲壮凄美的家族叙事，展现了晋商诚信仁义的精神内核、家国情怀和血脉传承的理念。

2. 《日昇昌票号》

晋剧《日昇昌票号》以清道光年间为背景，讲述了平遥西裕成颜料行大掌柜雷履泰受亲友异地汇兑不便、镖银被劫等事件的启发，首创票号并开启了"汇通天下"的故事。全剧通过"票号建制""诚信经营""筹措军需""以德报怨"等情节，塑造了晋商勇于创新、诚信尚德、义利兼顾、担当团结的群体形象。该剧不仅是晋商创业史的艺术再现，更以时代主旋律精神，激励着当代新晋商在创新和创业的征程中奋勇前行。

【课堂寄语】

作为旅游专业的学生，应高度重视晋商文化遗存的保护与利用，积极投身晋商文化创新传播实践，可通过制作讲解微视频、参与景区志愿服务等方式，助力晋商文化遗存的保护与传承。

【课后任务】

查找相关资料，选取一条你最感兴趣的晋商文化旅游线路，通过制作短视频或发布短文来介绍该旅游线路的基本情况及特色。

【专题小结】

本专题概述了晋商文化的概况和遗存，阐述了晋商文化的含义及内容，整理了晋商文化旅游的发展现状，旨在引导学生认识到晋商文化旅游资源保护和开发的重要性，并熟悉晋商文化旅游发展的基本情况。

【复习思考】

1. 晋商文化的主要内容有哪些？
2. 著名的晋商大院有哪些？它们的主要特色是什么？
3. 晋商精神的内涵是什么？

4. 比较经典的晋商文化旅游线路产品有哪些?

【拓展实训】

1. 由实训教师带领,前往一处晋商大院,开展为期一天的义务讲解服务活动。
2. 要求:实训教师需进行现场教学;学生需分组合作完成讲解任务。

专题十　山西红色文化与旅游

　　三晋大地的革命征程波澜壮阔，厚重辉煌的历史积淀淬炼出光耀千秋的山西红色文化。山西的共产党员与人民群众以热血铸魂、用生命践志，孕育出气贯长虹的太行精神、吕梁精神。这些精神如永不熄灭的火炬，不仅点燃了红色文化的瑰丽画卷，更始终激励着中华儿女跨越时代风雨，在奋进征程中攻坚克难、勇毅前行。

山西的红色记忆

【学习目标】

　　素质目标：1. 树立山西红色文化自信；
　　　　　　　2. 提升民族自豪感和自信心，强化爱党、爱国、爱社会主义的情怀；
　　　　　　　3. 培养对党忠诚、无私奉献、自力更生、艰苦奋斗等优良品质；
　　　　　　　4. 坚定传承山西红色文化的使命意识，增强政治责任感和历史使命感。

　　知识目标：1. 了解山西红色文化形成的历史脉络；
　　　　　　　2. 掌握山西红色文化的发展根基、主要内容及特点；
　　　　　　　3. 掌握山西红色文化遗址的特点及代表性红色文化遗址的基本情况；
　　　　　　　4. 深入理解以太行精神、吕梁精神为代表的山西红色精神的基本内涵；
　　　　　　　5. 熟悉山西红色文化旅游发展的基本现状。

　　能力目标：1. 能够准确介绍山西红色文化的丰富内涵；
　　　　　　　2. 能够深入挖掘山西红色文化遗址、文学艺术作品背后的红色故事；
　　　　　　　3. 能够生动讲解具有代表性的山西红色文化遗址；
　　　　　　　4. 能够有效传播山西红色精神；
　　　　　　　5. 能够客观评价山西红色文化旅游发展的现状及趋势。

【案例导读】

1. 案例介绍

抗日敌后根据地感人母亲连送三子参加八路军

　　抗战时期，武乡县有位名叫李改花的大娘。1938年，李改花的二儿子提出想要参军时，她起初并未同意。同年3月，日军侵入武乡县烧杀抢掠，目睹日本侵略者的暴行后，李改花毅然将二儿子交给八路军，后来不幸牺牲在前线。此后，她又送三儿子上战场，三儿子亦壮烈殉国。其间，李改花的老伴被日军抓走，她强忍悲痛，拉着大儿子来到八路军参军报名处。因大儿子已经40岁，超过参军年龄，且家中已有两位儿子牺牲，征兵工作人员再三婉拒。李改花却坚定地表示："他年纪大了打不了仗，就让他去给部队做饭，只求能把日本侵略者赶出中国！"

2. 案例解读

抗战期间，晋察冀、晋冀鲁豫、晋绥三大根据地向八路军输送了60余万热血青年。巍巍太行山脉，镌刻着无数中华儿女气壮山河的英雄史诗，彰显出百折不挠、英勇斗争的太行精神，这份精神不仅启迪着当下，更影响着未来。

3. 案例思考

为什么说山西是具有光荣传统的革命老区，也是红色文化资源的重要聚集地？山西的红色革命斗争为我们留下的最宝贵精神财富是什么？

【知识研修】

单元一　山西红色文化概述

山西红色文化孕育于中国共产党领导山西人民争取民族独立、人民解放的伟大革命斗争实践中，并在社会主义建设时期不断发展。山西红色文化的丰碑是由党带领山西人民前赴后继、浴血奋斗所铸就的辉煌业绩与壮丽史诗凝聚而成，历经岁月沉淀，愈发熠熠生辉。

一、山西的红色历史

（一）五四运动前后

1919年，北京爆发五四爱国运动，山西迅速响应，2000余名学生在太原集会游行，声援北京学生的爱国行动。五四运动得到了山西各界的积极响应，不仅推动了山西的反帝爱国斗争，也加速了马克思主义在山西的传播。1921年5月，太原社会主义青年团宣告成立；1924年，中共太原支部正式建立，标志着山西革命斗争的历史翻开了崭新的一页。党领导山西人民进行革命斗争，组织发动学生运动和工人运动，使山西在全国革命浪潮中走在前列，涌现出一批共产主义运动的先驱和革命家。

（二）土地革命时期

土地革命时期，山西成为我国北方最早开展革命武装斗争的省份之一。1931年5月，山西党组织领导创建中国工农红军晋西游击队；同年7月，山西党组织发动平定武装起义，组建中国工农红军第二十四军。这支队伍作为中国共产党在北方创建并领导的第一支正规红军，积极开展武装斗争。晋西游击队和第二十四军在吕梁山、太行山地区点燃了革命星火，是党在北方探索"农村包围城市、武装夺取政权"道路、创建革命根据地的重要实践，他们在山陕地区坚持武装斗争，为后期中央红军东渡黄河奠定了坚实的基础。

（三）抗战前夕

抗战爆发前，山西成为红军北上抗日的战略通道与前沿阵地。1936年，毛泽东率领中央红军东渡黄河，在三晋大地播散下抗日的火种，有力地推动了全国抗日民族统一战线的形成，也为山西抗日根据地的创建创造了条件。东征期间，8000余名山西工农子弟加入红军队伍，显著壮大了革命力量。

（四）抗日战争时期

全面抗战爆发后，中共中央将山西确立为华北敌后抗战的战略支点。山西不仅是华北敌后抗战的核心区域，更是八路军三大主力师东渡黄河后的首个落脚点。抗战期间，八路军总部长期驻扎在山西，使其成为党领导下的华北抗战的指挥中枢；中共中央北方局在抗战期间常驻山西，统筹指导我党在华北地区的工作，山西由此成为全民抗战的重要策源地。

八路军以山西为依托，开辟了广阔的华北敌后战场，逐步建立了晋察冀、晋绥、晋冀鲁豫等抗日根据地。作为华北敌后抗战主战场之一，八路军在这里广泛开展游击战争，并取得了辉煌的战绩。军民团结构筑起抵御外敌的坚固防线，将敌人陷入战争的汪洋大海之中。平型关战役中，八路军首战告捷，歼灭日军千余人，打破了"日军不可战胜"的神话，这是全面抗战爆发后中国军队取得的首次重大胜利，极大地振奋了全国军民的士气，提升了共产党和八路军的威望。

以山西为核心的敌后抗日根据地，成为拱卫陕甘宁边区、保卫党中央的前沿阵地。晋绥、晋察冀、太行、太岳等抗日根据地相互配合、协同作战，共同承担起保卫和支援陕甘宁边区、党中央的重要使命。

（五）解放战争时期

解放战争时期，山西成为全国解放战争的战略前沿、重要兵源地、后勤保障枢纽和干部输送基地。抗战胜利后，上党战役作为解放区军民对国民党军队首次成功进行的自卫反击战，既捍卫了抗战的胜利果实、配合了重庆谈判，也标志着解放战争在山西拉开了序幕。1947年4月，中央后方委员会于晋西北临县成立，统筹后方的各项工作。1948年3月，毛泽东率领中央机关途经山西，向河北转移，其间在兴县蔡家崖召开了晋绥干部会议并发表了重要讲话。

（六）中华人民共和国成立后

新中国成立后，在党的领导下，山西人民用勤劳和汗水，在三晋大地上绘就了一幅幅气势磅礴的奋斗画卷。社会主义改造和建设时期，山西不仅是全国首批试办初级农业合作社的省份，还是全国重要的重工业基地。这一时期，山西铸就了以大寨精神、西沟精神为代表，以自力更生、艰苦奋斗为核心内涵的精神风貌。

（七）改革开放以来

改革开放以来，山西作为国家重要的能源基地和资源型经济转型综合配套改革试验区，既留存着新中国工业化进程中的工业文化遗存，还见证了山西人民治山理水、植树造林、建设家园的奋斗奇迹。在此过程中，山西涌现出李顺达、申纪兰等先进典型，孕育了以右玉精神等为代表的宝贵精神财富。

二、山西红色文化的内涵

（一）山西红色文化的发展根基

1. 民族复兴浪潮中的山西近代转型

近代以来，中国在全球化浪潮中遭遇了来自西方文明的经济掠夺和文化渗透。清朝时期闭关锁国，使中国在世界格局的剧变中付出沉重代价。被迫打开国门后，中国在不断探寻民族复兴之路，经历从"泛西方化"到"非西方化"的转向，山西亦置身其中。在近代西学东渐的进程中，西方科技伴随宗教较早传入山西，客观上推动了山西近代医疗、工业和教育的发展。严峻的政治、经济和军事形势，将山西卷入民族复兴的时代洪流。

2. 山西党组织早期的建设历程

辛亥革命推翻了统治中国几千年的君主专制制度，中国人民在探索适合本国国情的制度道路上历经坎坷，最终，中国共产党领导人民找到了社会主义这条正确的发展道路。在山西，中国共产党的地方党组织同样取得了显著发展。1921年5月1日，山西紧随北京、上海之后，设立了太原社会主义青年团，为党组织储备了人才。1924年，中共太原支部在山西省立一中建立，山西成为最早一批组建党组织的地方之一。

3. 马克思主义在山西的早期传播与实践

九一八事变后，救亡图存成为时代主题。国人在"向西方学习"的探索中陷入矛盾：既仰慕西方先进成果，又愤慨于列强（含日本）的侵略。这种对西方文明的复杂心态，推动了马克思主义——这一源自西方却批判西方现实的理论在中国的传播。在此过程中，山西的社会主义青年团组织、地方党组织、学校等机构成为最早宣传马克思主义的阵地，山西也成为马克思主义传播的先行省份，为普及马克思主义、引领青年投身无产阶级革命发挥了关键作用。

4. 独特的地理格局铸就山西特殊的战略地位

从地理格局看，山西东峙太行、西临黄河、北倚雁门关、南屏中条山，高山大河环绕形成相对封闭的内陆环境。山西以山地为主，地形多样、丘陵起伏、沟壑纵横，地势险要。尽管宛如天然"城堡"，但山西自古便是中原华夏族与北方民族的文化交融通道，是农耕经济与游牧经济的碰撞前沿。这种独特的地理特质，使山西在人文风貌上与关中、中原、东北、蒙古高原、青藏高原和河西走廊紧密相连，在中国历史进程中始终占据特殊战略地位。

（二）山西红色文化遗产的主要内容

山西红色文化遗产可以大致刘分为两种形态：物质形态与非物质形态。物质形态的山西红色文化遗产主要包括：重要的红色遗址和遗迹、红色建筑纪念场馆与设施、红色历史文物、红色文化产品，以及红色文化史料遗存等。非物质形态的山西红色文化遗产则涵盖了光耀千秋的红色精神，如吕梁精神、太行精神、大寨精神、西沟精神、右玉精神等，它们共同构成了山西红色文化的核心；此外，非物质形态的山西红色文化遗产还包括影响深远的历史事件、革命先辈的活动轨迹，以及红色文艺作品等。

【课堂寄语】

山西红色历史底蕴深厚，红色文化历久弥新。我们应深入探寻山西红色文化的历史脉络，深刻领悟其内涵价值，提升对山西红色文化的自信心与自豪感，并强化爱党、爱国、爱社会主义的深厚情怀。

【课后任务】

1. 查找相关资料，了解抗日战争、解放战争时期在山西大地上发生的具有代表性的战役，选取其中之一，制作成短视频或短文，并通过微信、抖音等平台进行发布。
2. 查找相关资料，选取你印象最深刻的山西革命英雄人物，整理其相关事迹，制作成短视频或短文，并通过微信、抖音等平台进行发布。

单元二　山西红色文化遗存

山西是具有光荣革命传统的老区，同时也是红色文化资源的重要聚集地。山西红色文化遗存主要包括红色文化遗址、红色精神及红色文艺作品等。

一、山西红色文化遗址

（一）山西红色文化遗址的分布特点

1. 数量众多、品质出众

自新民主主义革命时期、土地革命战争时期、抗日战争时期、解放战争时期，到社会主义建设和改革开放新时期，山西省留存的革命遗址与纪念建筑物数量众多且品质突出。据统计，山西省革命遗址、纪念建筑物达3000余处，其中，21处入选国务院公布的国家级抗战纪念设施、遗址名录；另有17处被列为全国爱国主义教育示范基地，如表10-1、表10-2所示。

表 10-1 山西省国家级抗战纪念设施、遗址

批次	数量占比	名称
第一批（2014）	5/80	平型关大捷遗址 百团大战纪念馆（碑） 八路军总部王家峪旧址和纪念馆 忻口战役遗址 左权将军殉难处
第二批（2015）	9/100	大同煤矿万人坑遗址纪念馆 平型关烈士陵园 太行太岳烈士陵园 抗日五专署旧址 黄崖洞革命纪念地 八路军太行纪念馆 李林烈士陵园 麻田八路军总部纪念馆 晋绥边区革命纪念馆
第三批（2020）	7/80	山西国民师范旧址革命活动纪念馆 八路军总司令部北村旧址 武乡县八路军烈士陵园 町店战斗纪念园 左权烈士陵园 白求恩模范病室旧址 雁门关伏击战遗址
总计	21/260	

表 10-2 山西省全国爱国主义教育示范基地

批次	数量（处）	名称
第一批	3	八路军太行纪念馆（八路军总部旧址） "百团大战"纪念馆（碑） 刘胡兰纪念馆
第二批	5	黄崖洞革命纪念地 太原解放纪念馆 平型关大捷遗址 太行太岳烈士陵园 山西国民师范旧址革命活动纪念馆
第三批	4	麻田八路军总部纪念馆 大同煤矿遇难矿工"万人坑"展览馆（抗日战争期间日军侵华罪行遗址） 徐向前元帅故居 晋绥边区革命纪念馆
第四批	3	娄烦高君宇故居 石楼红军东征纪念馆 平顺西沟展览馆

（续表）

批次	数量（处）	名称
第五批	0	
第六批	1	右三精神展览馆
第七批	1	五台白求恩纪念馆（白求恩模范病室旧址）
总计	17	

2. 类型齐全，分布广泛

山西红色遗存不仅数量与品质兼备，而且类型齐全、分布地域广阔。太行山、吕梁山及黄河沿线的红色文化资源尤为富集。2021年，山西省人民政府核定公布了首批191处省级红色文化遗址名录。

（1）类型情况：机构和会议旧址96处，烈士纪念设施41处，重要人物故居24处，战役、战斗遗址、遗迹14处，革命纪念场馆11处，革命运动、重要历史事件发生地、纪念地3处，其他遗址2处，如图10-1所示。

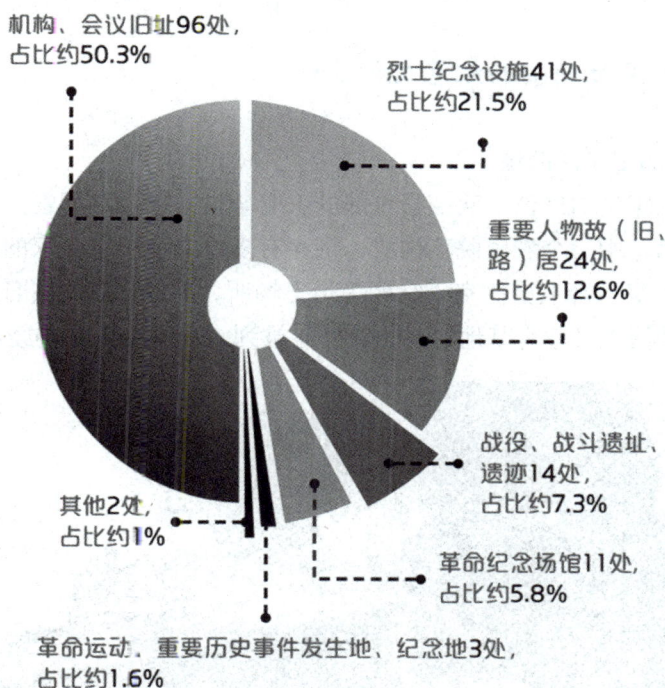

图 10-1　山西省第一批省级红色文化遗址类型情况

（2）分布情况：太原市13处、大同市8处、朔州市5处、忻州市13处、晋中市19处、阳泉市4处、吕梁市37处、长治市62处、晋城市8处、临汾市13处、运城市8处，以及忻州市与大同市共有的1处。其中，长治市的红色遗址数量居首，占总数的32.5%；吕梁市次之，占19.4%；晋中市位列第三，占9.9%，如图10-2所示。

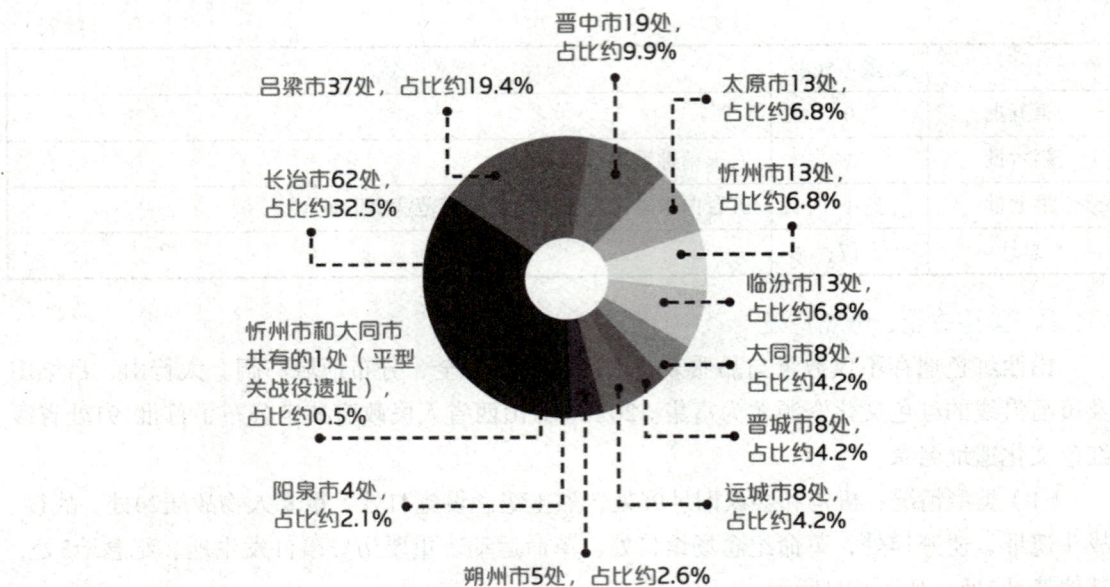

图 10-2　山西省第一批省级红色文化遗址分布情况

晋中市19处，占比约9.9%

太原市13处，占比约6.8%

吕梁市37处，占比约19.4%

忻州市13处，占比约6.8%

长治市62处，占比约32.5%

临汾市13处，占比约6.8%

大同市8处，占比约4.2%

忻州市和大同市共有的1处（平型关战役遗址），占比约0.5%

晋城市8处，占比约4.2%

运城市8处，占比约4.2%

阳泉市4处，占比约2.1%

朔州市5处，占比约2.6%

（二）具有代表性的山西红色文化遗址

1. 八路军总部王家峪旧址

八路军总部王家峪旧址位于武乡县东部的王家峪村，抗战时期曾为八路军总司令部驻地。旧址由东、西、中三个农家院落构成，现存有多位老一辈革命家的旧居、参谋处值班室、秘书处、茶炉房、警卫员住室、马棚等历史场所，见图10-3。该旧址为全国重点文物保护单位、省级爱国主义教育基地，并于2005年被列入全国红色旅游经典景区名录。

图 10-3　八路军总部王家峪旧址

2. 晋绥边区革命纪念馆

晋绥边区革命纪念馆坐落于山西省吕梁市兴县蔡家崖乡的蔡家崖村，北靠元宝山，南邻蔚汾河，既是全国重点文物保护单位，也是全国爱国主义教育示范基地。馆内主要设施包括晋绥干部会议旧址、毛泽东与《晋绥日报》编辑人员谈话旧址等。纪念馆由三个院落组成，旧址部分为一大一小套院结构，建筑以石拱窑洞、砖包大门、起脊瓦房、盖瓦歇山等为主，尽显20世纪30至40年代晋西北民居的特色。馆内陈列着反映晋绥边区革命斗争史的图片、文字、实物等珍贵史料，并借助展板、蜡像、声光电等展示手段，生动地再现了晋绥边区军民在中国共产党领导下英勇抗战的历史场景。

3. 平型关大捷遗址景区

平型关大捷遗址位于大同市灵丘县城西南的东河南镇蔡家峪、小寨与白崖台乡间的天然沟壑之中，由战斗遗址、纪念馆、纪念碑和将帅广场组成。纪念馆以序厅为引，串联三个独立主展厅与半景画馆，珍藏海量珍贵图片、文献及文物，生动地再现了战役全貌。新建的平型关大捷将帅广场坐落于纪念馆前，中央矗立着主要参战将领的群雕，气势恢宏；两侧汉白玉浮雕文化墙镌刻着中央军委、八路军领导人和各级将领关于平型关大捷的讲话、诗词与题词，铭记历史荣光。该景区是全国爱国主义教育示范基地，并已列入全国红色旅游经典景区名录。

4. 山西国民师范旧址革命活动纪念馆

山西国民师范旧址革命活动纪念馆位于太原市的五一北路，是太原市现存最完整的革命旧址。自1991年开放以来，馆内的西洋式大门、办公楼、录事室、图书馆和展厅等建筑保存完好。馆内展陈丰富多元，分为"牺盟会陈列""山西新军陈列""国师学生用具陈列""山西革命传统教育陈列""中共太原地区革命斗争史陈列"等主题。国民师范印制的教科书、牺牲救国同盟会会员证、学生同学录等珍贵藏品见证着往昔的峥嵘岁月。该馆既是全国爱国主义教育示范基地，也是全国红色旅游经典景区。

5. 黄崖洞革命纪念地

黄崖洞革命纪念地位于黎城县的黄崖山，那里山势险峻、群峰壁立，一洞清流穿谷而过，形成迂回曲折、峭壁对峙的天然峡谷，因悬崖中部距谷底约30米处，有一可容纳百人的天然石洞，故得名"黄崖洞"，见图10-4。此地曾是八路军在抗日根据地创建最早、规模最大的兵工基地，石洞作为重要仓储设施，与兵工厂相辅相成，见证了军民齐心生产武器、支援抗战的历史。如今，黄崖洞革命纪念地展览馆通过大量珍贵史料与实物，再现了艰苦卓绝的军工生产场景，是全国爱国主义教育示范基地，并被列入全国红色旅游经典景区名录。

图 10-4　黄崖洞革命纪念地

二、山西的红色精神

伟大的时代孕育伟大的精神文化。山西红色文化培育了以"太行精神""吕梁精神"为代表的革命老区精神，并在传承中延伸出社会主义建设时期的"大寨精神""西沟精神""右玉精神"等宝贵的精神财富。[1]

（一）太行精神

全面抗战爆发后，八路军以太行山为依托开辟抗日根据地。在极端恶劣的生存环境下，中国共产党领导太行儿女展开艰苦卓绝的斗争，淬炼出伟大的太行精神。这一精神是在国家和民族危亡之际，中国共产党人引领太行军民展现的勇敢顽强、不畏艰难的革命英雄主义气概，是在困境中百折不挠、艰苦奋斗的坚韧意志，是为人民利益勇于牺牲、乐于奉献的崇高情怀，是中华民族数千年精神的积淀与延续。2021年9月，太行精神被党中央批准纳入第一批中国共产党人精神谱系。

（二）吕梁精神

吕梁精神发端于革命战争年代，由无数革命先烈的鲜血凝聚而成；在社会主义建设实践中不断发展，尤其在改革开放后被赋予了新的时代内涵。作为中华民族精神的重要组成

---

1. 中共山西省委党史办公室.山西红色文化的形成脉络和内涵价值[J].党史文汇，2015(12):4-12.

部分，吕梁精神是民族精神在实践中丰富发展的结晶，是中国共产党人优秀品格与中华民族的宝贵精神财富，与井冈山精神、延安精神、西柏坡精神等一脉相承。2021年9月，吕梁精神与太行精神一同入选第一批中国共产党人精神谱系。2022年，中宣部明确吕梁精神的内涵为"对党忠诚、无私奉献、敢于斗争"。

【延伸阅读】

习近平总书记谈吕梁精神

2017年6月21日，习近平总书记考察调研山西，第一站就来到兴县，特别提到了"吕梁精神"，习近平总书记表示："革命战争年代，吕梁儿女用鲜血和生命铸就了伟大的吕梁精神。我们要把这种精神用在当今时代，继续为老百姓过上幸福生活、为中华民族伟大复兴而奋斗。"

（三）大寨精神

大寨精神形成于社会主义建设时期，是山西大寨村民在党支部领导的带领下培育的精神丰碑，其核心内涵为"艰苦奋斗、自力更生"。与大庆精神、雷锋精神等时代精神一样，大寨精神曾塑造了新中国成立后的社会精神风貌，是中华民族"勤劳勇敢、自强不息"的民族品格与爱国主义、集体主义、社会主义精神融合的产物。周恩来总理在第三届全国人民代表大会第一次会议的《政府工作报告》中，发出了"工业学大庆，农业学大寨，全国学人民解放军"的号召，并把大寨精神概括为："政治挂帅、思想领先的原则，自力更生、艰苦奋斗的精神，爱国家、爱集体的共产主义风格。"

（四）西沟精神

平顺县西沟村是中国农村合作化运动的典范，也是社会主义道路探索的先驱。1943年初，李顺达组织6户贫困户成立全国首个农业生产互助组——李顺达互助组，他们带领群众开荒造林、发展生产，不仅战胜灾荒，还保障了部队粮食供应。1951年，西沟村率先发起了"爱国丰产运动"；同年冬，申纪兰担任农林牧生产合作社副社长，推动男女"同工同酬"的制度，并开展大规模的植树造林与沟滩治理。在李顺达、申纪兰的带领下，西沟村彻底改变了自然条件恶劣、生产力落后的面貌。1955年，西沟村事迹被收录于《中国农村的社会主义高潮》一书，李顺达、申纪兰成为全国先进典型，西沟村也成为农业战线的标杆。"自力更生、艰苦奋斗、无私奉献、与时俱进"的西沟精神，以及李顺达"对党忠诚、无私奉献"、申纪兰"勇于创新"的品格，不仅是平顺县的精神旗帜，更是太行精神的丰富、发展和延伸。

（五）右玉精神

地处塞上的右玉，古长城蜿蜒，杀虎口雄伟。解放初期，这里风沙肆虐、土地贫瘠，

"一年一场风，从春刮到冬；十山九无树，洪水遍地流"是当地的真实写照。多年来，右玉县委历任领导坚持"一张蓝图绘到底"，以"功成不必在我"的担当和坚韧不拔的毅力，带领干部群众持续治沙造林、改善生态，将荒漠变成了绿洲，孕育出独特的右玉精神。这一精神源于右玉人民自强不息的品格之中，形成于艰苦的生态治理实践之中，升华于执政为民的探索之中。正如习近平总书记所言："右玉精神体现的是全心全意为人民服务，是迎难而上、艰苦奋斗，是久久为功、利在长远。"

【课堂寄语】

我们不仅要知晓山西红色文化遗址和山西红色文艺、文学作品，更应深入挖掘其背后的英雄事迹与红色故事，从中深刻感悟以"太行精神""吕梁精神"为代表的革命老区精神内涵，锤炼对党忠诚、无私奉献、自力更生、艰苦奋斗的优良品格，将这些品质转化为学习工作的精神动力。

【课后任务】

查找相关资料，深入了解你最感兴趣的山西红色文化遗址，整理收集到的信息，撰写一篇约500字的导游词，制作成讲解视频发布在微信、抖音等社交媒体平台上。

单元三　山西红色文化旅游发展现状

山西得天独厚的红色文化资源，既是打造独具特色魅力的文化旅游强省的"富矿"，也是助力革命老区培育产业、巩固拓展脱贫攻坚成果的重要依托。

一、山西红色文化保护与传承

（一）山西省红色文化专项规划

为推进山西红色文化的传承保护与发展，山西省人民政府编制了《山西省 "十三五"时期红色文化传承保护与开发规划》（以下简称《规划》）。作为山西历史上首部红色文化专项规划，《规划》通过一系列具体举措，旨在加强红色文化资源的系统性保护传承，打造"八路军故乡"和"太行精神" 等红色名片。《规划》中提出了重点建设太行山、吕梁山 "两大红色文化资源集中连片保护区"，构建传承保护、开发利用、政策保障三大机制，实施资源保护、理论研究、资源开发、精品创作、宣传教育"五大任务"。《规划》为山西红色文化旅游的发展奠定了坚实的基础。

（二）山西红色文化遗址的保护与利用

依据《中华人民共和国文物保护法》《中华人民共和国英雄烈士保护法》等法律法规，并结合本省的实际情况，山西省制定并出台了《山西省红色文化遗址保护利用条例》（以下简称《条例》）。作为全国首部该领域的省级地方性法规，《条例》共六章三十八条，核心内容在于对红色文化遗址的保护。

根据《条例》的相关规定，2021年，山西省人民政府核定并公布了中共太原支部旧址等191处第一批省级红色文化遗址名录，要求各市、县人民政府及相关部门履行保护管理责任，按期设置保护标志，科学划定并公布保护范围和建设控制地带，确保遗址得到妥善保护、管理和利用；在保障遗址安全的前提下，加强价值挖掘与传承利用，充分发挥红色资源在传承红色基因、开展党史学习教育、革命传统教育、爱国主义教育等方面的作用。

（三）山西革命文物的保护与利用

党的十八大以来，为不断加强革命文物工作顶层设计，山西省委、省政府联合印发了《山西省革命文物保护利用工程实施方案》，对全省革命文物工作作出了总体部署。2020年12月，山西省文物局公布了山西省第一批革命文物名录，其中包含各级文物保护单位687处，珍贵文物4478件（套）。

二、山西红色文化旅游资源开发

（一）山西红色文化旅游线路

山西红色文化旅游经典线路是：平型关大捷遗址—晋绥边区革命纪念馆—晋察冀军区司令部旧址—八路军将领故居—百团大战遗址—麻田八路军旧址—黄崖洞—八路军太行纪念馆。

组合线路主要有：（1）平型关大捷遗址—右玉—杀虎口—晋察冀军区司令部旧址—八路军将领故居—百团大战遗址—麻田八路军旧址；（2）红军东征纪念馆—刘胡兰纪念馆—"四八"烈士纪念馆—晋绥边区革命纪念馆—山西国民师范旧址—太原解放纪念馆—高君宇故居；（3）大寨—八路军太行纪念馆—八路军总部砖壁旧址—八路军总部王家峪旧址—黄崖洞—西河头地道战遗址。

【延伸阅读】

追寻红色记忆　山西十条经典线路带你感受民族精神

在中国共产党成立100周年之际，山西省文化和旅游厅发布了10条红色旅游经典线路，让游客在山西这方热土上感受中国共产党团结带领人民进行革命、建设、改革等伟大实践的故事。

线路1　烽火太行之旅
线路：太原—阳泉—晋中—长治
主要景点：太原山西国民师范旧址革命活动纪念馆—中共太原支部旧址纪念馆—阳泉

狮脑山"百团大战"纪念馆—麻田八路军总部纪念馆—黎城黄崖洞兵工厂旧址—武乡百团大战砖壁指挥部旧址—武乡王家峪八路军总部旧址—武乡八路军太行纪念馆—沁源太岳军区司令部旧址

线路2　英雄吕梁之旅

线路：太原—吕梁

主要景点：太原山西国民师范旧址革命活动纪念馆—中共太原支部旧址纪念馆—文水刘胡兰纪念馆—石楼红军东征纪念馆—兴县晋绥边区革命纪念馆—兴县"四八"烈士纪念馆

线路3　长城抗战之旅

线路：太原—忻州—大同—朔州

主要景点：太原双塔革命烈士陵园—代县雁门关伏击战遗址—代县夜袭阳明堡飞机场战斗遗址—五台晋察冀军区司令部旧址纪念馆—灵丘平型关大捷纪念馆—朔州塞北革命纪念馆—右玉右玉精神展览馆

线路4　"走向胜利"之旅

线路：吕梁—忻州

主要景点：临县高家塔毛主席东渡纪念碑—临县寨子山毛主席路居纪念馆—兴县蔡家崖晋绥边区革命纪念馆—岢岚县毛主席路居纪念馆—代县毛主席路居纪念馆—五台山毛主席路居纪念馆—繁峙伯强毛主席路居纪念馆

线路5　重温山西建党之旅

线路：晋中—太原—吕梁

主要景点：榆次晋华工人运动纪念地旧址—中共太原支部旧址纪念馆—贺昌烈士陵园

线路6　铁血东征之旅

线路：临汾—吕梁

主要景点：永和红军东征纪念馆—永和乾坤湾西渡黄河旧址—石楼红军东征纪念馆—交口大麦郊红军东征总指挥部旧址—孝义兑九峪战役展览馆

线路7　追寻八路军总部之旅

线路：太原—晋中—长治

主要景点：太原成成中学—和顺八路军重要会议纪念馆—麻田八路军总部纪念馆—黎城黄崖洞兵工厂旧址—武乡王家峪八路军总部旧址—武乡八路军太行纪念馆

线路8　晋察冀根据地之旅

线路：晋中—阳泉—忻州—大同

主要景点：和顺八路军石拐会议纪念馆—阳泉狮脑山"百团大战"纪念馆—代县夜袭

阳明堡飞机场战斗遗址—代县雁门关伏击战遗址—五台晋察冀军区司令部旧址纪念馆—灵丘平型关大捷纪念馆

线路9　红色军工之旅

线路：太原—晋中—长治

主要景点：太原市北方机械厂—榆社韩庄八路军军工部兵工厂—芹泉镇高峪村八路军军工三所、杨家庄炸弹厂旧址—麻田镇南井上村八路军总部军工部服装子弹厂旧址—麻田镇河北沟八路军总部测绘室旧址、军工部炮弹一厂旧址—黎城黄崖洞兵工厂旧址—武乡温庄军工部太行工业学校旧址—潞州新华机器厂

线路10　根据地文化新闻事业之旅

线路：太原—晋中—长治

主要景点：太原赵树理故居—横岭村《小二黑结婚》创作地—麻田镇山庄对《新华日报（华北版）》编辑部旧址—新闻烈士纪念碑—武乡下北漳村"前方鲁迅艺术学校"旧址

（二）国家级红色旅游经典景区

国家发展和改革委员会网站于2016年12月30日发布了《关于印发全国红色旅游经典景区名录的通知》，公布了300处全国红色旅游经典景区，山西省9处景区位列其中，分别是：

1. 长治市红色旅游系列景区；
2. 晋中市左权县麻田八路军前方总部旧址景区、左权将军殉难处；
3. 大同市红色旅游系列景区；
4. 忻州市红色旅游系列景区；
5. 吕梁市红色旅游系列景区；
6. 太原市红色旅游系列景区；
7. 阳泉市狮脑山百团大战遗址；
8. 吕梁市石楼县红军东征纪念馆；
9. 晋中市昔阳县大寨展览馆及长治市平顺西沟展览馆。

（三）山西红色文化旅游演艺

1. 《太行奶娘》

歌舞剧《太行奶娘》以抗战时期的左权县为背景，这里曾是八路军总部、中共中央北方局、129师司令部、新华日报社等多党政军机关长达5年的驻地。当时仅有7万人口的左权县全民投入抗战，其中一大批妇女用乳汁和生命喂养呵护八路军后代，"太行奶娘"的称谓背后是无数感人至深的故事。全剧共四幕，情节层层递进，穿插《倔强的树》《生命的树》《母亲的树》等拟物舞蹈。演员传承了"小花戏""开花调"等传统艺术形式，以原汁原味的表演展现了圣洁高尚的母爱情怀，塑造了朴实善良的奶娘群像，唱响了军民同心

的英雄赞歌。

2. 《太行山上》

红色实景剧《太行山上》以弘扬太行精神、传承红色基因为宗旨，依托太行山天然地貌，以《八路军总部作战地图》为设计蓝本，结合山水实景、多媒体技术与高科技舞台装置，在有限的时空内营造出无限的艺术感染力。全剧分为"太行·不朽丰碑""村庄·冲破封锁""旗帜·走向胜利""土地·恩情滋养"四幕，通过多元舞台元素，还原了太行军民浴血抗战的历史画卷。

三、山西红色文化旅游宣传活动

（一）"历史的足迹"红色旅游宣传推广活动

2021年，为庆祝中国共产党成立100周年，山西省文化和旅游厅联合山西日报社推出了"历史的足迹"红色旅游宣传推广活动。该活动以创新的形式挖掘山西红色旅游资源，运用"互联网+"思维精准传播，通过打造红色快闪店、红色IP主题房车展，集中展示了一批备受游客青睐的红色旅游精品线路。

（二）"红色芳华 清廉山西"主题宣讲活动

2022年6月28日，由山西省文化和旅游厅主办的"红色芳华 清廉山西"主题宣讲启动仪式暨庆祝中国共产党成立101周年主题党日活动在太原举行。该活动旨在引导青少年学生、机关企事业单位党员干部赓续红色血脉，传承红色文化与清廉文化基因，感悟红色精神力量，争做时代新人，讲好山西故事。启动仪式上，山西省文化和旅游厅发布了20条红色旅游线路。此后，该主题宣讲活动走进全省学校、机关、部队、企业等单位，开展多场红色文化与清廉故事宣讲。

【课堂寄语】

同学们应积极关注并投身山西红色遗存的保护、开发与利用工作，大力弘扬太行精神、吕梁精神、右玉精神等山西的红色文化，为富民强省、实现中华民族伟大复兴贡献青春力量。

【课后任务】

查找相关资料，选取一条你最感兴趣的山西红色文化旅游线路，制作成短视频或者短文向旅游者进行介绍，并发布到微信、抖音等平台进行宣传。

【专题小结】

本专题梳理了山西红色文化形成的历史脉络与核心内涵，着重阐释了其主题内容，详细介绍了红色文化遗址、文学艺术作品等物质文化遗产，以及太行精神等精神文化成果，还呈现了山西红色文化旅游的发展现状，引导学生树立"保护红色资源即传承红色基因"的理念，强化传播与传承山西红色文化的使命担当。

【复习思考】

1．山西红色文化的主要内容有哪些?
2．具有代表性的山西红色文化遗址有哪些? 你能讲述它们背后的红色故事吗?
3．太行精神、吕梁精神的内涵分别是什么?
4．山西有哪些国家级的红色旅游经典景区?

【拓展实训】

1．前往一处附近的红色景区，开展一天的义务讲解服务。
2．要求：实训教师现场教学；分组合作完成讲解任务。

专题十一　山西饮食文化与旅游

饮食文化是国家文化体系中重要的组成部分，不同民族和地区的饮食民俗、方式和礼仪各具特色，差异化的饮食文化生动地展现了多元的民族文化风貌。山西地处黄河中游，是世界农业起源的重要发祥地之一，也是中国面食文化的源头。得天独厚的自然条件使山西成为我国杂粮品种最为丰富的地区之一，孕育了众多特色物产，为其"面食之乡"的美誉奠定了物质基础。经过数千年的传承与发展，山西面食声名远扬，不仅在国内家喻户晓，更在国际上享有盛誉，素有"世界面食在中国，中国面食在山西"之称。如今，山西面食已成为极具吸引力的特色旅游资源。

【学习目标】

素质目标：1. 树立山西饮食文化自信；
　　　　　2. 强化精益求精、追求卓越的工匠精神；
　　　　　3. 坚定地域文化传承和传播的使命感。

知识目标：1. 了解山西饮食文化的含义及内容；
　　　　　2. 掌握山西饮食文化的成因及内涵；
　　　　　3. 熟悉山西饮食的习俗特征及饮食文化分类；
　　　　　4. 掌握具有代表性的山西面文化、酒文化、醋文化的内容、主要特点及精神内涵。

能力目标：1. 具备欣赏并讲解山西面文化、酒文化、醋文化等饮食文化遗存的能力；
　　　　　2. 具备传播山西饮食文化的能力。

【案例导读】

1. 案例介绍

闻喜花馍亮相央视除夕特别节目《年的味道》[1]

人间烟火处，年味渐浓时，你心中的年味是什么？是美食、是家乡、是……？ 2022年1月31日除夕，中央广播电视总台CCTV-4中文国际频道，首播七集大型年文化纪录片《年的味道》。纪录片真实拍摄了30个普通中国家庭鲜活生动的过年经历，展现了中国各地异彩纷呈的年俗，并通过中外专家的采访，追溯年文化的发展脉络，用国际化视角解读年的味道，向世界展现中国人对美好生活的追求和向往。山西的闻喜花馍专题内容在《年的味道》

---

1. 资料来源：中央广播电视总台中文国际频道七集大型年文化纪录片《年的味道》。

第一集《团圆》中亮相。

2. 案例解读

闻喜花馍盛行于明清，有1000多年的历史，被称为"指尖上的艺术""舌尖上的美食"，见图11-1。不仅节庆、上梁、乔迁等民俗活动中会见到闻喜花馍，它还以不同样式和寓意存在于闻喜人的人生各个阶段。大家把对土地的敬重、对生活的期盼都寄托在花馍的文化内涵里。

如今闻喜花馍已经成为一个品牌和产业，越来越多的民间巧手汇聚到企业和合作社，为闻喜花馍建言献策，而闻喜花馍在传统的基础上一再创新，受到越来越多年轻人的喜欢。

图 11-1　闻喜花馍

3. 案例思考

闻喜花馍在2008年被列为第二批国家级非物质文化遗产，其制作工艺讲究，从麦子的筛选、晾晒到面粉的加工，从制酵、发面到捏形、蒸制，以及成型和着色等，体现了怎样的传统文化和精神？

【知识研修】

单元一　山西饮食文化概述

民以食为天，不同的地域孕育了各具特色的饮食文化。山西的饮食文化别有一番风味。香甜的陈醋，甘醇的汾酒，丰富的面食以及独具匠心的小吃，每一个都让人难以忘怀。山西百姓的饮食习俗在北方地区独具特色。特殊的经济、地理、人文环境等因素共同塑造了山西独特的饮食文化，而饮食文化又进一步孕育了山西人独特的饮食习俗。

一、山西饮食文化的成因

（一）人文因素与饮食文化

晋商的足迹遍布全国和欧亚大陆，在频繁的商贸往来中，晋商不仅将各地饮食传统引入山西，还推动了本土饮食文化与欧亚饮食的深度交融，为山西饮食文化注入了多元活力，最终孕育出独具特色的饮食风貌。

山西饮食从小吃、面食、菜肴到筵席，其名称、制作工艺和成品形态都烙印着当地生活的印记。即便是在物资匮乏、"糠菜半年粮"的贫困山区，山西人也深谙"粗粮细作、细粮精做"之道。他们凭借精湛的技艺，将普通食材化为口味醇厚、造型精巧的美食，部分美食兼具食用价值与审美价值，堪称饮食艺术的典范。

（二）地理因素与饮食文化

山西省南北跨度大，地形复杂、气候多变，土壤类型多样，形成了不同的农业种植模式和农业生产区域，这也是影响山西省各区域饮食文化的重要因素，使得山西省的饮食习惯呈现出一定的地区性和多元性。山西的水土滋养着山西人民，形成了独特的生活习惯，这是人地和谐发展的真实写照。

1. 晋北地区饮食特点

晋北地区位于山西省的最北端，包括忻州市、朔州市、大同市及周边区域。忻州市位于忻定盆地，大同市和朔州市则位于大同盆地。相较于山西省的其他区域，该地区气候相对寒冷，热量不足，降水量较少，作物一年一熟，不利于多种农作物的生长。因此，当地人民的主食多为热量较高的食物，如莜面、小米、黄米、荞面、马铃薯等；佐餐则多为各种萝卜腌制的咸菜。由此，这一地区被称为"小杂粮王国"。

2. 晋中地区饮食特点

晋中地区位于山西省的中部，包括太原市、晋中市、阳泉市、吕梁市及周边区域。该地区位于太原盆地附近，气候特点显著：四季分明、雨热同期、光照充足，同时气候差异明显，昼夜温差较大，冬夏气温相差也较大。此外，晋中地区的地质面貌各异，吕梁山在东，太行山在西，中部有山西境内最长的汾河穿过。汾河的支流受地势影响，从两边流向中间，形成山谷。在汾河的灌溉下，晋中地区盛产高粱、玉米、小麦，占全省总种植面积的15%~20%。晋中大部分地区的人民以高粱面为主食，但随着现代农业的大规模发展和产业的集中生产，小麦面粉也日益受到当地居民的喜爱。

3. 晋南地区饮食特点

晋南地区位于山西省的南部，包括临汾市、运城市及周边区域。该地区纬度较低，因此是山西省境内温度最高的地区，由于终年受盆地地形的影响，该地区的作物为一年两熟或两年三熟。晋南地区盛产小麦，是小麦的主产区和调出区，因此，这里的人民喜食馒头（俗称"馍馍"）。

4. 晋东南地区饮食特点

晋东南地区处于山西省东南地区，包含晋城市、长治市及周边区域。该地区纬度较低，热量较高，降水相对充足，主要作物有玉米、谷子、小麦等。由于人口相对较少，晋东南便成为了山西省的余粮区。该地区的人们喜食小米粥，他们认为，小米粥具有健脾养胃、促进消化、滋阴等作用，对人身体的健康发育有着较强的功效。在当地的饮食中，细粮和粗粮各占一半，是山西省内粗粮消费比率最高的地区。

二、山西饮食习俗的特征

（一）嗜好面食

山西粮食作物种类丰富，多达数十种：中北部地区盛产高粱、糜黍、粱谷、莜麦、荞麦、稻子，以及豌豆、黑豆、绿豆等多种豆类，还有玉米、沙米等；南部地区则以小麦、玉米、谷子、稻子等作物为主。

在山西，许多家庭一日三餐皆以面食为主，烹饪方式多样，或稠或稀，或干或汤，粗粮细作、细粮精制，尽显精湛厨艺。即便在谷子的主产区，人们以米粥或捞饭为主食时，也常搭配拌汤、汤面等面食。汤面经热油炝香，佐以葱花、香椿嫩芽，虽为粗茶淡饭，却充满浓郁的黄土高原农家风味，令人回味无穷。

山西面条的形态丰富多样，长短、宽窄、粗细不一；揪片则厚薄、大小、软硬各异。各类面食搭配独具地方特色的浇头与佐料，香气扑鼻，风味独特，品尝山西面食堪称味觉与视觉的双重享受。其中，剔尖、拉面、刀拨面和刀削面被誉为"山西四大名面"，尤以剔尖最为普及，在晋中平川地区更是常见。杂面剔尖可做到粗细均匀、长短一致；白面剔尖则可根据喜好调整长短粗细，灵活多变。

（二）擅食陈醋

山西民间饮食中对醋的大量使用早已广为人知。受当地碱性水质的影响，加之山西人喜食莜面、高粱、玉米、土豆等高热量、耐消化杂粮的饮食习惯，醋成为帮助消化的重要调味品。从面条、包子到饺子、馅饼，再到日常炒菜，醋都是山西人餐桌上不可或缺的存在。在山区，部分居民曾有用酸汤替代酸菜的传统，这源于过去山区生活贫困，百姓无力购醋，不得已以自制酸汤调味。时至今日，山西几乎家家户户都有食醋储备，醋壶与盐罐常并置于餐桌之上。

在山西农村，几乎每家每户都掌握着独特的制醋技艺，庭院中常见一两个酿醋大缸。平川地区多以高粱为原料酿造陈醋，山区居民则就地取材，利用小米、红枣、柿子、沙棘等酿制风味各异的米醋、枣醋、柿子醋、沙棘醋等。这些食醋不仅是调和饭食、烹调菜肴的佳品，还兼具较高的营养价值与食疗功效。山西各地皆有名醋，其中"山西老陈醋"以醇厚风味脱颖而出，堪称调味佳品。

（三）喜食辛辣

除盐、醋之外，山西各地居民对辛辣食材的需求同样显著。大葱、韭菜、花椒、大蒜、辣椒、生姜等既是山西人佐餐的必备小菜，也是烹饪时不可或缺的佐料。喜食辛辣的饮食习惯在晋南地区尤为普遍，晋中的平遥、介休、灵石、汾阳等地居民对此也颇为偏爱。山西境内盛产多种优质辛辣食材，如晋城巴公的大葱、应县小石口的大蒜、代县的辣椒、河津与临汾的韭菜、平顺和盂县的花椒等。此外，五台大红袍花椒以粒大色红、麻味浓郁著称，不仅果实畅销，其椒籽还可榨油，椒叶亦可入菜。辣椒在山西饮食中用途广泛，既可直接作为调味品，也能制成腌渍辣椒佐餐；晒干磨粉后油炸，香气四溢，开胃健脾；尤其是焙干磨成的辣椒粉，更是运城人搭配开水白馍的绝佳佐料。代县的辣椒以油脂丰富、肉质厚实、辣味浓烈而享誉四方。此外，山西大葱的辛香、紫皮蒜的爽脆，以及胡椒、茴香等香料，共同构成了山西饮食中层次丰富的辛辣风味。

三、山西饮食文化的分类

（一）山西面食文化

面食里的"晋"气神儿

面食对于山西人而言，不仅是日常生活中餐桌上的主食，随着历史的发展，它还逐步在传统节日、人生仪礼等重要场合中占据了一席之地。山西面食文化的内涵包含以下三点：

1. 伴随人生角色的转换

人的一生要扮演多个角色，面食在这些角色的转变中扮演着重要的角色。在晋北地区，面食的种类变换与社会角色的变换息息相关。例如，在婴儿出生时，有"送面"的习俗，以此告知亲友家里有新生儿诞生；在婚礼上，要蒸制面蛇和面兔放到新房里，寓意新郎新娘早生贵子，同时男方要在结婚前向女方家送莲花馍，寓意女方能在夫家多子多福……面食的更替伴随着人生角色的变换，这是晋北人民用面食传递文化的方式。

2. 人们精神信仰的寄托

据《晋祠志》记载，从清末开始，山西人就已经使用面食作为祭祀用品了。例如，正月二十，山西人会用豆子和小米制作的食物来祭仓王，表达人们祈求丰收的愿望；措月二十三，则会设糖饼等祭品来祭祀诸神和灶神。在祭祀的仪式中，面食发挥着重要作用，体现着山西人对自然的尊重和敬畏。例如，晋南地区的人们喜爱制作闻喜花馍、新绛面塑等，他们通常采用蒸制的手法，最大程度保留食物的完整形态，精致的面塑表达着人们对大自然的崇敬以及对来年全家人平安的祈求。

3. 山西面食的时代演进

伴随社会发展，人们的物质生活日益丰富，面食虽然不再是维系温饱的唯一选择，却始终在山西人的饮食传统中占据着重要地位。当人们超越基础生存需求，转而追求更高品质生活时，面食文化也随之焕新。以闻喜花馍为例，其功能已从传统祭祀贡品，拓展为节日馈赠的佳品和具有观赏性的艺术品。由于人们的审美标准不断提升，对面食外观的要求也愈发精细，山西人以精湛技艺雕琢面粉，赋予其深厚文化内涵，使面食超越食物的基本属性，逐步发展成为独具特色的饮食文化符号，见图11-2。

图 11-2　山西面食

（二）山西酒文化

北齐时期出现的"汾清酒"是汾酒的前身，以"清澈如水，醇香甘冽"著称，曾作为宫廷贡酒并被载入《北齐书》。汾酒以晶莹透明的外观、纯正绵长的口感和令人美舌生津的味道被誉为"仙酒""玉液""琼浆"，见图11-3。

图 11-3　山西汾酒

除汾酒外，山西还盛产"兰羞荐俎，竹酒澄芳"的竹叶青酒、"香飘万里醉半山"的长治潞酒、"六曲飘香"的祁县六曲香酒等，种类繁多，数不胜数。这些美酒佳酿为山西酒文化的发展增添了浓墨重彩的一笔。

随着饮酒风气的形成，酒文化也应运而生。受儒家和道家文化的影响，山西人对待酒的态度也反映出对待这两种文化的态度。山西作为唐虞之地，儒风古朴，饮酒习俗也明显带有崇礼重义的色彩。山西人待客十分讲究礼节。主客就座后，主人会执酒壶，双手为客人斟酒。民间的礼节有"茶七、饭八、酒十分"之说，山西人待客必备酒，可谓"无酒不成席"。制作汾酒则讲究神清气爽，即气要清新，水要清净，原料要精心挑选，酒醅要清蒸，用具要保持清洁。"水纯工艺巧，清蒸二次清"，一清到底，这就是汾酒制作的奥秘所在。

（三）山西醋文化

在山西，醋是极具辨识度的地域文化符号。醋文化承载着强大的精神凝聚力，是山西根祖文化不可或缺的重要组成部分。山西醋文化由当地百姓在漫长岁月中创造、积淀并共同认同，生动展现了山西人特有的亲和力、凝聚力与文化认同感。

酸香浓郁的山西醋文化

在三晋大地，醋文化既保有深厚的传承底蕴与强大的内聚力，又始终彰显着开放包容的特质。醋早已深度融入山西人的日常生活，作为关键的膳食调味品，调和着餐桌上的百般滋味。长期浸润于醋文化中，山西人的性格也悄然受其熏陶，血脉中平和内敛的气质或许正与醋文化一脉相承，见图11-4。

陈醋酿制的每一道工序都凝结着精益求精的匠人精神。益源庆醋坊掌门人曲静荣曾强调，酿出优质陈醋，匠人精神是根基。这种精神蕴含双重内涵：其一，"匠人"需摒弃固执，以吃苦耐劳的品格，虚心向老师傅求教，始终保持谦逊；其二，要怀揣"匠心"，唯有如此，方能将精湛技艺代代传承。"先做人，后做醋"是老陈醋传承恪守的哲学；而尊师重道、谦逊笃学、追求极致，则是老陈醋绵延不绝的传承密码。

图 11-4　山西醋

【延伸阅读】

多样化的山西面食

在面食的具体制作上，山西人的手段与方法可谓丰富多样，匠心独运。在和面上，他们既可以使用单一的面粉品和，也可以将两种或多种面粉配制在一起，以达到粗粮细做的效果。根据兑水与面粉的比例，面团可分为硬面、半硬面和软面。对揉好的面团进行操作时，可采用擀、削、拨、抿、擦、压、搓、剔、拉（抻）、推、包、揪、漏、切、滚、转、捏、握、甩等多种手法。在将面食加工成熟食的过程中，有蒸、煮、炒、炸、卤、煨、烤、煎、炝、摊等多种烹饪方法。除了基本的锅碗瓢盆、擀面杖、筷子、刀等工具外，山西人还利用了许多特色工具，如古老的木床铁漏、河漏床、抿床，以及擦子、抿子、钵体、瓢儿漏等；还有特制的削面刀、优质的剪刀、竹签、鏊子、箅子等。

1. 蒸制食物：莜面栲栳、烧卖、碗饦、佛手、蒸卷、开花馒头、花馍、蒸饺、烫面饺、糖三角、包子、窝头、糕、谷垒等。

2. 煎烤食物：祸魁、甩饼、烧饼、干馍、饻饻、烙饼、太谷饼、煮饼、石子饼、水煎饼、摊黄儿、酥饼、月饼、朝拨等。

3. 炸炒食物：油糕、馓子、油糊角、炒面、油面、炒饼、麻花、油条、牛腰子、炒不烂等。

【课堂寄语】

希望同学们通过本节学习，深入感受山西饮食文化的丰富内涵，汲取山西优秀传统文化中的优良养分，学会感恩与担当，始终怀揣对家乡及家乡人民的深厚热爱，主动为家乡发展贡献力量。

【课后任务】

1. 查阅相关资料，探究山西面食文化的外部影响，结合自身思考撰写短文或制作短视频，在微信、抖音等平台分享你的观点与感悟。

2. 查找资料并选择你喜爱的山西面食，详细了解其制作工艺，以短视频或短文形式记录制作过程，发布至微信、抖音等平台进行分享。

单元二　山西饮食文化遗存

一、面食文化遗存

（一）闻喜花馍

闻喜花馍是山西省运城市闻喜县的汉族传统名点，是由人工塑形而成的各式馒头，因花样繁多而得名。闻喜花馍盛行于明清时期，至今已有千余年的历史，在传承中形成了独特的艺术风格和完整的创作体系，并蕴含着丰富的文化内涵和浓郁的地方特色。闻喜花馍涵盖"花糕""花馍""吉祥物""盘顶"四大系列，共200余个品种。

闻喜花馍于2006年入选山西省级非物质文化遗产名录，2008年被列为国家级非物质文化遗产。2010年，在上海世博会上，闻喜花馍大放异彩，在2012年的中国·闻喜花馍文化节上，闻喜花馍还创下了四项世界纪录。

1. 花馍制作工艺

在数千年的传承中，闻喜花馍不仅积淀了深厚的文化内涵，更形成了独特的制作技艺，涵盖搓、团、捻、擀、剪、切、扎、按、捏、卷等十余道工序。花馍制作所用的工具非常普通，如擀杖、剪刀、筷子、梳子、竹签等。捏制花馍无固定教材或图样，全凭历代艺人的口传心授，艺人仅凭记忆与技艺，将大小面团在手中塑造成造型逼真、栩栩如生的艺术品，见图11-5。

闻喜花馍制作工艺极为考究：从麦子筛选、晾晒到面粉加工，从制酵、发面到揉面、捏形、醒馍、蒸制，再到着色、插花，每一步都精益求精。制作一个标准花馍至少需要4到5天，包含凝水、箩面、制酵、揉面、捏形、醒馍、蒸制、着色、插花9大工序及100多道小工序，全程依赖手工揉捏完成。

图 11-5 闻喜花馍

2. 花馍文化

"有馍就有事，有事就有馍"——在晋南的农村，剪纸、花馍、布画、刺绣、草编等民间艺术异彩纷呈，其中闻喜花馍流传最广。因其始终与百姓民俗文化深度融合，形成了节日花馍、婚嫁花馍、寿诞花馍、丧葬花馍、上梁花馍、乔迁花馍等完整的花馍体系。

不同类型的花馍承载着多元的寓意：男女婚嫁时，新郎家向新娘家赠送"上头糕"花馍，新娘出门时，母亲裁下糕体根部让新人带走，寓意"婆家扎根"；其余部分切片分赠亲友邻里，象征"喜讯远传"。为老人贺寿的花馍，以九只造型生动的狮子簇拥怒放的菊花，取"九世共居"之意，寄托长寿和谐之愿。丧葬场合的五彩"面狮"花馍，既蕴含对亲人的深切哀思，也彰显着民间艺人的匠心智慧。

（二）山西刀削面

山西刀削面是久负盛名的汉族传统面食，以其独特的风味驰名中外。刀削面的面叶中厚边薄、棱锋分明，形似柳叶；入口外滑内筋、软而不粘，越嚼越香。刀削面的调料（俗称"浇头"或"调和"）丰富多样，番茄酱、肉炸酱、羊肉汤、金针木耳鸡蛋打卤等皆深受食客青睐。作为与武汉热干面、北京炸酱面、兰州拉面、四川担担面并列的"中国五大面食名品"，山西刀削面享誉全国。

1. 山西刀削面的起源

山西刀削面起源于元代，出自一位百姓之手。相传元朝建立初期，蒙古军队攻占太原后，为防止"汉民"反抗，蒙古人便没收了民间的金属器具，并实行十户共用一把厨刀的严苛管控，大家轮流使用完，再将厨刀交给蒙古人保管。一日午间，一位老汉准备去取厨刀做饭，却发现厨刀已被取走，他只好回家等待。在回家的途中，这位老汉被一块薄铁皮碰了脚，便悄悄捡起来揣回家。此时，家里锅中的水已经煮沸，家人正等着老汉取刀切面下锅，情急之下，老汉便让老伴用铁皮"砍面"。不料，煮熟后的面条佐以卤料，味道竟格外鲜美。于是，"砍面"的方法口口相传，很快便流传到市井摊点，经过不断改良，最终演变为如今独树一帜的刀削面技艺。

2. 制作方法

刀削面对和面工艺要求极高，需精准把控水、面的比例。制作时，需将面粉打成面穗，揉成面团后以湿布覆盖饧发半小时，再反复揉至均匀、柔软、光滑。如果揉面工夫不到位，削面时容易粘刀、断条。刀削面的精髓更在于刀工——需使用特制弧形削刀，操作时一手托面，一手执刀，手腕灵活、用力平稳均匀，对准汤锅逐刀将面团削出柳叶状面叶，直接落入沸水中煮熟。

3. 刀削面的调料

图 11-6　刀削面

若说面条是刀削面的灵魂，调料则是精髓。山西刀削面的调料种类丰富，西红柿鸡蛋酱、肉炸酱、肉丝什锦卤、羊肉汤、茄子肉丁卤、金针木耳鸡蛋卤等各具风味，搭配黄瓜丝、韭菜花、绿豆芽、青蒜末等应季鲜菜，撒上熟黄豆、辣椒面，最后淋上几滴山西老陈醋，层次丰富，回味无穷。例如，正宗山西大同刀削面的卤汁是由卤肉酱加入鸡蛋、豆腐干、肉丸子等，一同精心卤制而成，浓郁醇厚的卤香裹着筋道爽滑的面条，将山西刀削面的独特风味展现得淋漓尽致，见图11-6。

二、酒文化遗存

山西酒文化遗存丰富多样，既有杏花村遗址等见证酿酒技艺传承的古遗址，也有历代酒器、碑刻等相关记载，承载着数千年酿酒史和地域饮酒风尚。以下将着重介绍杏花村汾酒。

杏花村汾酒

山西杏花村自古物华天宝、人杰地灵，享有"诗酒天下第一村"的美誉，是中国汾酒文化的发源地。这里酒香四溢，引得无数文人墨客驻足品饮、赋诗传颂，其得天独厚的自然地理条件、深厚的历史人文积淀与独特的酿造工艺，共同铸就了汾酒丰厚的文化底蕴。

1．汾酒的历史地位

汾酒无色透明，清香纯净雅致，入口醇厚、绵柔、甘洌，余味清爽、回味悠长，虽然度数较高，但却没有强烈的刺激感。汾酒不仅是我国清香型白酒的典型代表，更是中国白酒文化的根源所在，见图11-7。

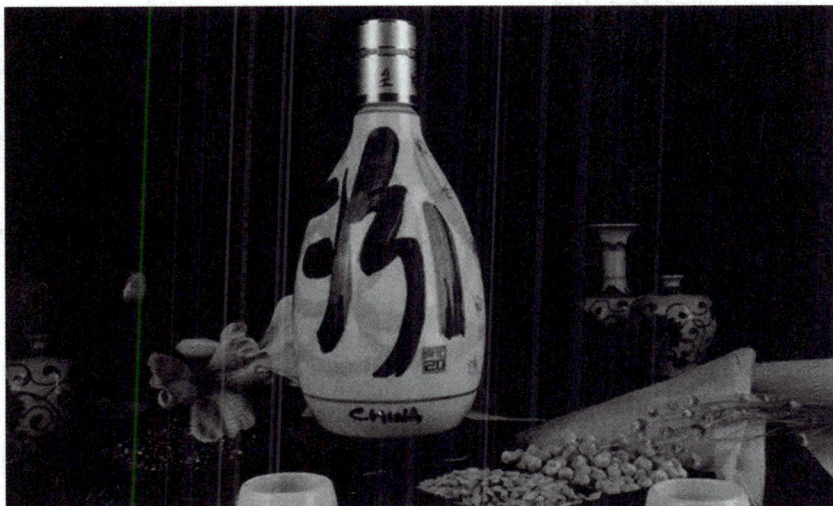

图 11-7　汾酒

杏花村遗址是中国迄今发现的最早酿酒发源地之一。出土文物证实，杏花村的酿造历史可追溯至6000多年前的仰韶文化中晚期。汾酒的酿造技术在中国历史上影响颇为深远，明清时期，掌握白酒核心技艺的工匠将汾酒工艺带至全国二十余个省市，并因地制宜，与当地的水土、环境相结合，创造出各具特色的白酒品类，奠定了中国白酒产业的基本格局。从茅台、五粮液到泸州老窖、西凤酒、全兴大曲等，均与杏花村汾酒存在着千丝万缕的联系。

早在1500多年前，杏花村酿造的"汾清酒"革新了黄酒工艺，备受北齐武成帝的推崇，成为我国最早的宫廷贡酒，也是首个被载入二十四史的名酒。唐代时，杏花村的酿酒作坊众多，"杏花村里酒如泉""处处街头揭翠帘"等诗句便生动地描绘了当时的盛景。唐太宗贞观年间，当地人在汾清酒的基础上，创造了酒史上第一款蒸馏白酒。在晚唐诗人杜牧的《清明》一诗中，"借问酒家何处有？牧童遥指杏花村"的千古名句，更使汾酒声名远播。明清鼎盛时期，杏花村酿酒作坊遍及村落，多达数百家。民国时期，经晋商数代传播，1915年，汾酒在巴拿马太平洋万国博览会上斩获最高奖项——甲等金质大奖章，成为中国有史可考、唯一现存获此殊荣且产地与商标品牌明确的白酒。

2. 酒文化内涵

汾酒文化的独特性在白酒的文化体系中尤为鲜明，具体体现为：

（1）汾酒精神：诚信、坚忍、创新、开放、儒雅。

诚信：精益求精的质量、千锤百炼的工艺；

坚忍：汾酒的发展历经坎坷，曾因"山西朔州毒酒案"蒙冤，市场遭受重创，但汾酒依然坚韧不拔，最终重新跻身中国白酒行业五强之列；

创新：在酿造技术上持续革新、突破；

开放：汾酒工艺体系广泛传播；

儒雅：与汾酒相关的诗文、著作浩如烟海。

（2）诗酒文化：古往今来，无数名人雅士到访杏花村，并留下了大量与酒相关的诗词书画。特别是晚唐诗人杜牧在春雨中所作的《清明》传唱千年，而山西杏花村凭借千年酿酒的传统与名酒的底蕴，成为此诗独一无二的注脚。

（3）地域文化：汾酒遵循"水为酒之神，土为酒之气"的酿造哲学，杏花村人将酿酒优势概括为"天、地、禾"。

天：独特气候条件与微妙的微生物环境；

地：村内的古井神泉，水质澄澈清冽，盛器不锈、煮沸不溢；

禾：吕梁山汾河水滋养的高粱、大麦、豌豆都是酿造汾酒的核心原料。

（4）晋商文化：明清时期，晋商将汾酒作为经商出行的首选饮品，客观上推动了汾酒的传播。汾酒伴随着晋商的足迹遍及海内外，茅台、西凤酒、泸州老窖大曲、五粮液等名酒均与汾酒存在工艺渊源或宗师关系，诸多史料均有记载。

（5）酿造工艺：汾酒是以高粱为原料，经加曲发酵、铁罐蒸制、陶坛贮存等工序，并采用"清蒸二次清"的独特技法酿造而成。历经千年积淀，汾酒形成了涵盖酿造、制曲、调酒、现代包装的完整工艺体系。2006年，杏花村汾酒酿制技艺被列入第一批国家级非物质文化遗产名录。

三、醋文化遗存

山西陈醋是中国四大名醋之一，以"色、香、醇、浓、酸"五大特色闻名于世。

1. 山西陈醋的发展史

山西的醋文化源远流长，夏商时期已有"若作和羹，尔惟盐梅"的记载。据文献考证，山西酿醋业肇始于周朝，至明清时期达到巅峰。

醋在古代称为"醯"，西周时期已有酿造食醋的记录。晋阳（今太原）被视作中国食醋的发源地，公元前八世纪就已出现醋坊，春秋时期，醋坊已遍布城乡。

唐宋以降，随着微生物学与制曲技术的进步，明代已有大曲、小曲、红曲之分。山西醋采用红心大曲为制醋厞曲，这种曲集多种有益微生物种群于一体，其中最负盛名的当属中华老字号——溢源庆。据史书记载，明太祖之孙朱济焕封太原府宁化王时，溢源庆的醋被定为王府专用醋，部分白醋被改为熏醋，风味更胜，后世称之为暖和法熏醋。

明清时期，山西酿醋技艺日臻精湛。顺治年间，山西介休人王来福（后世尊为"醋仙"）迁至清徐，依托当地优越的水土创办了"美和居"醋坊，成为老陈醋酿造奠基人。他在白醋的基础上增加熏醋工艺，运用"熏蒸法""冬捞冰，夏伏晒""隔年陈贮法"，酿出了闻名天下的老陈醋。

2. 山西陈醋的制作工艺

山西陈醋以高粱、麸皮、谷糠、水为主要原料，以大麦、豌豆制大曲为糖化发酵剂，经酒精发酵、固态醋酸发酵、熏醅、陈酿等工序酿制而成。山西陈醋的工艺特点为：多原料配比（以高粱为主）、优质红心大曲、低温浓醪酒精发酵、高温固态醋酸发酵、熏醅及新醋长期陈酿。山西陈醋与其他名优食醋的工艺相比，差异主要体现在以下四点：

（1）原料多样，以曲代粮：其他名优食醋多以糯米或麸皮为原料，品种较为单一，且使用小曲（药曲）、麦曲或红曲为糖化发酵剂，用曲量较少。山西老陈醋使用大麦、豌豆大曲为糖化发酵剂，大麦与豌豆的比例为7:3，大曲与高粱的配料比高达55%～62.5%。这种以曲代粮的方式，使得原料品种多样，营养成分全面，特别是蛋白质含量高，为食醋配料之最。经检测，山西老陈醋含有18种氨基酸，具有较好的增鲜和融味作用。

（2）曲质优良，菌群丰富：其他名优食醋使用的小曲主要含有根霉和酵母，麦曲主要含有黄曲霉，红曲主要含有红曲霉。红心大曲中不仅包含上述微生物种群，还富含其他微生物种群，特别是含有丰富的霉素，这使得山西老陈醋形成了特有的香气和风味。

（3）熏醅工艺独特：熏醅是山西食醋的独特技艺，可使山西老陈醋的酯香、熏香、陈香有机复合；同时，熏醅也能使山西老陈醋获得满意的色泽，无需外加调色剂。

（4）陈酿期长，以醋陈酿：镇江香醋、四川保宁麸醋等均为醋醅陈酿，陈酿期分别为20～30天和一年左右；而山西老陈醋则是以新醋陈酿为主，陈酿期一般为9～12个月，有的长达数年之久。传统工艺称为"夏伏晒，冬捞冰"，新醋经过日晒蒸发和冬捞冰后，其浓缩倍数可达3倍以上。山西老陈醋的总酸度在9～11度之间，其比重、浓度、黏稠度、可溶性固形物、不挥发酸、总糖、还原糖、总酯、氨基酸态氮等质量指标均位居全国食醋之首。由于陈酿过程中脂酸转化、醇醛缩合和不挥发酸比例的增加，使得老陈醋陈香细腻、酸味柔和。

【课堂寄语】

希望同学们通过本节学习，深入了解山西面食文化、醋文化、酒文化的代表性遗存及其独特的内涵，进而体悟山西多元饮食文化的深层价值，坚定传播与传承山西饮食文化的使命意识。

【课后任务】

请同学们查阅相关资料，选择一种你喜爱的山西特色小吃，学习其制作方法，并向同学与老师详细介绍该小吃的制作步骤及其口味特色。

单元三　山西饮食文化旅游发展现状

一、山西饮食文化的开发与保护

（一）以特色为基础，推动面食品牌发展

山西因纬度跨度大，南北气候差异显著，各地面食呈现出鲜明的地域特征：晋北地区气候较为寒冷，主产玉米、粟米等，因此面食以年糕、凉粉为主；晋中地区以粗粮面食为主；晋南地区气候温暖，盛产小麦，面食以面条、馒头为主；晋东南地区则以玉米、小米为主食。因此，各地应在山西面食的大背景下，以本地特色面食为代表，推出各自的面食品牌，让游客在山西的任何地方都能品尝到各地的特色美食。

（二）与知名景区整合，推出面食旅游项目

山西虽然各地都有自己的特色面食，但零散分布的小吃店难以满足游客的需求。因此，各地应在当地知名旅游地段或旅游景区内开设专门面向外地游客的当地面食旅游一条街，形成集约化经营。这些街区除经营当地的特色面食外，还应兼营山西其他地区的面食，形成专营山西面食的格局。如在晋中地区，可以实现晋商文化与面食文化的整合，让游客在感受晋商文化的同时，领略民间面食。游客在游览完平遥古城、乔家大院、常家庄园后，可以立即品尝到热腾腾的碗托、包皮面、蘸片子、焖面、猫耳朵、揪片或河捞等美食。此外，游客还可以选择一些晋中当地的面食特产如疤饼、子推蒸饼、太谷饼等作为旅游纪念品带回家。

（三）推出便携式面食，满足游客馈赠需求

山西面食主要以现吃型为主，但为了满足游客馈赠亲朋好友的需求，应设法推出一些方便型、便携式、具有一定保质期的面食产品，使之成为独特的旅游商品。这样既能满足游客的馈赠需求，也能让他们把山西面食带回家，同时起到宣传山西面食、增加面食收入

的作用。

（四）树立良好形象，加强营销宣传力度

在山西旅游业的对外宣传促销中，饮食文化已成为不可或缺的内容。一是山西多地将饮食文化作为专题进行宣传，重点推出；在旅游线路编制中，也可考虑将当地饮食文化融入其中，或穿插在一些线路中，或编制饮食文化旅游专线。二是将饮食文化与美食街的建设相结合，通过美食节、美食街等活动突出饮食文化特色和主题，增强对游客的吸引力和号召力。三是开发生产山西饮食文化商品，将山西代表菜肴、食点等作为重要土特产和旅游商品进行开发生产，做成系列化且便于携带的商品；同时注重增加饮食商品的文化含量，激发游客的购买兴趣，广泛传播山西的饮食文化。

（五）整治卫生环境，建设绿色消费场所

优美的消费环境对饮食文化旅游的发展至关重要。因此，一定要注意整治山西的环境卫生，为游客树立一个良好的饮食文化消费环境。首先要做好山西各城市风貌和环境卫生的管理工作，加强绿化建设，给游客留下干净卫生的城市印象；其次要在游客集中的景区、街区、车站码头等地开辟餐饮区，并加强对各餐饮点的卫生管理，规范市场秩序，搞好卫生工作，让游客吃得放心。

二、山西饮食文化与旅游开发现状

（一）饮食产业与旅游业的结合取得初步成效

饮食产业不仅要致力于自身的成长，还需与旅游业紧密结合。饮食产业的独立发展能够激发旅游业的活力，而旅游业的发展反过来也能推动饮食产业的繁荣，两者相辅相成，不可分割。山西省清徐县的东湖醋园便是一个典范，该园巧妙地将老陈醋的生产流程融入已开发的旅游项目中，使游客在游览的同时，既能亲眼见证老陈醋的制作工艺，又能品尝到山西老陈醋的独特风味。这一举措不仅传承了山西百年的醋文化，也给游客留下了难忘的印象。此外，还值得一提的是清徐县的葡萄采摘园，清徐的葡萄深受山西人民的喜爱，享有较高的知名度。每当葡萄成熟的季节，便吸引来自周边省份的游客前来体验采摘。游客们亲手采摘新鲜葡萄，游览葡萄园，了解葡萄的生长周期、生长环境及其营养价值，在享受采摘乐趣的同时，也收获了丰富的体验。

（二）饮食文化的对外宣传取得一定的进展

近年来，山西积极推广其丰富多样的特色美食文化，并取得了显著成效，成功塑造了具有山西特色的餐饮品牌。山西在全国范围内举办了多种形式的美食节，这些美食节通过有效地宣传和推广，不仅让游客对山西的名小吃留下了深刻印象，还成功吸引了大量外地游客前来山西亲身体验。迄今为止，"中国太原国际面食节"已经成功举办多届，吸引了

国内外众多游客的参与，极大地推动了山西旅游业的快速发展。

（三）饮食文化资源开发逐步得到重视

山西拥有丰富的饮食文化产业资源，除已开发部分外，仍有大量资源尚待开发。因此，饮食文化资源开发已成为山西饮食行业的重要议题，相关部门逐步提升对其的关注度，着手对饮食产业进行科学规划、打造美食街区，并通过多元渠道强化宣传和建设力度。

【课堂寄语】

希望同学们通过本节学习，深入了解山西饮食文化的多元类型与特色，理解山西饮食文化与旅游资源保护开发的意义价值；同时，坚定传播山西饮食文化的使命意识，树立饮食文化旅游资源可持续发展的理念。

【课后任务】

请查阅资料，选取家乡的一种山西特色小吃，以短视频或短文形式向旅游者介绍其基本情况与特色，并发布至微信、抖音等平台进行宣传。

【专题小结】

本专题首先介绍了山西饮食文化的内涵、分类及遗存状况；其次梳理了山西饮食文化旅游发展现状，引导学生认知饮食文化旅游资源保护开发的意义，熟悉其发展的基本图景。

【复习思考】

1. 山西饮食文化的内涵是什么？如何分类？
2. 著名的山西面食有哪些？它们的主要特色体现在哪里？
3. 请简要概述山西饮食文化的核心内涵。
4. 比较经典的山西面食产品有哪些？请列举并简述其特点。

【拓展实训】

1. 由实训教师带领，前往东湖醋厂开展为期1天的义务讲解服务活动。
2. 要求：实训教师进行现场教学指导；学生分组合作完成讲解任务。

专题十二 山西民俗文化与旅游

在中华文化的发展与嬗变中，传统文化不断丰富并发挥着无可替代的重要作用。民俗文化，作为中国传统文化的重要组成部分，是在不同地理区域长期聚居的人群中衍化出的、具有传承价值的风俗与日常仪式。山西民俗文化是中华传统文化不可或缺的一部分。传统文化中蕴含的丰富思想资源和强大精神力量，为山西民俗文化注入了现代感，使其以更生动鲜活的形式为当代人所接受，并在与现代文明的融合中大放异彩。

【学习目标】

素质目标：1. 树立传统文化自信；
　　　　　2. 具备精益求精、追求完美的态度与精神品质；
　　　　　3. 坚定民俗文化传承与传播的使命感。

知识目标：1. 了解山西民俗文化的发展背景；
　　　　　2. 掌握山西民俗文化的含义、内容及分类；
　　　　　3. 熟悉山西民俗文化的特征；
　　　　　4. 掌握具有代表性的窑洞民居、社火、戏曲以及山西三宝等山西民俗文化遗存的基本情况及其主要特点；
　　　　　5. 熟悉民俗文化旅游资源类型、开发方式以及民俗文化旅游宣传活动的基本现状。

能力目标：1. 具备能够详细介绍山西民俗文化丰富内涵的能力；
　　　　　2. 具备能够欣赏并讲解窑洞民居、戏曲、山西三宝等具有代表性的民俗文化遗存的能力；
　　　　　3. 具备工匠精神与创新精神的传播能力。

【案例导读】

1. 案例介绍

中阳剪纸艺术

剪纸

为进一步推动非物质文化遗产的传承和保护，弘扬民族民间优秀传统文化，创新传统技艺，描绘中国特色社会主义现代化美好愿景，助推剪纸艺术与现代生活有机融合，2021年9月9日，吕梁市举办了剪纸作品展。此次展览共征集到来自吕梁市13个县、市、区的剪纸作品300余件，经组织专家评审，共评选出获奖作品120件，其中中阳县文化馆获奖作品26件，为中阳剪纸取得了很大的荣誉。

2．案例解析

中阳剪纸艺人们用心、用情地传承红色文化基因，一张红纸，一把剪刀，妙剪生花。《土地改革分田地》《强渡飞夺觅通道》《合作共赢一带一路》……一幅幅作品直观地展现了在党的关怀下，人民生活蒸蒸日上的情景，生动地呈现了我们党百折不挠、矢志不渝、不懈追求、努力奋斗的卓绝历程，生动诠释了党为人民谋幸福，为中华民族谋复兴的初心和使命。

3．案例思考

中阳剪纸艺术的传承与发展，向我们展示出了怎样的传统文化与精神？我们应当怎样做好民俗文化的传承与创新？

【知识研修】

单元一　山西民俗文化概述

山西位于我国内陆，是中华文明的发祥地之一，在中国民族文化的形成和发展中占据着举足轻重的地位。千百年来，山西的民俗地域文化不断发展，影响力逐渐扩大，形成了独具山西地域环境特色、家族化与政治化并存的地域文化特色，并具有中华民族传统美德与多民族交融的文化特征。这种特征不仅体现在政治和经济上，还体现在民俗民风、文化艺术、建筑特色、思想观念等多个方面，展现出与众不同的文化和艺术魅力。山西创造了皇城重阳庙会、沁水清明祭祀、传统社火节日等丰富而灿烂的民俗文化，这些民俗文化成为我国优秀传统文化的重要组成部分，为中国特色社会主义文化注入了无限活力。

一、山西民俗文化的分类

自古以来，地理环境是决定一个社会群体形成特色民俗风情的重要因素，也是构成地区特色文化的重要组成部分。不同的地理环境对形成不同地域的民俗文化具有重要影响。山西省位于我国的黄河流域，古代农业发达、民俗文化形式多样、内涵丰富，素有"千里不同风，百里不同俗"之说。根据民俗事项的不同，可以将山西民俗分为物质民俗、社会民俗和精神民俗三大类。

（一）物质民俗

物质民俗是指人民在创造和消费物质财富过程中所不断重复的、带有模式性的活动，以及这些活动所产生的带有类型性的产品形式。它可分为生产民俗、消费民俗和流通民俗三类：（1）生产民俗：包括采集民俗、狩猎民俗、畜牧民俗等；（2）消费民俗：包括居住民俗、服饰民俗、饮食民俗等；（3）流通民俗：包括市商民俗、通讯民俗、交通运输民俗等。

（二）社会民俗

社会民俗是指人们在特定条件下所结成的社会关系的惯制，涉及从个人到家庭、家族、乡里、民族、国家乃至国际社会在结合、交往过程中使用并传承的集体行为方式。它可分为以下五类：（1）岁时节日民俗：包括传统节日、宗教节日等；（2）礼俗民俗：包括生育礼俗、成年礼俗、寿诞礼俗等；（3）村落民俗：包括乡规民俗、村社民俗、集市民俗等；（4）民间组织民俗：包括行会民俗、帮会民俗、社团民俗等；（5）家族民俗：包括称谓民俗、排行民俗、亲族民俗等。

（三）精神民俗

精神民俗是指在物质文化与精神文化基础上形成的有关意识形态方面的民俗事项。它可分为以下四类：（1）民间艺术民俗：包括民歌、民间戏曲、民间工艺、民间舞蹈、民间美术等；（2）信仰祭祀民俗：包括民间礼俗禁忌、巫术迷信、宗教信仰等；（3）口承语言民俗：包括民间神话、民间传说、民间故事、民间歌谣、民间叙事诗、谚语等；（4）民间游戏娱乐民俗：包括民间游戏、民间杂艺、民间体育竞技等。

二、山西民俗文化的特征

（一）地域文化特色鲜明

山西地处黄河中游，是世界上最早的农业起源中心之一，也是中国面食文化的发源地。山西位于温带季风气候区，冬季寒冷干燥，夏季高温多雨，这样的气候条件使得蔬菜品种相对单一。山西沁水下川遗址出土了与原始农业相关的生产工具，如用于粮食加工的石磨盘、石磨棒等，这表明山西境内的粮食加工历史可以追溯到旧石器时代晚期，为面食文化的诞生奠定了基础。经过历朝历代的演变，山西面食逐渐形成了今天独特的地域饮食文化。

（二）历史文化积淀厚重

山西拥有悠久的历史和深厚的文化底蕴，从旧石器时代开始，历经尧、舜、禹的原始时期和夏、商、周的奴隶制时期，再到晋国和三晋时期，山西的文化特色逐渐凸显，成为历史文化特色最为浓厚的地区之一。广大农村的民俗文化同样丰富多彩，如流行于临汾的威风锣鼓，据说最早起源于古代尧帝时期，是一种集体敲击表演活动，因鼓手表演时勇猛的姿态而得名，常在庆祝农历新春、丰收、群众游行等欢乐场合表演。

（三）多元文化兼容并蓄

山西地域文化与外界的交流频繁而开放，成为多民族文化碰撞交流的大融合之地，展现出开放兼容、包罗万象的文化特色。自古以来，山西就是中原汉族和北方少数民族交流往来的重要区域。战国中后期，赵武灵王推行的"胡服骑射"改革对社会风俗产生了深远影响。据《汉书》记载，山西北部地区受少数民族游牧、狩猎文化影响，与山西南部推崇的尚文风气形成鲜明的对比。

（四）典型的农耕文化特点

据考古证明，春秋时期晋国的社会经济已经从锄耕农业过渡到犁耕农业，农业生产水平较高，是中国牛耕文化的发源地之一。此时，农业与畜牧业并存的生产格局已经形成。农业工具的不断进步直接决定了生产习俗的演变。从木制工具到青铜器农具，从石犁到铁犁，从人力挽犁到牛马田间耕作，从粗放播种到耧车精细作业，生产工具、耕作动力和耕作效率不断提升。土地利用方式多元化，人们的耕作计划变得更加科学细致，逐渐形成休耕轮作、引水灌溉、垦田养畜、休养土地等新的生产风俗。

（五）勤俭重信的精神风貌

在古代传说中，山西南部是尧、舜、禹及夏商等民族领袖活动的地方。山西有许多关于他们活动的遗迹和后人为纪念他们而建造的庙宇。朱熹曾在《诗经集传》卷六中说道："其地土瘠民贫，勤俭质朴，忧深思远，有尧之遗风。"历史上关于山西民敦厚朴、士守礼仪、勤农向学、节财俭啬的记载不绝于史。

山西民风历来重商善贾，尤其是明清两季，重商之风盛行全晋。山西的民风性格兼具北方少数民族的勇猛豪爽、刚毅自强、吃苦耐劳、勇于开创的精神和中原文化的勤劳俭朴、崇礼义、重教化、讲信义的特点。这些特质为晋商注入了厚重的文化精神，使得晋商在兴起之初就以诚信为根本，在商业实践中保持沉稳慎重的性格；同时，晋商还具有兼容并蓄、顺时应变、革新除弊的精神。如今，三晋大地上众多的晋商宅院和古朴之风犹存的明清街铺字号，不仅是研究晋商文化的宝贵资料，也是珍贵的山西民俗文化资源。

【课堂寄语】

希望同学们通过本单元学习，理解民俗文化的内涵，明晰民俗事项的分类，积累丰富的山西民俗文化知识。愿大家永葆对家乡文化的热爱，以优秀传统文化滋养身心，在继承与弘扬的基础上，积极成为山西地域文化的传播使者，为传统文化的传承与创新贡献力量。

【课后任务】

请查阅并整理相关资料，进一步了解山西民俗文化；同时，思考并探讨如何借助现代科学技术有效地传承与发扬山西民俗文化。

单元二　山西民俗文化遗存

在从旧石器时代至近代两千余年的历史长河中，山西民俗地域文化不断发展，影响力逐渐增强，形成了具有山西地域环境特色、家族化与政治化并存的地域文化特色，传承着中华民族传统美德与多民族交融的文化特征。这种特征不仅体现在政治、经济上，还体现在民俗民风、文化艺术、建筑特色、思想观念等多个方面，展现出独特的文化和艺术魅力。

一、物质民俗资源

窑洞是山西最具地方特色的建筑形式之一，这里沉积了古老的黄土文化，浓缩了黄土地的别样风情，见图12-1。

古风犹存的窑洞民居

图 12-1　黄土窑洞

1. 产生背景

窑洞起源于人类早期的'穴居'方式，为了躲避风雨侵袭和野兽袭击，人们最初选择自然形成的山洞居住。后来，受到这一启示，人们开始在山体与丘陵中开挖洞穴，装上门窗，形成窑洞。

山西约有80%的土地被黄土覆盖，且多山地和河谷。由于黄土形成期间气候偏干、雨量小、空气湿度低、地下水位深等原因，土壤中碳酸钠成分较多，使得黄土具有抗风化、抗渗水、结构均匀、不易坍塌等特点，非常适合开挖窑洞。

从经济造价和工程施工难易程度来看，窑洞建造投入少、成本低、难度小，是其他居住形式所无法比拟的。此外，山西地处地震多发区域。通过观察山西现有的古建可以发现，木结构建筑、拱券结构建筑和生土建筑都展现出了良好的抗震性能，尤其是生土窑洞，它完全依赖于自身挖凿成形的原生黄土拱券作为支撑结构，这正是山西史前黄土窑洞能够历经数千年而保存至今的关键因素。

2. 类型划分

山西的窑洞大致可以分为下沉式、靠崖式及独立式三种类型。在这三种类型中，下沉式窑洞最为原始，靠崖式次之，独立式成型最晚但更为普遍。这三种窑洞形式在山西都有实例存在。

其中，下沉式的"地坑窑"是窑洞中最具特色的类型之一。它是在地面上挖出一个大坑，形成天井，然后再在坑壁的土上挖洞开窑，构成独特的民居。平陆县就拥有许多这样的天井院和地坑窑，当地人称之为"地窨院"。"地窨院"因其独特的传统技艺而入选国家非物质文化遗产名录。平陆的"地窨院"一般长宽为三四十米，深度为十多米。由"地窨院"组成的村落，往往在百米之外都难以被发现。

"靠崖窑"则是依托自然形成的土崖挖掘的窑洞，它是山区和丘陵地带常见的一种窑洞类型。这种窑洞是利用黄土高原厚厚的黄土层，从横断面挖进去形成洞状，然后在洞壁里面抹上一层黄泥，安上门窗即可住人。条件好的窑洞，还会在洞外用一层砖砌成"夹壳"。靠崖式窑洞常常呈现出曲线或折线型的排列方式，在山坡高度允许的情况下，有时会布置几层台梯式窑洞，类似于楼房，具有和谐美观的建筑艺术效果。

独立式窑洞也被称为"券窑"，它是在没有土崖可靠的情况下，于平地上用土坯、砖头或石块砌成的窑洞。与纯粹由黄土建造的窑洞相比，砖石砌成的窑洞造价较高，讲究也更多。

3. 文化价值

山西的窑洞起源较早，形式完备，且具有良好的延续性。窑洞因地制宜，取材巧妙，构筑合理，展现出良好的生态优势，这体现了山西地处黄土高原的地域特征，并开创了中国传统建筑中的"黄土文化"，在中国建筑史上占据着重要的地位。然而，随着社会的发展，延续数千年的黄土窑洞建筑逐渐淡出人们的视野，许多成片的窑洞区被废弃。因此，合理保护、开发和利用现存的古窑洞这一宝贵遗产，对于我们认识远古穴居文化、了解窑洞建筑的发展历程以及开发旅游资源，具有十分深远的意义。

二、社会风俗资源

社火作为最古老的风俗之一，在中国拥有数千年的历史。它源自对古老的土地与火的崇拜，是远古时期巫术和图腾崇拜的产物，也是古时人们用来祭祀拜神的宗教活动。"社"代表土地之神，"火"则象征火祖，即传说中的火神，被认为能驱邪避难。人们崇拜社神、歌舞祭祀，旨在祈求风调雨顺、五谷丰登、国泰民安、万事如意。

（一）社火分类

山西的民间社火内容丰富，形式多样。据统计，山西省约有200多种社火形式，按其表现方式可分为锣鼓类、秧歌类、车船轿类、阁跷类、灯火类、模拟禽兽类、模拟鬼神类、武技类等。

1. 锣鼓类

山西的锣鼓以节奏强烈明快、场面壮阔粗犷为特点，充分展现了黄土高原人民质朴豪放的气质。山西的秧歌则分为不同的形式，有的侧重歌唱，如"伞头秧歌""小秧歌"，俗称文场秧歌；有的则歌舞结合，以舞为主，俗称武场秧歌。这些秧歌既有本地鲜明的地方特色，又吸收了外地歌舞艺术的精华，如凤秧歌，其模拟插秧的舞蹈动作，体现了中国文化兼容并蓄的特点。山西的车船轿类表演则以精湛的技巧装饰成各类民间交通工具的形状，展现了丰富的时代内容，主要节目有《小车会》《旱船》等。

2. 阁跷类

在晋南地区，阁跷类表演以其精妙神奇的道具制作和惊险动人的表演技巧而独具特色，深受广大群众的喜爱，襄汾县中黄村的高台是其中的佼佼者。每年春节期间，初十前后，它会在本村及邻村进行表演，从正月十五起，则前往县城或更广泛的地区演出。据传，中黄高台最早源于祭祀活动，人们先在庙内表演，然后走出庙宇，串街表演，吸引大量群众围观，场面有时水泄不通，导致后面的人无法观看。后来，有人提出将神的扮演者固定在木板上抬起，既增加了表演的立体感，又方便观众欣赏，于是中黄高台应运而生。中黄高台的表演队伍通常由锣鼓队在前面开道，后面跟着许多装饰艳丽的旗伞，最精彩的部分则是高台表演，见图12-2。

图 12-2　阁跷

3. 高跷类

高跷俗称“拐子”，是山西普遍流行的社火形式，由舞者踩在木跷上进行表演。高跷分为文高跷和武高跷两种：文高跷用弦乐伴奏，舞者在街道上边走边舞，变换各种队形，同时有的舞者还会化装为戏剧人物，既表现历史故事，也展现现代生活，内容丰富多彩，不拘一格；武高跷则用打击乐伴奏，以表演特技为主。襄汾县盘道村素以高跷表演闻名，一般在村子中心专门设置场地，每隔一段距离便摆放一张方桌或条桌，连续摆放四五张。舞者需要逐个跳过这些桌子，还要表演大劈叉等高难度动作，观众屏息静观，为舞者的惊险表演捏一把汗。

三、精神风俗资源

根深叶茂的
戏曲文化

（一）戏曲艺术

山西，被誉为中国戏曲艺术的发祥地之一，素有"戏曲摇篮"之称。"山乡庙会流水板整日不息，村镇戏场梆子腔至晚犹敲"，这副来自晋西旧戏台的楹联，生动地展现了山西人民对戏剧的喜爱，而这种喜爱已经成为代代相传的传统风尚。

1. 剧种分类

（1）蒲剧

蒲剧又称蒲州梆子，是山西省临汾市、运城市的地方传统戏剧，因发源于古蒲州而得名。在晋中和晋北，它被称为"南路梆子"或"南路戏"，在上党地区被称为"西府戏"，在河南则被称为"西戏"。在陕西省、甘肃省西北一带，它又被称作"晋腔""蒲戏""山西梆子"或"梆子腔"。蒲剧以其高亢激昂的音调著称，尤其擅长演绎慷慨悲壮的历史故事。其音乐和表演艺术拥有深厚的传统底蕴，其中帽翅、翎子、甩发等特技表演尤为出色。蒲剧的代表剧目《窦娥冤》，汇聚了蒲剧界的精英演员，他们展现出精湛的艺术水平，备受观众赞誉。

（2）晋剧

晋剧又称"山西中路梆子"或"太原梆子"，中华人民共和国成立后正式定名为晋剧，流传于山西中部、河北北部以及内蒙古、陕西北部等广大地区。晋剧形成于清代道光、咸丰年间，是在晋中秧歌的基础上，吸收蒲剧、昆曲、河北梆子等剧种的音乐元素，逐步发展并盛行起来的戏曲艺术形式。晋剧旋律婉转流畅，曲调柔美圆润，道白清晰，具有浓郁的晋中地区乡土气息和独特风格，代表剧目有《打金枝》《蝴蝶杯》《刘胡兰》等。

（3）北路梆子

北路梆子流行于山西北部、内蒙古及河北的西北部一带，清同治、光绪年间已经盛行。北路梆子的唱腔、曲调、念白与蒲剧相近，但音调更为高亢，富有塞外山野气息，特别是其"弯调"（即花腔），唱起来千变万化，婉转动听。北路梆子擅长大段演唱，每句基本遵循弱起强落的规律，听起来变化多姿，绝不单调。

（4）上党梆子

上党梆子因其产生并主要流传于秦汉时期的上党地区而得名。它在清代乾隆中后期已经盛行，到了嘉庆、道光年间，其班社众多、名伶辈出、剧目丰富、流派纷呈，进入了蓬勃发展的时期。上党梆子以演唱梆子腔为主，兼唱昆曲、皮黄、罗罗腔、卷戏，俗称"昆梆罗卷黄"。上党梆子的音调高亢活泼，具有粗犷健康的农民艺术特色。20世纪80年代，上党梆子涌现出《杀妻》《借粮》《两地家书》等一批新剧目，并在表演、音乐、舞台等方面有所创新，使上党梆子在保持原剧种特色的基础上更加抒情动人，深受观众喜爱。

2. 文化价值

在旧社会，穷乡僻壤交通闭塞，精神文化生活匮乏。戏曲成为了人们唯一的文化娱乐和精神寄托，看戏也成为他们重要的社交活动。戏台上，演员们唱出了对贪官污吏的憎恨、保家卫国的激情以及对理想和爱情的渴望与追求。山西的四大梆子戏中，传统剧目大多涉及杨家将、岳家军、公案戏和爱情戏等题材。可以说，保护和传承山西地方戏曲就是保护山西广大人民群众的精神寄托和人文历史与民风民俗。

（二）民间工艺

山西传统工艺历史悠久、品类繁多，是山西省珍贵且极具特色的文化遗产。其中，珐华器、推光漆器和澄泥砚以高超的制作技艺、独特的文化内涵与重要的艺术价值脱颖而出，被誉为"山西三宝"。

匠心晋韵
山西三宝

1. 珐华器

珐华一词源自山西东南地区的方言，原名又叫"粉花"法华，也称法花，意为粉花、粉画，是用袋装粉泥在坯件之上挤粉泥以进行装饰的技艺。珐华器始于元代初期，多用于佛教法物；到了明代早期，则广泛应用于民俗活动、宗教法事，以及达官显贵、文人雅士的陈列之中；雍正年间，全国停止了珐华器的烧制，这项技艺也逐渐失传。珐华器属于琉璃的旁系，但却有别于琉璃。它以牙硝作釉，釉色透明见底，用中温烧制而成，显著的标志是立线、隔釉见胎。它突破了传统琉璃单调的黄绿色，呈现出蓝、白、黄、绿、紫等丰富的色彩艺术，如茄皮紫、葡萄紫等，色泽透明鲜亮，历久弥新，见图12-3。

图 12-3 珐华器

2. 推光漆器

推光漆器是山西省著名的传统手工艺品，是一种工艺性质的油漆器具，以手掌推出光泽而得名，是我国四大名漆器之一。在山西浩如烟海的传统手工艺品中，平遥推光漆器始终占据着独特的地位。春秋战国时期，平遥漆器已初具雏形，在汉代，平遥漆器到达一个鼎盛时期。随着晋商实力的增强，平遥漆器远销蒙、俄、东南亚一带。到魏晋南北朝时期，平遥推光漆器的髹饰工艺已达到很高的水平。在历史演变中，平遥推光漆器逐渐形成了外观古朴雅致、绘饰精美绝伦、手感细腻滑润的艺术特点，以及耐热防潮、经久耐用的优良品质，堪称漆器中的精品。俗话说"滴漆入土，千年不腐"，指的就是使用源于黄土高原广泛分布的漆树刮掉树皮后流出的天然漆料——大漆。目前保存完好的出土漆器文物，几乎全部采用了大漆工艺，见图12-4。

图 12-4　推光漆器

3. 绛州澄泥砚

绛州澄泥砚是"山西三宝"中与"文房四宝"有着密切关系的一缕来自三晋大地的墨香，也是中国四大名砚之一。一千多年前，在泥与火的反复淬炼下，它贮水不涸、历寒不冰、质坚莹润、呵气生津，使用时腻而不滑，发墨快而不损毫，历来被文人学士奉为案上珍品，见图12-5。

制作绛州澄泥砚，必须使用汾河千年的渍泥。这些泥水出清，泥沉底，制作工艺十分复杂，需要几十道工序才能完成，生产周期更是长达一年左右，成品率仅为30%。制砚匠人将河水中携带的泥沙流入绢袋之中，过滤出这一方水土独有的澄泥，澄泥砚之名，便由此而来。

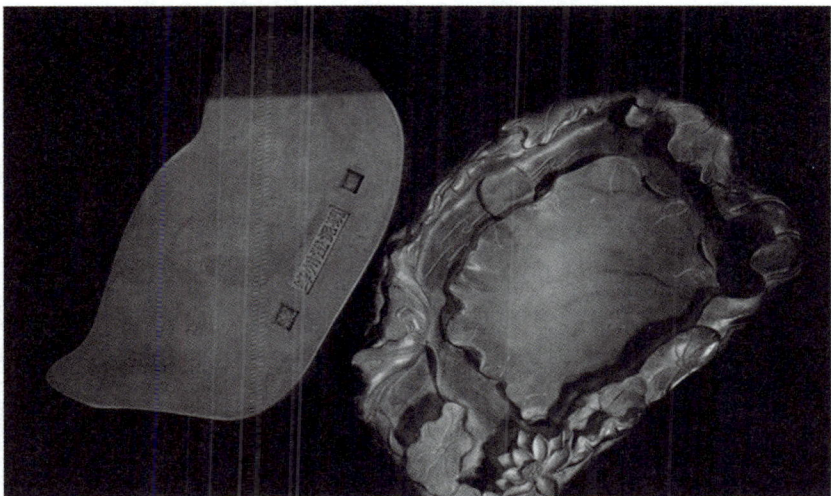

图 12-5　澄泥砚

（三）山西民歌

山西民歌是一种非常古老的传统民间艺术。它以歌唱历史人物或历史传说故事为主。山西一百多个县，几乎每个县都有自己的民歌。据有关方面统计，现在已经收集起来的民歌这两万余首，山西民歌主要分为以下几类。

浩如烟海的
山西民歌

1. 山歌

山歌是劳动人民在山间田野或崖畔、场院随时可唱的一种短歌。山西山歌的特征一般表现为：一是形式短小、单纯，通常为上下两句的乐段结构；二是词、曲格律较为自由，便于歌唱者直畅地抒发自己的感情；三是山歌的歌词一般都是歌唱者根据自己的劳动或思想感情即兴编创的，"做甚唱甚，想甚唱甚"，因而感情真挚、朴实；四是无须伴奏，无固定调高，随时随地张口便唱。山西的山歌有"山曲""开花调""卷席片"（也叫"烂席片"）等，名称因地而异。

2. 号子

号子即劳动号子，是人们从事沉重劳动时，为了统一号令、协同动作和振奋精神而唱的歌。这种劳动号子虽然也有曲调，但主要强调节奏，以便人们在同一的有规则的节奏中进行劳动。因为号子大都是喊着唱的，所以一般也叫"喊号子"。以上各种号子都采取一领众和的形式，大都无固定唱词，唱词都是在劳动进行中领号人见景生情，随时即兴编出的。山西劳动号子虽然不多，但节奏鲜明有力，音调单纯流畅，情绪乐观豪放。

3. 小调

小调是适于在室内或在室外从事不太沉重的劳作时随时可以哼唱的小曲。小调在山西民歌中数量最多、分布最广，遍及全省各地，无论在农村还是在城镇都颇为流行。山西小调的歌词较整齐、规范，以七字句为基本格式，其次是十字句，再次是五字句，也有不少是上述三种形式的混合结构，还有少数为长短句。

4. 秧歌

山西各地的秧歌品种繁多，分布广泛，其中，属于戏曲类的秧歌有襄垣秧歌、武乡秧歌、朔县秧歌、代县秧歌等。这些秧歌有的虽然正逐渐向戏曲方面发展，或已形成一种有简单故事情节的地方小戏，但其唱腔仍然保持着民歌的特点，并以民歌的形式在群众中继续传唱。突出的秧歌有祁太秧歌、沁源秧歌、祁县过街秧歌、原平凤秧歌、临县伞头秧歌、柳林伞头秧歌等，其中影响最大的是祁太秧歌（因流传于晋中平川各县，也叫晋中秧歌）。除上述各种秧歌外，山西还有许多地秧歌，如汾阳地秧歌、曲沃地秧歌等；以及多种民间歌舞形式，如晋东南的花篮灯、九莲灯，晋南的花鼓、打花棍等。

5. 套曲

在山西民歌中，还有一些叙事性很强、形式较大的民间声乐套曲。这些套曲的曲调大部分是在明清俗曲或当地小调的基础上，根据内容的需要，经过加工发展变化组合而成，结构比较严密。如左权"大腔"，流行于左权一带，其曲调优美，结构严谨，形式完整，包括序曲（蒜疙瘩）、正曲（劈破玉）、尾声（打岔）。又如兴县的"昆曲"，并非指戏曲形式中的昆曲，而是一种在兴县当地广泛流传的民歌坐唱形式，专门讲述梁山泊的故事。

山西民歌在音调上的特点，是由多方面因素形成的，其中山西语言的影响是一个极为重要的因素。山西各地民歌与山西各地语言的发音、语调（抑扬）、语气（重音），特别是声调（四声）有着密切的关系。

【延伸阅读】

国家级非物质文化遗产——左权开花调

左权开花调是流行于山西省太行山区的一种民间音乐。其风格在隋代开始形成，到了20世纪30年代，左权开花调从左权民歌中派生而出。这种民歌构思精巧，歌词新颖，衬词衬句的运用凸显了浓厚的地方色彩，具有很强的感染力。2006年山西省左权县申报的左权开花调经中华人民共和国国务院批准，被列入国家级非物质文化遗产名录。

从左权开花调的内容中，我们可以看到情歌的实质含义。花儿象征着美丽与愉悦，花儿的绽放即是对美丽的展现，这表达了女性青年对男性青年的爱意，是对美好爱情的追求，也是对生活与生命延续的向往。进一步分析，歌词中除了充满了各种充满幻想和想象的"开花"比喻外，开花调中的方言衬词也显得亲切、自然、真挚，朴实而动听。左权开花调的代表曲目有《桃花红，杏花白》《有了心思慢慢来》《会哥哥》《格旦亲》《想亲哥》《土地还家》等。

【课堂寄语】

希望同学们通过学习山西民俗文化遗存，了解山西民俗文化的丰富内涵，学会欣赏与领略其独特魅力；在传承与创新山西民俗文化的过程中，进一步弘扬这些珍贵文化，树立对山西优秀传统文化的自信与自豪。

【课后任务】

1. 查阅相关资料，深入探究山西民俗事项，撰写一份讲解词。
2. 检索资料，挑选你最喜爱的山西民俗事项，制作短视频，并发布至微信、抖音等社交媒体平台分享。

单元三　山西民俗文化旅游发展现状

一、山西民俗文化旅游现状

（一）民俗博物馆星罗棋布

博物馆模式，即通过博物馆将民俗文化以文字、影像、模型等形式展示给游客的模式。在民俗旅游开发模式中，博物馆模式占据着重要地位，国内已有诸多成功范例。山西的民俗博物馆遍布全省，其中具有代表性的且影响较大的有三处：河边民俗博物馆、乔家堡民俗博物馆和丁村民俗博物馆。它们分别展现了晋北、晋中、晋南民间传统的岁时风俗、婚丧嫁娶、民间工艺和文艺娱乐，是中国北方汉民族古老文化的缩影。

（二）民俗节庆旅游活动品牌效应初显

民俗礼仪与民俗节庆集中展现了一个地区的民俗生活风貌。旅游者通过参与其中，不仅能够深入了解和考察当地的民俗生活，还能使身心得到放松与娱乐。因此，将民俗节庆作为开发民俗旅游资源的重要载体，已成为一种行之有效的手段。

山西传统节日民俗历史悠久、文化底蕴深厚，各地区种类繁多、形式多样。这些节日庆典活动不仅充分展示了山西人的文化生活方式，还构成了山西旅游产品体系的重要组成部分。经过多年发展，山西已逐渐形成了一批经典的节庆活动。这些民俗节庆旅游活动的影响范围也在逐渐扩大，品牌效应初步显现，在山西旅游业发展中发挥着越来越重要的作用。

（三）民俗文化村市场前景广阔

民俗文化村（含民族文化村、民俗文化寨、民族文化镇、民俗风情园）是目前国内民俗旅游的主要产品类型。山西丰富的乡村旅游资源是其发展乡村民俗旅游的巨大优势。山西省现存55处明末清初的古村镇，它们分布在黄河、汾河、沁河沿岸。一是以临县碛口古镇为中心，以黄土窑洞为代表，体现晋西北黄河黄土风情民俗的黄河沿岸古村落；二是以汾河为轴线，以晋商大院为代表，体现晋商民俗文化的古村落；三是以沁河为轴线，以城楼古堡为代表，体现晋东南根祖文化特色的古村落。这些古村镇在中国传统哲学"天人合一"的思想指导下，因地制宜、择吉而居，布局合理，力求顺应自然、利用自然、点缀自然，是中华建筑艺术的经典之作和民间文化的载体。这既体现了山西民俗文化村旅游市场的良好发展现状，也预示着其未来发展具有广阔的市场前景。

二、山西民俗文化旅游资源开发

山西的民俗旅游资源受制于自然地理与人文历史的发展规律，展现出鲜明的地域特色。晋北、晋中、晋西南、晋东南各地，无论是居民建筑、民间风俗、礼仪习俗，还是民间工艺、文化娱乐、名特产品、风味小吃、服饰及歌舞戏曲等都带有各自独特的区域色彩。

（一）晋北塞外风情及佛教信仰民俗旅游资源区

该区位于山西北部，涵盖大同市、朔州市、忻州市及周边地区，坐拥雁同盆地、忻定盆地和周边的山区。作为全国煤炭能源的重要基地，该区的经济发展相对较快，交通便捷，为旅游业的发展奠定了坚实的基础；同时，其地理位置毗邻内蒙古和京津冀，成为山西北部重要的交通枢纽，有利于国内外旅游的开发。

该区以塞外风情及佛教信仰民俗为特色，文化旅游资源丰富多样，具有显著的区域差异和较高的开发价值。根据地域组合和开发特点，可进一步细分为雁北塞外风情和石窟艺术民俗文化旅游资源亚区，以及忻州佛教信仰和晋北习俗民俗文化旅游资源亚区。

雁门关北部地区，包括大同市与朔州市，其民俗文化旅游资源融合了农牧文化，体现在当地人民的民族性格及风味饮食上。此外，河曲、偏关的民歌也是独具特色的民俗资源，音调高亢，旋律优美，堪称山西民歌的瑰宝。

忻州地区，其核心为五台山，这里汇聚了珍贵的寺庙建筑群、种类繁多的民间艺术品和土特产。针对该地区的民俗资源开发，应当以历史名城观光、宗教名山避暑朝圣、体验塞外风情以及古战场怀古等为主题，并通过科学的策划与有效的市场营销手段，打造出能够充分展现当地民俗风情的旅游产品。

（二）晋中商贾大院及古城民俗旅游资源区

该区位于山西省中部，涵盖太原市、阳泉市、晋中市及周边地区，地处晋中盆地及周边山区，地理位置优越、经济实力雄厚、交通便捷，为这一区域旅游经济的发展提供了有利条件。

该区民俗文化旅游资源开发早、价值高、种类丰富，已形成成熟的晋商大院文化旅游节、平遥国际文化旅游节等特色产品。此外，以"一城、二寺、三山、四院"为代表的晋商民俗文化旅游系列也备受游客青睐。平遥古城作为中国四大古城之一，已被列入世界文化遗产名录。

本区是山西省最大的民俗旅游区，资源丰富，地理位置优越。在未来开发中，应突出晋商大院游、晋商文化，创造品牌民俗旅游精品，同时充分利用太原的游客集散地作用，设计丰富多彩的民俗旅游线路和项目，吸引更多的客源；此外，还应加强跨省合作，将本区民俗旅游资源融入山西省乃至全国范围，从而带动旅游经济的发展。

（三）晋西南根祖文化及黄河文化民俗旅游资源区

该区位于山西省西南部，涵盖运城市、临汾市及周边地区，地处黄河中游，是中华民族和华夏文明的主要发祥地之一，也是黄河文化、黄土文化的发源地。根祖文化、忠义文化、独特的晋西南生活民俗和礼仪成为本区民俗文化旅游资源的一大特色。

该区具备发展民俗旅游的巨大潜力，拥有新旧石器文化遗址、尧舜禹陵庙、洪洞大槐树等根祖文化资源，以及关帝庙忠义文化资源。在未来开发中，应着力抓好基础设施建设和环境优化，开发华夏文明寻根问祖、关帝庙忠义文化鉴赏、黄河黄土风情民俗等专项旅游产品；深入挖掘民俗文化内涵，科学策划、合理开发，打造具有深厚文化内涵的民俗旅游产品品牌。

（四）晋东南神话传说及太行民俗旅游资源区

该区位于山西省东南部，地处太行山西麓，涵盖长治市、晋城市及周边地区，拥有扎实的工农业生产基础、稳步发展的经济，以及发达的交通设施，这些均为该区域旅游经济的发展创造了良好的条件。

神农尝百草　　女娲补天传说　　精卫填海的传说

该区具有发展红色旅游、民间曲艺及土特产的优势；同时，上古神话如女娲补天、大禹治水等都在这里留下了遗迹和传说，是山西独具特色的文化资源。在未来开发中，应继续完善交通、食宿、娱乐等基础设施，以神话民俗采风、石刻欣赏、古镇乡村观光等专项旅游产品为重点，深入挖掘民俗文化内涵，打造具有独特魅力的民俗旅游产品。

三、山西民俗文化产品开发

民俗旅游资源是民俗旅游得以存在和发展的物质基础，因此，民俗旅游产品的开发对于民俗旅游的成败至关重要。基于山西民俗旅游资源的特色，民俗旅游产品的开发设计应从以下几个方面着手：

（一）民俗观光旅游产品

民俗观光旅游是一种面向大众的旅游产品，旨在满足游客对民俗风情的快速了解和欣赏需求。民俗观光旅游的主要形式包括组织游客参观民俗博物馆、民俗村或风情园，观赏民俗歌舞表演等。例如，通过对碛口民俗村落进行改造和深化，提升其文化内涵，提高产品档次并改善经营管理，使游客能够沉浸于原汁原味的民俗文化氛围之中，感受民俗旅游的独特魅力。

（二）民俗体验旅游产品

此类旅游产品旨在让游客亲身体验民俗风情，既包括以神话传说、戏曲、山歌、方言、音乐等为主的语态文化体验，也包括民众日常生活习俗、饮食起居、生产劳作、民间游艺竞技、地方婚礼等参与性活动。未来，可进一步强化科技赋能，通过高新科技还原历史民俗场景；也可在传统村落中打造"民宿+民俗"综合体，让游客深度参与农耕文化、窑洞生活等在地化民俗场景，提升体验的深度与独特性。

（三）民俗购物旅游产品

购物旅游不仅能让游客在离开目的地后睹物思景，回味当时的感受，而且通过馈赠亲朋好友礼品，还能在潜在游客中树立山西良好的旅游形象，激发他们前来山西旅游的意愿。山西丰富的历史文化资源为开发文化旅游商品提供了广阔空间，通过科学合理的开发，在市场上形成富有竞争力的旅游产品。

（四）生态民俗旅游产品

生态民俗旅游是将生态旅游与民俗旅游相结合的旅游活动，它包含两个层面的含义：一是注重对生态环境的保护，二是融入当地人民的生活。旅游者在旅游过程中不仅要重视保护生态旅游资源和生态环境，还要注重与当地居民的和谐共处，保护当地的文化资源。因此，为了促进山西省民俗旅游的可持续发展，开发生态民俗旅游产品成为新的发展趋势。

（五）都市民俗旅游产品

旅游者前往异地城市旅游时，除了欣赏城市风光与探访文物古迹，往往怀着了解异域风土人情的强烈意愿。他们渴望深入在地生活，感受浓郁的民俗氛围与独特的当地风情，并通过对比居住地与旅游城市的生活方式差异，实现文化认知与情感认同的双重体验。

（六）追根溯源开发民俗旅游产品

中国各民族间的感情深厚，开展追根溯源游具有很大的市场潜力。当代旅游者踏着祖先的足迹，追溯往日的历史，体会祖先的辛勤劳作，回味他们的光辉成就，会激发强烈的民族自豪感，也会激励他们沿着这一足迹奋勇前进。祖基民俗信仰是山西民俗文化的一大特色，在晋西南地区保留着众多祖基文化遗址，如洪洞大槐树、临汾尧庙尧陵、永济舜庙、解州关帝庙等。这些遗址曾是华夏民族生息繁衍的祖基所在地，蕴藏着丰富的文化内涵，例如每年的"洪洞大槐树寻根祭祖节"都吸引着众多中外游客前来拜祭。

【课堂寄语】

希望同学们通过学习本专题，深入理解山西民俗文化的多样性，明晰山西民俗文化旅游资源保护与开发的重要意义和价值；同时，能够立足山西民俗旅游资源特色，积极创新民俗旅游产品，弘扬创新精神，坚定传播和传承山西优秀传统文化的使命担当。

【课后任务】

请同学们查阅相关资料，挑选自己最感兴趣的山西民俗文化旅游产品，制作并拍摄短视频，介绍该产品的基本情况与特色，发布至微信、抖音等平台进行宣传推广。

【专题小结】

本专题首先概述了山西民俗文化及其遗存情况，重点阐释了山西民俗文化的内涵与具体内容，着重介绍了山西戏曲、民间工艺、山西民歌等民俗文化遗存；在此基础上，梳理了山西民俗文化旅游的发展现状，旨在引导学生认识保护和开发相关资源的重要性，熟悉山西民俗文化旅游的整体面貌。

【复习思考】

1. 请列举山西民俗文化的主要内容。
2. 你家乡的民俗有哪些？它们的主要特色是什么？
3. 请列举一些比较经典的山西民俗旅游产品。

【拓展实训】

1. 由实训教师带领，前往洪洞大槐树景区，开展为期1天的义务讲解服务活动。
2. 要求：实训教师需进行现场教学；学生需分组合作完成讲解任务。

专题十三　山西名人名家与旅游

　　山西悠久辉煌的历史，美丽富饶的山河，滋养了众多杰出的人才，他们的才能、品格在祖国群星闪烁的历史苍穹中，耀眼而夺目。他们中有帝王、有名臣，更不乏文人墨客和义士英雄。据考证，山西正史立传者达六百余人，名垂后世者不下千人。[1] 他们对三晋形象的塑造，对中华历史的发展都产生了深远的影响。

【学习目标】

　　素质目标：1. 学习历史文化名人的优秀品质；
　　　　　　　2. 借鉴文化名人的成功经验，树立个人远大理想；
　　　　　　　3. 培养对地域文化的自豪感。

　　知识目标：1. 了解山西古代历史文化名人的主要事迹和成就；
　　　　　　　2. 熟悉山西历史名人的文化遗址及其当前的旅游状况。

山西名人知多少

　　能力目标：1. 能够准确讲述山西代表性名人名家的主要事迹；
　　　　　　　2. 能够独立讲解至少两处重要的名人名家遗存景点。

【案例导读】

1. 案例介绍

　　2023年，随着《三体》和《流浪地球2》的热映并大获成功，全国人民的目光再次聚焦到了作者刘慈欣身上。你知道吗？刘慈欣是山西阳泉人，他至今仍居住在那里，过着普通而平凡的生活。刘慈欣被誉为"中国当代科幻第一人"，其代表作有长篇小说《超新星纪元》《球状闪电》以及《三体》三部曲，还有中短篇小说《流浪地球》《乡村教师》《朝闻道》《全频带阻塞干扰》等。《三体》三部曲更是被誉为中国科幻文学的里程碑之作，将中国科幻文学推向了世界的高度。

2. 案例解读

　　从远古人类徙居生息到拥有文字记载的沧桑历史进程中，山西这片热土孕育了无数杰出的历史人物，他们对三晋文化的塑造以及对整个中华文化的发展都产生了深远的影响。

3. 案例思考

（1）山西有哪些历史名人？
（2）他们各自取得了哪些显著成就？

---

1. 胡苏平.精心梳理山西历史文化之脉 ——《三晋史话》丛书总序.三晋史话[M].山西人民出版社，2016.

（3）现在有哪些遗存能够印证这些历史名人的存在与贡献？

（4）这些名人和相关的遗存对当今社会的思想信仰、风俗习惯以及旅游开发产生了怎样的影响？

【知识研修】

单元一　山西历史名人名家

一、山西历史名人名家概述

（一）山西历史上的君主帝王

山西沃土孕育千年文明，历代君主帝王在此留下辉煌印记。春秋战国时期，晋文公以雄才大略开创晋国百年霸业，"践土会盟"成就春秋五霸之尊；魏文侯率先变法图强，开战国革新之先河；赵武灵王推行"胡服骑射"，革新军事制度，使赵国跻身强国之列。魏晋南北朝时期，匈奴贵族刘渊改姓自立，建立汉国，掀开十六国风云序幕；北魏孝文帝拓跋宏力主汉化改革，迁都洛阳、推行汉制，促进民族大融合，为隋唐统一奠定根基。至唐朝，李渊以太原为起点举兵反隋，奠定李唐王朝三百年基业；其子李世民开创"贞观之治"，缔造万邦来朝的盛世图景；武则天更以非凡魄力成为中国历史上唯一的女皇帝，打破封建帝制的性别桎梏……这些君主帝王以卓越的政治智慧与历史功绩，共同铸就了山西在帝王谱系中的璀璨篇章。

武则天

（二）山西历史上的名臣名将

在山西的历史长河中，名臣名将灿若星辰，以卓越功绩与高尚品格书写不朽传奇。春秋战国时，介子推"割股奉君"成就忠义典范，百里奚辅佐秦穆公成就春秋霸业，蔺相如"完璧归赵"尽显智勇双全，廉颇则以骁勇善战威震诸侯。西汉年间，卫青七征匈奴、开疆拓土，霍去病"封狼居胥"、少年扬名，二人并肩捍卫大汉边疆。三国时期，关羽以忠义冠绝古今，被后世尊为"武圣"，其英名千古流芳。魏晋时期，裴秀绘制的《禹贡地域图》，开创了古代地图学的先河。唐代，温彦博、裴行俭辅弼朝堂；尉迟恭、薛仁贵、张守珪、郭子仪等名将驰骋沙场，或守护国门，或平定叛乱，皆为社稷栋梁。北宋时，文彦博出将入相、德高望重，杨家将一门忠烈、满门忠勇，呼延赞、狄青征战四方、屡立战功。明代王琼以"三孤三辅"之誉，力挽狂澜；清代陈廷敬主编《康熙字典》、匡扶朝政，于成龙以"天下第一廉吏"垂范后世，祁寯藻历仕四朝、泽被士林，皆为"时代楷模"。

关公文化
源起山西

（三）山西历史上的文化名家

山西文脉绵长，文化名家辈出，对我国思想、文学、艺术等领域贡献卓越。春秋战国时，荀子为儒家学说注入思辨力量，韩非子集法家思想之大成；师旷创制五音六律，被尊为"乐圣"，班婕妤以辞赋才情名动汉室。东晋时期，法显西行取经，成为中外文化交流先驱；郭璞开创游仙诗体，卫夫人传道授业，培育出王羲之等书法巨匠。唐代文坛，王勃领衔"初唐四杰"，王维以"诗佛"之韵绘就山水意境，王之涣、王昌龄、王翰边塞诗雄浑壮阔，白居易以"诗魔"之笔书写民生百态，柳宗元跻身"唐宋八大家"，温庭筠开花间词派先河。宋代司马光著《资治通鉴》，成史学巨擘；米芾、郭若虚等书画家独树一帜，孔三传革新韵律宫调，推动戏曲的发展。金代元好问领袖文坛，关汉卿、白朴、郑光祖以元曲传情达意，成就艺术高峰。明代王文素精研数学，罗贯中以《三国演义》开创章回小说先河。明清之际，傅山博学多才，白胤谦、阎若璩、李毓秀等学者，或精研理学，或考据经典，或著书育人，皆为文化传承立下汗马功劳。近代以来，高君宇点燃革命火种，彭真投身抗日救国；张友渔、侯外庐于学术领域深耕不辍，张民觉在医学研究中取得突破，赵树理以乡土文学书写人民心声，共同谱写山西的文化新篇。

司马光

二、山西名人名家代表

（一）东方文化的精神图腾——关羽

关羽

在山西的运城盆地，矗立着一位被尊为"武圣"的忠义象征——关羽，见图13-1。每年，来自全球各地的信众都会汇聚在他的家乡，举行盛大的祭祀活动，致敬这位源于东方文化的精神偶像。

关羽，东汉末年三国时期的名将，山西运城人。他早年追随刘备南征北战，战功赫赫：相传十八路诸侯讨伐董卓时，他"温酒斩华雄""三英战吕布"，一战成名。刘备徐州兵败后，关羽为曹操所俘，却在白马坡阵斩颜良、诛文丑，与张飞并称"万人敌"。虽受曹操厚待，他仍"身在曹营心在汉"，得知刘备下落后，"千里走单骑，过五关斩六将"，冲破重重阻挠回归旧主。赤壁之战时，他在华容道念及旧情，放走曹操，尽显义薄云天。刘备称王后，关羽官拜五虎上将之首，率军攻取襄阳，"水淹七军""斩庞德、擒于禁"，威震华夏。相传樊城之战中，他臂中毒箭，需刮骨疗毒，治疗时，他面不改色，"把酒下棋，谈笑自若"，英雄气概震慑众人。后因荆州之战腹背受敌，关羽败走麦城遇害，蜀、吴、魏三国皆为其举行丧礼，足见其威望之隆。

图 13-1　关羽画像

（二）清正廉洁的榜样典范——于成龙

在吕梁市方山县一带，流传着一句民谚："贵人也要遭难，于成龙也砍过炭。" 这句民谚道尽"天下廉吏第一"于成龙前半生的坎坷。他曾操持苦力、历经磨砺，当地百姓常以此为教子治家的箴言。

于成龙生于明后期，清顺治十八年（公元1661年）以明朝副贡身份出仕，从知县累官至两江总督，见图13-2。在二十余年的宦海生涯中，他三次被举荐为"卓异"，堪称官吏楷模，获"天下廉吏第一"之誉。作为"治官之官"，他始终将整顿吏治置于首位。任两江总督时，他对清廉官员破格提拔；对庸碌者加强教化，并颁布《示亲民官自省六戒》，以"勤抚恤、慎刑法、绝贿赂、杜私派、严征收、崇节俭"为吏治准则。

《清史稿·于成龙传》载，其赴两江任职后，奢靡之风骤改：富户弃锦绣而着粗衣，官宦减随从、去雕饰，婚丧罢乐、豪强敛迹，两江风气为之一新。

康熙二十三年四月的清晨，饱受疾病折磨的于成龙起身办公时突发重疾。临终之际，他心系紧要公务，未及交代家事便端坐椅上溘然长逝，享年六十八岁。这位一生坚守"不昧天理良心"信念的廉吏，用生命践行了从政誓言。其子于廷翼赴江宁料理后事，见百姓以纸钱祭奠，遂劝阻道："家父生平不喜钱财，切勿以此相赠，日后祭奠无需纸钱。"待灵柩启运回乡，江宁数万士民步行相送，哭声震天。安葬之日，康熙皇帝亲撰碑文，高度评价了于成龙的一生，再度赞誉其为"天下廉吏第一"。

图 13-2　于成龙画像

（三）享誉后世的传奇名士——傅山

傅山，明万历年间生于山西太原，被公推为明末清初坚守民族气节的典范，见图13-3。他在诗赋、书画、医学、武术等领域皆具超凡造诣，享有"学海"之誉。傅山的诗文书画，孤傲气节与爱国深情交织，故被尊为"清初第一写家"。"既是为山平不得，我来添尔一峰青"两句诗，正是他高风亮节、特立独行的生动写照。

在医学领域，傅山精研医经、医术绝伦，著有《傅氏女科》《青囊秘诀》等传世之作，至今仍被奉为经典、惠及患者，后人尊其为"医圣"。他医德高尚，视患者不分贫富皆一视同仁，尤重济助贫弱，对权贵或德行有亏的官吏则常拒之门外。在思想与政治上，傅山心系民间疾苦与民族兴亡，一腔爱国热忱贯穿终生。

图 13-3　傅山画像

三、山西历史名人的文化价值

一方水土养一方人，有人曾如此评价山西历史名人的文化价值："为国家而不谋一己，为自强而不图安逸，为道义而不惜躯体，为未来而不囿眼前，从而铸造了晋魂。"

（一）中国社会文明进程的推动者

山西历史文化以变革和进步为鲜明特质，诸多影响中华文明的改革先在此地孕育生发，继而推动了整个社会的进步："曲沃代翼"掀开了晋国发展新篇章；"郭偃之法"为晋国称霸注入了思想动能，三家分晋、李悝变法、魏文侯改革等顺应了历史潮流。子夏、荀子代表的儒家，李悝、韩非子代表的法家，吴起、尉缭子代表的兵家，公孙龙、惠施代表的名家，苏秦、张仪代表的纵横家共同在中国思想史上绘就了绚烂画卷。秦汉以降，均田制与全面"汉化"政策，重塑了天下的政治格局；唐宋时期，柳宗元、司马光等政治人物投身社会改革，为中华文明延续提供了动力，也为后人留下了深刻印记。

（二）山西人地域性格的塑造者

山西独特的地理环境塑造了山西人坚韧不拔、忠孝仁义、诚信务实的地域性格。

1. 坚韧不拔的性格基因

晋文公重耳流亡十九年，终成霸业；赵武灵王推行"胡服骑射"，开创军事变革先河；晋北"走西口"、晋南洪洞大槐树移民等历史事件均彰显山西人面对困境时隐忍坚守、攻坚克难的品格，此乃刻入血脉的性格基因。

2. 忠孝仁义的优秀品质

忠诚如介子推"割股奉君"、杨家将满门忠烈；孝道如舜帝"孝感动天"位列《二十四孝》之首；仁爱如运城稷山仁义村善待难民之举；义气如程婴救孤、关羽"义薄云天"等，皆成为山西人忠孝仁义优秀品质的生动注脚。

赵氏孤儿

3. 诚实守信的性格特征

晋文公流亡时承诺"退避三舍"，城濮之战践约后撤九十里；明清晋商"富甲五百年"，以"信誉为本、以义生利"为经商核心理念，其薄利多销、诚信守义的传统，至今仍为山西人共有的精神特质。

（三）中国传统廉政文化的示范者

山西自古为廉吏之乡，孕育了丰饶的传统廉洁文化资源。众多廉洁典范、传世廉洁故事与珍贵文物遗存交相辉映，使三晋大地成为涵养廉洁奉公精神的文化沃土，为中国传统廉政文化提供了深厚的滋养。

1. 勤政为民的廉洁典范

狄仁杰、薛瑄、于成龙等清官廉吏，以廉洁为操守，以家国为己任，不惜舍生取义。他们高尚的德行引领社会风尚，凝聚成无形而坚韧的精神力量。

2. 垂范后世的廉洁故事

心系苍生、恭俭戒奢的司马光，一生节俭、两袖清风的祁寯藻……他们的故事真实地展现了敬业务实、恪尽职守的崇高品质。这些文化记忆构成了山西廉洁文化的重要脉络，为新时代廉洁文化建设提供了精神镜鉴。

3. 博大精深的廉洁文物资源

作为文物大省，山西留存诸多廉洁文化相关遗存，如新绛县绛州大堂的宋代廉政戒律碑，规制完备的平遥古察院（全国现存最完整县级察院，如图13-4）等。这些遗存既承载了优良传统，又呼应了时代精神，生动地诠释了勤政爱民、廉洁奉公的价值理念。这些文物不仅是激励三晋儿女的精神财富，更是新时代廉洁文化建设的珍贵遗产。

图 13-4　平遥古察院

单元二　山西名人名家文化遗存

许多山西历史文化名人在故乡不仅流传着关于他们的故事传说，也留存着相关的风俗习惯、遗址遗存，成为今人缅怀先人的重要载体。

一、建筑遗存

作为中国古建遗存最丰富的省份之一，山西境内保留着众多与历史名人相关的古建。传说中的华夏人文始祖女娲、伏羲，以及民族先祖炎帝、黄帝等，均在三晋大地留下丰富的踪迹与动人的传说。例如，晋城泽州县有"娲皇窟"的传说，临汾洪洞县留存有"女娲陵"的遗迹，临汾吉县可见"伏羲故宫"传说的相关遗存；晋城高平市有神农故迹与"炎帝陵"，运城盐湖区盐池则因"黄帝擒蚩尤，血化卤水"的传说而闻名。此外，晋祠、关帝庙、鹳雀楼等著名景点，亦成为山西名人文化的标志性载体。

（一）晋祠

晋祠是中国现存最古老的祠庙建筑群之一，位于太原西南郊的悬瓮山脚下。它始建于西周时期，是唐叔虞的儿子燮为纪念父亲所建，初称唐叔虞祠，是晋国立国创业的始祖和晋文化的发源地。历朝历代均有修缮扩建，宋代修建了规模宏大的圣母殿，并铸造铁人、筑莲花台。献殿西侧的"鱼沼飞梁"是全国唯一的孤例，方形水池上建有十字形桥梁，以石质的八棱柱和木质的斗拱承托东西横平、南北斜升的桥身。晋祠不仅是现存规模最大、历史最悠久的皇家园林之一，也是三晋历史文脉的综合载体和中国古建艺术的集大成者。它集齐了各朝代国宝级的彩塑、壁画、碑碣等精品，是山西精神的象征，既是晋之源，更是晋之魂。

（二）关帝庙

关帝庙遍布全国各地，只有位于山西省运城市的解州关帝庙可称为祖庙。它是国家重点文物保护单位，国家AAAA级旅游景区，是我国现存始建最早、规模最大、建制最高、保存最完整的关帝庙宇，被誉为"关庙之祖""武庙之冠"。

解州关帝庙始建于陈末隋初，历朝历代均有扩建修葺，现存多为明清重修建筑。中轴线上依次排列着端门、雉门、午门、御书楼、崇宁殿、春秋楼，两侧配有木坊、石坊、碑亭、钟亭和东西长廊，高耸的建筑配以参天松柏，颇具皇家气派。庙内悬挂有康熙御笔亲书"义炳乾坤"、乾隆钦定"神勇"、咸丰御笔亲书"万世人极"、慈禧太后题"威灵震叠"匾额，堪称珍宝。庙中的精华建筑"春秋楼"，二楼为悬梁吊柱结构，更是我国古建中的珍品，见图13-5。

图 13-5　解州关帝庙

（三）鹳雀楼

"白日依山尽，黄河入海流，欲穷千里目，更上一层楼。"这首唐代诗人王之涣所作的古诗《登鹳雀楼》让位于山西省运城市永济市蒲州镇的鹳雀楼闻名遐迩。鹳雀楼被誉为中国四大名楼之一，其名源自常有鹳雀栖息其上。该楼始建于北周时期，大约在公元557年至公元580年间，到了唐宋时期，它已成为中州大地的著名登高胜地。然而，鹳雀楼曾因黄河泛滥而被淹没，直至20世纪90年代才得以重建，见图13-6。

整座楼阁外观呈3层4檐设计，内部实则包含9层，总高度达到73.9米，使之成为四大名楼中最为高耸的一座。鹳雀楼内部陈设主要围绕河东文化和黄河文化展开，充分展示了黄河作为人类文明最早发祥地的重要地位，其中，硬木彩塑制作的《中都蒲坂繁盛图》生动再现了盛唐时期蒲州城的繁荣景象。此外，楼内还通过浮雕、壁画、雕塑等形式，展现了中华历史上具有代表性的舜帝、禹帝、关羽、柳宗元、司马光等人物的故事和传说；同时，反映河东人民勤劳智慧与丰富民间工艺的制盐、冶铁、养蚕、剪纸、年画、社火等元素也被巧妙融入，这些展示共同再现了悠久的华夏文明。

图 13-6　鹳雀楼

二、民俗遗存

（一）寒食节

寒食节是中国的传统节日，定于每年的清明节前一日。这一天，各家各户禁烟火，只吃冷食，因此得名寒食节。据史书记载，春秋时期，晋国公子重耳为躲避祸乱流亡在外长达十九年，大臣介子推始终不离不弃，甚至"割股啖君"。重耳归国后，分封群臣，唯独介子推不愿受赏，携母隐居绵山（今山西省晋中市介休境内）。晋文公为请介子推出山，亲至绵山，介子推却避而不见。晋文公遂命放火焚山，以逼介子推出面，但介子推宁死不屈，抱着母亲被烧死在一棵大柳树下。晋文公感念其忠贞，将其葬于绵山，修祠立庙，并下令在介子推死难之日禁火寒食，以寄哀思，这便是"寒食节"的由来。自春秋时期至今，寒食节已有2600多年的历史。在山西，人们将寒食节定为清明前一天，吃冷食、祭祀、踏青等习俗也一直流传至今，并被全国广泛接受。

（二）晋祠古庙会

每年农历七月初二是晋祠古庙会集会的日子。晋祠是为纪念晋国开国国君唐叔虞而建的祠堂，位于山西省太原市西南郊。祠中的圣母殿建于北宋太平兴国九年（公元984年），用以奉祀周武王之妻、姜太公之女、叔虞之母邑姜。明洪武二年（公元1369年），圣母被加封号后，形成了七月初二祭祀圣母的盛典。祭祀活动从农历七月初一开始，农历七月初二为祭祀圣母诞辰的正日，各级官员、乡绅、社首斋戒沐浴，前往晋祠恭谨致祭。自正日起，水镜台连续演戏五日，同时在全县范围内举行赛神会。明清以来，逐渐形成了祀神、演剧酬神和赛会交易相结合的庙会习俗，这一传统一直延续至今。现在的晋祠庙会从农历七月初一至初五，为期五天，是当地庙会中会期最长、影响最大、范围最广、仪式最为隆重的庙会，见图13-7。

图 13-7　晋祠庙会

（三）威风锣鼓

威风锣鼓是流传于山西临汾一带的民间传统打击乐，由锣、鼓、铙、镲四种乐器共同演奏，首批入选了国家级非物质文化遗产名录。威风锣鼓因其鼓声如雷、钹音清脆、锣鸣铿锵、威风凛凛而得名。这种古老的传统民间艺术形式起源于尧、舜时代，距今已有4000多年的历史。相传，公元619年，唐太宗在霍州大战刘武周部时，以击鼓迎战、鸣锣收兵为号令，进退有序，最终取得胜利，于是威风锣鼓得以流传。在历史发展中，威风锣鼓不断吸取不同时代鼓乐艺术的精华，发展成为现在气势磅礴、慷慨激昂、粗犷豪放、威武雄壮的"天下第一鼓"。霍州威风锣鼓则享有"华夏第一鼓"的美誉。如今，"威风锣鼓"已不仅限于祭祀、怀念先祖的活动，还广泛应用于婚嫁、节日庆典等日常生活中，成为当地重要的群众文化形式，见图13-8。

图 13-8　威风锣鼓

三、饮食文化遗存

（一）太原头脑

深秋以后，山西太原人早上都习惯喝"头脑"，这是一种已有三百多年历史的滋补早餐，具有益气调元、滋补虚损、活血健胃、延年益寿的功效。这道美食是明清时期著名的思想家、书法家、医学家傅山发明的。傅山因母亲体弱多病，便以羊肉、莲藕、山药、黄芪、良姜、煨面（即炒过的面粉）、黄酒、酒糟这八种食材和药材为原料，研制出了"八珍汤"，供母亲在冬季早上食用，以滋养身体。冬天过后，傅山母亲的身体竟奇迹般地恢复了健康。从此，许多人慕名前来打听这种"八珍汤"。当时正值清兵入主中原，傅山悲愤交加，特意将"八珍汤"改名为"头脑"，寓意反清复明需要智慧与谋略。当时，太原南仓巷有家小饭馆，店主是位从甘肃来的移民，生意惨淡。傅山便毫无保留地将"头脑"的配方传授给他，还亲自为这家店题写了"清和元"的牌匾。至今，太原的"清和元"饭馆历经三百多年风雨，依然生意兴隆，而傅山忠贞不渝的气节、济世扶贫的爱国思想和卓尔不群的才华，也已化作山西人民的精神象征，广为传颂。

（二）汾阳竹叶青酒

山西除了驰名中外的汾酒外，竹叶青酒也是白酒中的上乘佳酿。竹叶青酒的历史最早可追溯至战国时代，在一千多年前就已成为宫廷御酒，并且是我国文字记载中最古老的保健酒之一。唐朝女皇武则天非常钟爱竹叶青酒，她曾在《游九龙潭》一诗中盛赞竹叶青酒："酒中浮竹叶，杯上写芙蓉"。到了清代，傅山对竹叶青酒的配方进行了改良，寓良药于美酒之中，并题词"得造花香"以表达对竹叶青酒的高度赞誉。1975年，中国著名数学家华罗庚亲临杏花村，采用"优选法"对竹叶青酒的炮制工艺进行了反复试验和优选改进，科学地确定了药材在酒中的浸泡时间与最佳温度，使竹叶青酒的品质更加完美。

现在的竹叶青酒以汾酒为基酒，加入淡竹叶、陈皮、木香、檀香、砂仁、山柰等十余种中药材为辅料精心酿制而成，其颜色金黄碧翠，晶莹剔透，酒烈度适中，饮后令人心旷神怡，且具有润肝健体、暖胃降逆、消食止痛的功效。竹叶青酒不仅是山西人日常滋补和招待宾客的常用酒品，在国宴中也多次被指定为用酒，深受大众喜爱。

【课堂寄语】

山西历朝历代涌现的杰出人物灿若星河，其影响深远而广博。在漫长璀璨的中华文明史上，他们宛如连绵山脉中巍峨的高峰，为中华历史文化画卷增添万千光彩，引领我们追溯民族文化之根，传承优秀文化之脉，更激发了我们开创现代文明的自豪感与自信心。

【课后任务】

同学们，你的家乡有哪些历史名人？从他们的事迹中，你能汲取哪些优秀品质？请动手查阅资料、深入思考，随后与同学们分享吧。

单元三　山西名人名家文化遗存的旅游发展现状

对于一座城市而言，留存下来的历史名人遗迹与传说，构成了其极为宝贵的文化资源与精神瑰宝。近年来，随着旅游业的蓬勃发展，山西省各地对历史名人资源的重视程度和挖掘深度不断提升，它们将这些历史名人的遗迹及其趣闻轶事巧妙地融入旅游景点之中，这已经成为塑造旅游胜地和城市形象的重要名片。

一、晋祠旅游现状

晋祠文化遗存丰赡，现存宋、元、明、清各式建筑100余座，宋元以来雕塑100余尊，铸造艺术品30余件，历代碑刻400余通，诗文匾联200余副，古树名木96株，其中千年以上古树30株。献殿、鱼沼飞梁、圣母殿并称晋祠"三大国宝建筑"；难老泉、侍女彩塑、周柏被誉为"晋祠三绝"。景区由晋祠公园、晋祠博物馆构成，另设傅山纪念馆（由原同乐亭改建）、王家祠堂和董寿平美术馆。近年新建悬瓮寺并扩建晋祠公园，整体布局更趋完善。

为推动文化遗产活化利用，晋祠博物馆策划"晋心远扬"文化遗产传承及旅游体验综合项目，通过多元形式开展文化传承与旅游体验活动。原创话剧《唐风晋韵话晋祠》定期在水镜台演出，引领游客探寻三晋文化之源；同时打造数字景区资源，实现"云端游晋祠"

的沉浸式体验。

晋祠—天龙山景区于2024年获批国家AAAAA级旅游景区,未来将联动天龙山、龙山、太山、蒙山、太原植物园等景点,形成连片式景区集群,助力太原高质量旅游品牌建设。

二、关帝祖庙

运城市解州关帝祖庙已构建"解州关帝祖庙、常平关帝家庙、常平关帝祖陵"三关文物旅游景区,其中"关羽信俗"被列入国家级非物质文化遗产,每年举办的"农历四月初八传统古庙会暨关帝巡城""农历六月二十四关帝诞辰庆典""山西运城关羽文化旅游节"三大文化活动影响广泛。自2009年起,关帝圣驾三次巡福建、一次巡台湾,成为晋闽、晋台文化交流的重要纽带,为弘扬关羽文化、增进区域情谊奠定了基础。

近年来,运城市以"全球华人关羽祈福圣地、世界忠义文化体验胜地"为目标,推进文旅融合发展,着力打造"一核心片区(关羽故里—盐湖旅游区)、两示范带(黄河文化旅游示范带、中条山生态文旅经济示范带)",推广"关羽故里、好运之城"品牌形象,推动关羽忠义文化创造性转化与创新性发展,进一步擦亮关羽文化旅游名片。

三、傅山文化园

傅山文化园位于太原市西北部,为纪念傅山诞辰400周年而建。园区整体规划为三大系列(傅山生平展示系列、傅山文化弘扬系列、傅山旅游发展系列),涵盖七个园区(傅山纪念园、大明宝塔园、中华医药园、经济作物示范园、傅山药膳体验园、花卉观赏园、健身娱乐园)和两条主街(傅山药业文化街、明清古风商业街)。游客可沿牌楼、明镜台、傅公祠、状元桥、真山堂、洞庭院等景点,追溯傅山足迹,感受其在文学、艺术、医学等领域的卓越成就。

中华傅山园现为国家AAA级旅游景区,获评全国家庭亲子阅读体验基地、山西省青少年研学实践课程基地及师资培训基地。园区融入太原北线旅游布局,与崛围山多福寺、土堂大佛寺、上兰窦大夫祠、东西关口乇仁寺等景点串联,重现了太原外八景的昔日风采。

四、于成龙廉政文化园

于成龙,山西吕梁方山县人,20余载仕途三度被荐为"卓异",以政绩卓著、廉洁刻苦、执法严正、不徇私情著称,深受百姓的爱戴和康熙帝的赞誉。于成龙廉政文化园位于国家级名胜风景区——吕梁方山县北武当山西麓,是全国首家廉政文化主题园区、省级爱国主义教育基地及廉政教育研究基地,肩负着展示中华廉政文化、廉吏风采及开展廉政研究教育的功能。园区内设廉政文化教育展览馆、廉吏文化广场、于成龙故居区、于氏家族墓地及廉政教育体验园等。于成龙廉政文化园依托丰富的资源,创新文旅产品,形成集观光旅游、美食体验、会议培训、国学讲座、研学游学、廉政教育、特色产品研发销售于一体的综合文旅区域。

五、皇城相府

皇城相府坐落于山西晋城市，为明清城堡式官宅建筑群，被誉为"中国北方第一文化巨族之宅"，是清朝名相陈廷敬的故居。陈廷敬身为康熙皇帝师、当朝宰相，兼政治家、文学家、史学家、理学家于一身，长期担任康熙经筵讲官，主持编纂《康熙字典》《佩文韵府》《明史》《大清一统志》等典籍，备受敬重。

皇城相府总面积10万平方米，为国家AAAAA级旅游景区，内有大型院落16座、房屋640余间，集古代民居、官宦宅邸、庙院宗祠、书院学堂、防御工事等多元功能于一体。皇城相府的主要景点包括御书楼、中道庄、斗筑居府院等，特别是那七层百尺高的河山楼及其附属的107间藏兵洞，堪称明代建筑的瑰宝，尽显古堡的独特韵味。

近年来，当地政府以皇城相府为核心，围绕"夏季康养""教育研学""古堡文化"三大主题，串联九女仙湖、郭峪古城、海会书院、蟒河生态旅游区等景区，全力打造"旅游景点+宾馆酒店+文化演艺+农家乐"的大旅游格局。目前，皇城相府已形成一条集"吃、住、行、游、购、娱"于一体的完整产业链，年接待游客超200万人次，有效带动了周边村民就业增收，并多次入选"国家AAAAA级旅游景区影响力100强"。

【专题小结】

任何国家、民族、社会与时代都离不开榜样人物的引领。山西历史名人如璀璨星辰，照亮历史长河。他们的言行承载着中华民族的优秀精神品格，蕴含着人与自然和谐共生的智慧，有力地推动了中华优秀传统文化的形成与发展。在新时代新征程中，我们应当深入挖掘历史名人的当代价值，学习其优秀品质，传承中华优秀传统文化，以此增强文化自信，激励自己砥砺前行。

【复习思考】

1. 请列举几位具有代表性的山西历史名人。
2. 山西历史名人在山西历史文化发展中发挥了怎样的作用？
3. 目前山西留存了哪些与历史名人相关的古迹遗址？你能分享其中的故事吗？

【拓展实训】

选择当地一处名人的遗存、遗址，查阅相关资料，了解该名人的事迹与成就。利用节假日实地参观，若条件允许，可尝试担任义务讲解员，向游客讲述这位名人的故事。

参考文献

1．军事科学院军事历史研究部．中国抗日战争全史[M]．解放军出版社，1990．

2．李镇西．魂系山西[M]．山西经济出版社，2009．

3．易斌．文脉、史脉、地脉与湖南旅游产业的融合研究[M]．旅游教育出版社，2014．

4．向任华．词语数字解析[M]．知识产权出版社，2016．

5．杨建中．山西抗日战争史[M]．山西三晋出版社，2017．

6．牛汝辰．中国文化地名学[M]．中国科学技术出版社，2018．

7．中国中共党史学会．中国共产党历史系列辞典[M]．中共党史出版社，2019．

8．牛白琳，雷桂萍，王潞伟．山西地域文化[M]．国家开放大学出版社，2022．

9．郝光荣．山西省应进一步重视弘扬华夏根祖文化[J]．前进，2008(09):32-35．

10．胡红艳，郑宇．山西省地理环境对地域文化的影响[J]．太原师范学院学报，2014(09)．

11．中共山西省委党史办公室．山西红色文化的形成脉络和内涵价值[J]．党史文汇，2015(12):4-12．

12．师坚毅，邢晓亮．山西长城文化旅游的资源禀赋[J]．文化产业，2018(14):8-11．

13．王杰瑜．"长城博览在山西"的几点认识[J]．史志学刊，2020(03):8-14．

14．董耀会．山西长城文化遗产及长城旅游发展[J]．史志学刊，2020(03):4-7．

15．刘菽，赵杰．山西长城的价值与保护开发[J]．晋阳学刊，2020(05):123-26．

16．王月瑶．后疫情时代山西文化与旅游发展形势与展望[J]．经济界，2023(04)．

17．李茂盛．从历史中汲取甘露——山西历史文化述要[J]．史志学刊，2016(01):7-13．

18．仝建平．山西历史地位及文化区域刍议[J]．忻州师范学院学报，2017(04):52-56．

19．石慧．论山西文化自信的来源[J]．前进，2019(03):39-41．

20．闫慧琴．立足山西历史文化——助推山西转型发展[J]．经济师，2020(02):132-135．

21．张晓．文化与旅游融合赋能山西文化软实力[N]．山西日报，2022-11-22．

22．申小玉．论晋商文化的传承与发展[D]．南京师范大学，2011．

23．杨园争．山西省旅游产业与文化产业融合发展研究[D]．山西财经大学，2013．

反侵权盗版声明

电子工业出版社依法对本作品享有专有出版权。任何未经权利人书面许可，复制、销售或通过信息网络传播本作品的行为；歪曲、篡改、剽窃本作品的行为，均违反《中华人民共和国著作权法》，其行为人应承担相应的民事责任和行政责任，构成犯罪的，将被依法追究刑事责任。

为了维护市场秩序，保护权利人的合法权益，我社将依法查处和打击侵权盗版的单位和个人。欢迎社会各界人士积极举报侵权盗版行为，本社将奖励举报有功人员，并保证举报人的信息不被泄露。

举报电话：（010）88254396；（010）88258888

传　　真：（010）88254397

E-mail：　dbqq@phei.com.cn

通信地址：北京市万寿路南口金家村288号华信大厦

　　　　　电子工业出版社总编办公室

邮　　编：100036